第2版

消費者法実務ハンドブック

消費者契約法

特定商取引法

割賦販売法

の実務と書式

安達 敏男
Toshio Adachi

吉川 樹士
Tatsuhito Kikkawa

安重 洋介
Yosuke Anju

吉川 康代
Yasuyo Kikkawa

著

日本加除出版株式会社

第2版　は し が き

本書は，平成29年９月に初版が刊行され，令和３年３月にその第２刷が発行されていますが，お陰様で法律実務家のみならず，一般市民の皆様からも好評を得ておりました。その間，特に，消費者契約法及び特定商取引に関する法律（特定商取引法）について，実務に大きな影響を及ぼす重要な改正が行われていることから，このたび，第２版を上梓することになりました。

ちなみに，消費者契約法については，平成30年６月に，消費者契約の申込み又はその承諾の取消権の範囲を拡大するなどの改正（例えば，不安をあおる告知，霊感等による知見を用いた告知の取消しなどの追加）が行われ（平成30年法律第54号。同改正法の施行日は令和元年６月15日），また，特定商取引法については，令和３年６月に，通信販売における詐欺的な定期購入の申込みの取消しを認める制度の創設やクーリング・オフの通知・契約書面の電子化などの改正が行われています（令和３年法律第72号。同改正法の基本部分の施行日は，公布日である令和３月６月16日から起算して１年を超えない範囲内において政令で定める日）。さらに，割賦販売法についても，令和２年６月に，包括信用購入あっせん業者等による書面交付の電子化や登録少額包括信用購入あっせん業者の創設などの改正が行われています（令和２年法律第64号。同改正法の施行日は令和３年４月１日）。

本書は，初版同様に，消費者契約法，特定商取引法及び割賦販売法の三法について，上記改正法を踏まえ，主に消費者の立場から，体系的に，クーリング・オフや不実告知等による取消し等の通知書例のほかに図や表を用いるなどして分かりやすく解説することを心掛けたものです。

本書が初版同様に法律実務の手引きとして，弁護士，司法書士，行政書士等の法律実務家はもとより，一般市民の皆様にとりまして消費者取引被害の予防策としても何らかの参考になれば幸いであります。

最後に，本書の刊行に当たり，種々御助言・御協力をいただいた日本加除出版株式会社編集部の野口健氏に対し，厚く感謝の意を表する次第であります。

令和３年10月

著者

弁護士　安　達　敏　男
弁護士　吉　川　樹　士
（以上，東京アライズ法律事務所所属，東京弁護士会所属）

弁護士　安　重　洋　介
（神栖法律事務所所長，茨城県弁護士会所属）

社会保険労務士（元行政書士）　吉　川　康　代
（東京アライズ社会保険労務士事務所所属）

凡　例

【法令】

・本書内の法令については，以下の略記を用いることがある。

消費者契約法　→　消契法
特定商取引に関する法律　→　特定商取引法，特商法
特定商取引に関する法律施行令　→　特定商取引法施行令，特商令
特定商取引に関する法律施行規則　→　特定商取引法施行規則，特商規
割賦販売法　→　割販法
割賦販売法施行令　→　割販令
割賦販売法施行規則　→　割販規
医薬品，医療機器等の品質，有効性及び安全性の確保等に関する法律　→　医薬品医療機器等法
消費者の財産的被害の集団的な回復のための民事の裁判手続の特例に関する法律　→　消費者裁判手続特例法

・本書内の改正法については，以下の略記を用いることがある。

平成30年法律第54号による改正消費者契約法　→　平成30年改正消契法
令和３年法律第72号による改正特定商取引に関する法律　→　令和３年改正特商法
令和２年法律第64号による改正割賦販売法　→　令和２年改正割販法
平成29年法律第44号による改正民法　→　平成29年改正民法

【通達・裁判例等】

・本書内の通達については，以下の略記を用いる。

令和２年３月31日消費者庁次長・経済産業省大臣官房商務・サービス審議官通達「特定商取引に関する法律等の施行について」　→　特商法運用通達

・本書内の裁判例の出典は，以下の略記を用いる。

最高裁判所民事判例集　→　民集
最高裁判所裁判集民事　→　裁判集民事
判例時報　→　判時
判例タイムズ　→　判タ
金融・商事判例　→　金商

【書誌】

・本書内の書誌については，以下の略記を用いる。

後藤巻則，齋藤雅弘，池本誠司『条解消費者三法〜消費者契約法・特定商取引法・割賦販売法』（弘文堂，2021）　→　『条解消費者三法〔第2版〕』

消費者庁消費者制度課編『逐条解説　消費者契約法〔第4版〕』（商事法務，2019）　→　『逐条解説消費者契約法』

消費者庁消費者制度課編「一問一答　消費者契約法の一部を改正する法律（平成28年法律第61号）」（平成28年10月版）　→　「一問一答平成28年改正消契法」

消費者庁消費者制度課編「一問一答　消費者契約法の一部を改正する法律（平成30年法律第54号）」（平成31年3月版）　→　「一問一答平成30年改正消契法」

日本弁護士連合会編『消費者法講義［第5版］』（日本評論社，2018）　→　『消費者法講義』

日本弁護士会消費者問題対策委員会『コンメンタール消費者契約法〔第2版増補版〕』（商事法務，2015）　→　『コンメンタール消契法』

日本弁護士連合会消費者問題対策委員会編『コンメンタール消費者契約法――2016年・2018年改正〔第2版増補版〕補巻』（商事法務，2019）　→　『コンメンタール消契法（補巻）』

目　次

第1章　消費者契約法，特定商取引法，割賦販売法の関係

第2章 消費者契約法

第４章　割賦販売法

第1章

消費者契約法，特定商取引法，割賦販売法の関係

第1 消費者契約法の特色と概要

消費者契約法は，消費者と事業者との契約に適用される法律であり，契約等の一般的なルールを定めた民法の特別法に当たります。

すなわち，消費者契約法は，広く全ての消費者と事業者との間の取引（ただし，労働契約は除く。）について，消費者と事業者との情報の質及び量・交渉力の格差に着目し，まず，事業者が消費者契約の締結の勧誘をするに際し，事業者の一定の不適切な行為により消費者が誤認又は困惑した場合に契約を取り消すことを認めています（消契法１条，４条）。なお，平成30年改正消費者契約法（令和元年６月15日施行）により，①４条２項（不利益事実の不告知）の要件を緩和し，故意要件に重大な過失が追加され，また，②４条３項（消費者が困惑した場合における取消し）につき，３号から８号が新設され，取消事由が追加されました。

また，消費者契約法は，消費者と事業者の間の情報・交渉力の格差等に着目し，消費者に一方的に不利益な条項により消費者の正当な利益を害されることを防ぐため，８条（事業者の損害賠償の責任を免除する条項等の無効），８条の２（消費者の解除権を放棄させる条項等の無効），８条の３（事業者に対し消費者の後見開始の審判等による解除権を付与する条項の無効），９条（消費者が支払う損害賠償の額を予定する条項等の無効）及び10条（消費者の利益を一方的に害する条項の無効）を設け，このような不当条項の全部又は一部を無効としています。なお，８条の３は，平成30年改正消費者契約法により新設されたほか，同改正法により，８条及び８条の２につき，事業者に対して，自分の損害賠償責任の有無若しくは限度を決定する権限，又は消費者の解除権の有無を決定する権限を付与する条項をそれぞれ無効とすることを付加するなどの改正が行われています。

さらに，消費者契約法は，消費者の被害の発生又は拡大を防止するため適格消費者団体が事業者等に対し差止請求をすることが認められています（12条～47条）。

なお，平成28年10月１日に施行された「消費者裁判手続特例法」により，適格消費者団体の中から内閣総理大臣が新たに認定した「特定適格消費者団体」が，消費者に代わり，事業者に対して被害の集団的な回復を請求できることになりました。

【消費者契約法の特色と概要】

１　特　色
広く全ての消費者と事業者との間の取引（ただし，労働契約は除く。）に適用があり，かつ，消費者と事業者との情報量・交渉力の格差に着目した法律
２　消費者契約の取消しの３類型
①　消費者が誤認した場合における取消し（４条１項・２項） 平成30年改正消契法により，２項（不利益事実の不告知）の要件を緩和し，故意要件に重大な過失を追加 ②　消費者が困惑した場合における取消し（４条３項） １号（事業者の不退去），２号（退去妨害）のほか，平成30年改正消費者契約法により，３号（不安をあおる告知），４号（恋愛感情等好意の感情の不当な利用），５号（加齢等による判断力の低下の不当な利用），６号（霊感等による知見を用いた告知），７号・８号（契約締結前における債務の内容の実施等）を取消事由に追加 ③　契約の目的となる分量等が過量である場合（過量契約）における取消し（４条４項）
３　消費者契約法における不当条項の規制
①　事業者の損害賠償の責任を免除する条項等の無効（８条）

② 消費者の解除権を放棄させる条項等の無効（８条の２）

平成30年改正消契法により，８条及び８条の２につき，事業者に対して，自分の損害賠償責任の有無若しくは限度を決定する権限，又は消費者の解除権の有無を決定する権限を付与する条項をそれぞれ無効とすることを付加するなどした。

③ 事業者に対し消費者の後見開始の審判等による解除権を付与する条項の無効（８条の３）→平成30年改正消契法により新設

④ 消費者が支払う損害賠償の額を予定する条項等の無効（９条）

⑤ 消費者の利益を一方的に害する条項の無効（10条）

4　差止請求等

「適格消費者団体」の事業者等に対する差止請求（12条～47条）

なお，消費者裁判手続特例法により，「特定適格消費者団体」が，消費者に代わり，事業者に対して被害の集団的な回復を請求できる。

【民法，消費者契約法，特定商取引法，割賦販売法の関係】

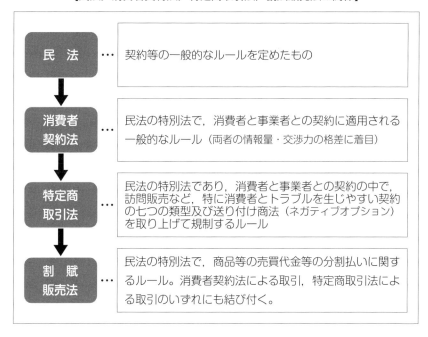

民　法	…契約等の一般的なルールを定めたもの
↓	
消費者契約法	…民法の特別法で，消費者と事業者との契約に適用される一般的なルール（両者の情報量・交渉力の格差に着目）
↓	
特定商取引法	…民法の特別法であり，消費者と事業者との契約の中で，訪問販売など，特に消費者とトラブルを生じやすい契約の七つの類型及び送り付け商法（ネガティブオプション）を取り上げて規制するルール
↓	
割賦販売法	…民法の特別法で，商品等の売買代金等の分割払いに関するルール。消費者契約法による取引，特定商取引法による取引のいずれにも結び付く。

第2 特定商取引法の特色と概要

1 特　色

特定商取引法は，消費者と事業者との契約の中で，訪問販売など，特に消費者とトラブルを生じやすい契約の類型を取り上げて規制しています。

具体的には，特定商取引法は，①訪問販売（3条～10条），②通信販売（11条～15条の4（15条の4は令和3年改正特商法により新設）），③電話勧誘販売（16条～25条），④連鎖販売取引（マルチ商法。33条～40条の3），⑤特定継続的役務提供（41条～50条。例えば，エステティックサロン，外国語教室，学習塾等），⑥業務提供誘引販売取引（51条～58条の3。例えば，内職商法，モニター商法等），⑦訪問購入（押し買い商法。58条の4～58条の17）の7類型，及び⑧送り付け商法（ネガティブオプション。59条，令和3年改正特商法59の2）について規制しています。

2 主要な民事上の規制内容

(1) クーリング・オフ

クーリング・オフとは，消費者保護のために，契約の申込みや契約締結後においても，一定期間内（8日間又は20日間）であれば，無条件で書面により事業者との間の契約の申込みの撤回又は解除ができる制度です（なお，クーリング・オフの通知方法については，令和3年改正特定商取引法により，書面のほか，電磁的方法（電子メールの送付等）で行うことも可能となる（9条1項・2項，24条1項・2

項等。これらの規定の施行日は，公布日である令和３月６月16日から起算して１年を超えない範囲内において政令で定める日）。

クーリング・オフの対象となる契約は，①訪問販売，②電話勧誘販売，③連鎖販売取引，④特定継続的役務提供，⑤業務提供誘引販売取引，⑥訪問購入です（特商法９条，24条，40条，48条，58条，58条の14）。

なお，通信販売にはクーリング・オフはありませんが，類似の制度があり，商品引渡し又は特定権利の移転を受けた日から８日間は申込みの撤回又は売買契約の解除ができます（特商法15条の３第１項）。ただし，事業者がこれと異なる特約をしている場合，当該特約（例えば，クーリング・オフの排除特約）に従うことになります（同項ただし書）。また，返品に関する費用は，売主ではなく，購入者の負担となります（特商法15条の３第２項）。

また，送り付け商法（ネガティブオプション。注文していないのに一方的に商品を送り付ける商法）については，その性質上クーリング・オフはありません。この点につき，旧特定商取引法59条１項では，商品の受領日から14日間の保管後は処分等が可能である旨規定していましたが，令和３年改正特定商取引法59条１項では，送付した事業者は返還請求をすることができないことに改正されたため，消費者が直ちに処分すること等が可能となりました（改正同条は令和３年７月６日から施行済み）。

(2) 過量販売解除権（訪問販売と電話勧誘販売のみ）

訪問販売又は電話勧誘販売により通常必要とする分量を著しく超える商品等の契約を締結したときは，購入者は，個別の勧誘方法の違法性を証明することなく販売契約を解除できます（特商法９条の２，24条の２）。この場合の解除権の行使期間は，契約締結の日から１年以内です（特商法９条の２第２項，24条の２第２項）。

なお，電話勧誘販売による過量販売解除権は，平成28年改正（施行日は平成29年12月１日）により認められたものです。

(3) 不実告知等の取消権

①訪問販売，②電話勧誘販売，③連鎖販売取引，④特定継続的役務提供，⑤業務提供誘引販売取引においては，上記のクーリング・オフのほかに，事業者が，勧誘の際に，(a)不実のことを告げ（不実告知），又は(b)不利な内容をわざと説明しないこと（故意による事実不告知）により，消費者が誤認して契約をしたときは，当該契約を取り消すことができます（特商法９条の３，24条の３，40条の３，49条の２，58条の２）。この取消権は，誤認に気付いた時から１年間行使しないときは時効消滅し（平成28年改正により「６か月」から「１年間」に伸長），また，契約締結の時から５年を経過したときは行使できなくなります（特商法９条の３第４項等）。

なお，通信販売と訪問購入には，この取消制度はありません。ただし，通信販売について，令和３年改正特定商取引法により，定期購入でないと誤認させる表示等によって申込みをした者に，当該申込みの取消しを認める制度を新設しています（令和３年改正特商法15条の４。同規定の施行日は，公布日である令和３月６月16日から起算して１年を超えない範囲内において政令で定める日）。

(4) 中途解約権（連鎖販売契約と特定継続的役務提供契約のみ）

消費者はクーリング・オフ期間の経過後も将来に向かって連鎖販売契約又は特定継続的役務提供契約を，理由を問わず解除（中途解約）することができます（特商法40条の２，49条）。

(5) 適格消費者団体による差止請求

訪問販売，通信販売，電話勧誘販売，連鎖販売取引，特定継続的役務提供，業務提供誘引販売取引，訪問購入については，消費者の被害の発生又は拡大を防止するため，適格消費者団体は，事業者が不特定かつ多数の者に対し，①契約を締結のための勧誘をする際に不実を告げ，又は故意に事実を告げない行為，②契約を締結するためやその解除を妨げるために威迫・困惑させる行為，③消費者に不利な特約や契約解除に伴う損害賠償額の制限に反する特約を含む契約の締結行為を，現に行い又は行うおそれがあるときは，事業者に対し，その行為の停止・予防，その他の必要な措置をとることを請求できます（特商法58条の18～58条の26（58条の26は令和３年改正特商法））。

【特定商取引法の特色と概要】

１　特　色
消費者契約法とは異なり，訪問販売など，特に消費者とトラブルを生じやすい契約の類型を取り上げて規制
２　特定商取引法の規制対象
①　訪問販売（３条～10条） ②　通信販売（11条～15条の４（15条の４は令和３年改正特商法）） ③　電話勧誘販売（16条～25条） ④　連鎖販売取引（マルチ商法。33条～40条の３） ⑤　特定継続的役務提供（41条～50条。例えば，エステティックサロン，外国語教室，学習塾等） ⑥　業務提供誘引販売取引（51条～58条の３。例えば，内職商法，モニター商法等） ⑦　訪問購入（押し買い商法。58条の４～58条の17） ⑧　送り付け商法（ネガティブオプション。59条，令和３年改正特商法59条の２）
３　主な民事規制⑴――クーリング・オフ
①訪問販売，②電話勧誘販売，③連鎖販売取引，④特定継続的役務提供，⑤業務提供誘引販売取引，⑥訪問購入については，契約の申込みや契約締結後においても，一定期間内（８日間又は20日間）であれば，無条件で書面により事業者との間の契約の申込みの撤回又は解除ができる（９条，24条，40条，48条，58条，58条の14）。なお，クーリング・オフの通知方法については，令和３年改正特定商取引法により，書面のほか，電磁的方法（電子メールの送付等）で行うことも可能となる（９条１項・２項，24条１項・２項等。これらの規定の施行日は，公布日である令和３月６月16日から起算して１年を超えない範囲内において政令で定める日）。 通信販売にはクーリング・オフ制度はない（ただし，類似の制度あり）。

4　主な民事規制(2)――過量販売解除権（訪問販売と電話勧誘販売のみ）
訪問販売又は電話勧誘販売により通常必要とする分量を著しく超える商品等の契約を締結したときは，購入者は販売契約を解除できる（９条の２，24条の２）。
5　主な民事規制(3)――不実告知等の取消権
①訪問販売，②電話勧誘販売，③連鎖販売取引，④特定継続的役務提供，⑤業務提供誘引販売取引においては，クーリング・オフのほかに，事業者が，勧誘の際に，(a)不実のことを告げ（不実告知），又は(b)不利な内容をわざと説明しないこと（故意による事実不告知）により，消費者が誤認して契約をしたときは，当該契約を取り消すことができる（９条の３，24条の３，40条の３，49条の２，58条の２）。 なお，通信販売についても，令和３年改正特定商取引法により，定期購入でないと誤認させる表示等によって申込みをした者に，当該申込みの取消しを認める制度を新設している（改正特商法15条の４。同規定の施行日は，公布日（令和３月６月16日）から起算して１年を超えない範囲内において政令で定める日）。
6　主な民事規制(4)――中途解約権（連鎖販売契約と特定継続的役務提供契約のみ）
消費者はクーリング・オフ期間の経過後も将来に向かって連鎖販売契約又は特定継続的役務提供契約を，理由を問わず中途解約できる（40条の２，49条）。
7　主な民事規制(5)――適格消費者団体による差止請求
「適格消費者団体」による事業者の行為の差止請求（58条の18～58条の26（58条の26は令和３年改正特商法））

第3 割賦販売法の特色と概要

1 特色等

割賦販売法は，割賦販売等に係る取引の公正の確保，購入者等が受けることのある損害の防止及びクレジットカード番号等の適切な管理措置を講ずることにより，割賦販売事業の健全な発達を図るとともに購入者等の利益を保護することなどを目的としたものです（割販法１条）。

同法で規定する契約類型には，①割賦販売（２条１項），②ローン提携販売（２条２項），③包括信用購入あっせん（包括クレジット。２条３項），④個別信用購入あっせん（個別クレジット。２条４項），⑤前払式特定取引（２条６項）の５類型があります。なお，①の割賦販売は，後払いを要件としないため，「前払式割賦販売」（２条１項１号）を含みます。この前払式割賦販売の規制は，11条以下に規定しています。

割賦販売法では，クレジット契約（信用貸しによる販売契約）形態について，あらかじめ与信枠（利用限度額）を設定してカード等を発行し，販売業者にカードを提示させて商品を購入する方式を「包括式」，商品購入の都度クレジット申込書を作成し，支払能力の調査と電話確認により審査し契約を締結する方式を「個別式」と呼称しています。

また，上記契約類型には，取引の主体となる者が二者の場合と三者の場合があり，二者の場合は，販売業者自身による信用供与の方式（自社方式）であり，上記①の「割賦販売」がこれに当たります。これに対し，三者の場合

（三者型）は，販売業者以外の与信業者による信用供与であり，上記②の「ローン提携販売」，③の「包括信用購入あっせん」，④の「個別信用購入あっせん」がこれに当たります。

なお，消費者被害が多く見られるのは，上記の三者型のうちの「包括信用購入あっせん」，「個別信用購入あっせん」であり，特に「個別信用購入あっせん」が多いといわれています。

2 「包括信用購入あっせん」及び「個別信用購入あっせん」の概要

消費者被害が多く見られる「包括信用購入あっせん」及び「個別信用購入あっせん」の契約の概要は以下のとおりです。

(1) 包括信用購入あっせん（包括クレジット）

「包括信用購入あっせん」（包括クレジット）は，あらかじめカード等を購入者等に交付し（クレジット基本契約の締結あり），カードの提示を受けて商品，権利，役務を販売（提供）し，その代金又は対価は販売業者等がクレジット業者から立替払を受けることで商品，権利，役務を販売（提供）し，立替代金はクレジット業者が購入者等から2か月以上の後払い（リボルビング方式での返済を含む。）で受ける形態の販売をいいます（割販法2条3項）。

【包括信用購入あっせん（包括クレジット）の関係図】

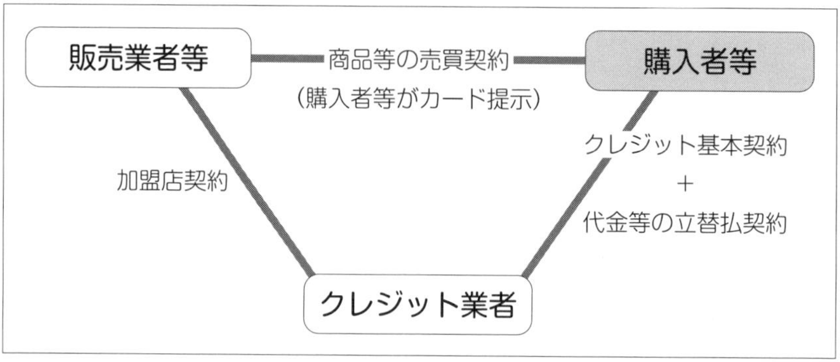

(2) 個別信用購入あっせん（個別クレジット）

個別信用購入あっせん（個別クレジット）は，カード等を利用することなく，特定の販売業者等が購入者等に商品，指定権利，役務を販売（提供）することを条件として，その代金等をクレジット業者が販売業者等に立替払をし，代金は購入者等から２か月以上の後払いで受ける形態の販売をいいます（割販法２条４項）。

【個別信用購入あっせん（個別クレジット）の関係図】

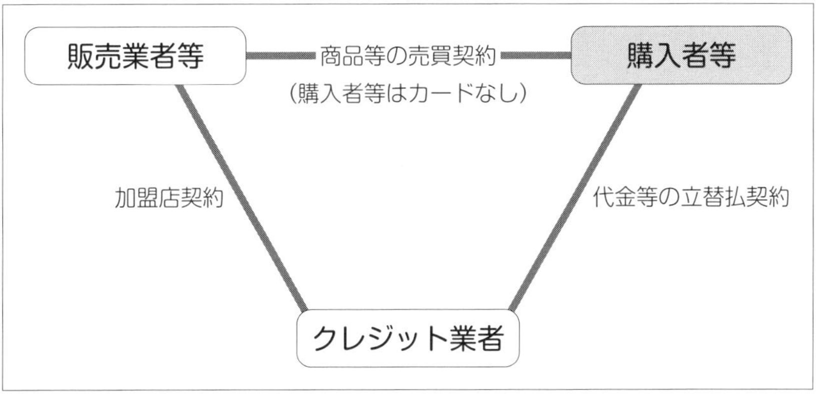

3 割賦販売法と特定商取引法等との関係（民事規制）

クレジット契約を利用した訪問販売等の悪質商法被害が社会問題となったことを契機に，平成20年割賦販売法改正により，主に訪問販売等に利用される個別信用購入あっせん（以下「個別クレジット」という。）について，クレジット業者の責任が強化されました。

以下，主な民事上の規制内容を挙げます。

(1) クーリング・オフ（個別クレジットに限る。）

①訪問販売，②電話勧誘販売，③特定連鎖販売個人契約，④特定継続的役務提供等契約，⑤業務提供誘引販売個人契約（特定商取引法に規定する５類型）の形態で個別クレジット契約を締結したときは，購入者等は，販売契約等と

ともに個別クレジット契約をもクーリング・オフ（無条件での解除可）することができます（割販法35条の３の10，35条の３の11）。

クーリング・オフの起算日は，個別クレジット契約の契約書面又は申込書面の受領日のいずれか早い方であり（割販法35条の３の10第１項本文），クーリング・オフの日数は，特定商取引法と同じく，①訪問販売，電話勧誘販売及び特定継続的役務提供等契約は８日間（割販法35条の３の10，35条の３の11第１項２号），②特定連鎖販売個人契約及び業務提供誘引販売個人契約は20日間です（割販法35条の３の11第１項１号及び３号）。

(2) 過量販売解除権（訪問販売と電話勧誘販売のみ。個別クレジットに限る。）

特定商取引法により，訪問販売又は電話勧誘販売により通常必要とする分量を著しく超える商品等の契約を締結したときは，購入者は，個別の勧誘方法の違法性を証明することなく販売契約を解除できます（特商法９条の２，24条の２）。

この場合，過量販売に該当する訪問販売契約又は電話勧誘販売契約に利用した個別クレジット契約についても，同時に解除することができます（平成28年改正割販法35条の３の12）。なお，電話勧誘販売契約に利用した個別クレジット契約の解除権は，平成28年12月改正割賦販売法（施行日は平成29年12月１日）によって認められたものです。

なお，販売契約・個別クレジット契約の解除権の行使期間は，いずれも契約締結の日から１年以内です（特商法９条の２第２項，24条の２第２項，割販法35条の３の12第２項）。

(3) 不実告知又は故意による事実不告知の取消権（個別クレジットに限る。）

特定商取引法は，訪問販売，電話勧誘販売，連鎖販売取引，特定継続的役務提供，業務提供誘引販売取引の５類型につき，事業者の①不実告知，又は②故意による事実不告知により，消費者が誤認して契約をしたときは当該契約を取り消すことができます（特商法９条の３，24条の３，40条の３，49条の２，58条の２）。

この場合，個別クレジット契約を利用した特定商取引法の上記５類型（①訪問販売，②電話勧誘販売，③特定連鎖販売個人契約，④特定継続的役務提供等契約，⑤業務提供誘引販売個人契約）の契約締結に際し，販売契約等又は個別クレジット契約に関する(a)不実告知，又は(b)故意による事実不告知により誤認して契約したときは，購入者等は，販売契約とともに個別クレジット契約も取り消すことができ，個別クレジット業者に既払金の返還を請求できます（割販法35条の３の13～35条の３の16）。

なお，販売契約等・個別クレジット契約の取消権は，いずれも誤認に気付いた時から１年間行使しないときは時効消滅し，また，契約締結の時から５年を経過したときは行使できなくなります（特商法９条の３第４項等，割販法35条の３の13第７項等。なお，割販法上も上記平成28年12月改正により取消期間が「６か月」から「１年」に伸長された（35条の３の13第７項。改正同項の施行日は平成29年12月１日）。）。

(4)　抗弁の対抗（抗弁の接続）（包括・個別クレジット）

購入者等が包括クレジット又は個別クレジットを利用して商品，指定権利，役務を購入又は受領した場合，購入者等は当該販売契約等につき販売業者等に対して生じている抗弁事由（契約の無効・取消・解除等）をもって包括・個別クレジット業者の支払請求に対抗（支払拒絶）することができます（割販法30条の４，35条の３の19）。これを「抗弁の対抗」又は「抗弁の接続」といいます。

【抗弁の対抗（抗弁の接続）の関係図】

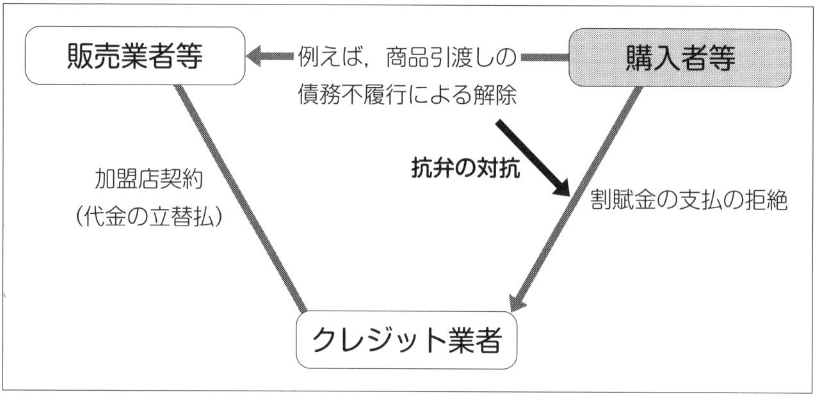

【割賦販売法の特色と概要】

1　特　色
割賦販売等に係る取引の公正の確保，購入者等の利益を保護すること等を目的としたもの
2　割賦販売法の規定する契約類型（5類型）
①　割賦販売（2条1項） ②　ローン提携販売（2条2項） ③　包括信用購入あっせん（包括クレジット。2条3項） ④　個別信用購入あっせん（個別クレジット。2条4項） ⑤　前払式特定取引（2条6項） なお，①の割賦販売は，後払いを要件としないため，「前払式割賦販売」（2条1項1号）を含み，前払式割賦販売の規制は，11条以下に規定している。
2　消費者被害が多く見られる契約類型
消費者被害が多く見られるのは，包括クレジットと個別クレジットであり，特に個別クレジットが多いことから，平成20年改正により，主に訪問販売等に利用される個別クレジットについて規制が強化されている。
3　主な民事規制⑴——クーリング・オフ（個別クレジットに限る。）

①訪問販売，②電話勧誘販売，③特定連鎖販売個人契約，④特定継続的役務提供等契約，⑤業務提供誘引販売個人契約（特定商取引法に規定する５類型）の形態で個別クレジット契約を締結したときは，購入者等は，販売契約等とともに個別クレジット契約もクーリング・オフ（無条件での解除可）することができる（35条の３の10，35条の３の11）。
4　主な民事規制(2)――過量販売解除権（訪問販売と電話勧誘販売のみ。個別クレジットに限る。）
過量販売に該当する訪問販売契約又は電話勧誘販売契約に利用した個別クレジット契約についても，訪問販売契約等と同時に解除することができる（35条の３の12）。→電話勧誘販売契約に利用した個別クレジット契約の解除権は平成28年12月改正割賦販売法により新設（改正同条の施行日は平成29年12月１日）
5　主な民事規制(3)――不実告知又は故意による事実不告知の取消権（個別クレジットに限る。）
個別クレジット契約を利用した特定商取引法の上記５類型（①訪問販売，②電話勧誘販売，③特定連鎖販売個人契約，④特定継続的役務提供等契約，⑤業務提供誘引販売個人契約）の締結に際し，販売業者等（加盟店）の「不実告知」又は「故意よる事実不告知」により誤認して契約したときは，購入者等は，販売契約とともに個別クレジット契約も取り消すことができる（35条の３の13～35条の３の16）。なお，当該取消期間は平成28年12月改正割賦販売法35条の３の13第７項により，「６か月」から「１年」に伸長された（改正同項の施行日は平成29年12月１日）。
6　主な民事規制(4)――抗弁の対抗（抗弁の接続）（包括・個別クレジット）
購入者等が包括クレジット又は個別クレジットを利用して商品，指定権利，役務を購入又は受領した場合，購入者等は当該販売契約等につき販売業者等に対して生じている抗弁事由（契約の無効・取消・解除等）をもって包括・個別クレジット業者の支払請求に対抗（支払拒絶）することができる（30条の４，35条の３の19）。

第2章

消費者契約法

第1 消費者契約法の目的及びその成立・改正の概要

1 消費者契約法の目的

消費者契約法は，消費者と事業者との間の情報の質及び量・交渉力の格差の存在に着目し，①契約締結過程や契約内容について，消費者が契約の全部又は一部の効力を否定することができる場合を定めるほか，②消費者の被害の発生又は拡大を防止するため適格消費者団体が事業者等に対し差止請求をすることができることを定めることによって，消費者の利益を擁護し，消費者契約に関するトラブルの防止及び公正・円滑な解決を図ることを目的とするものです（消契法１条）。

2 成立・改正の概要

(1) 成立から平成20年４月改正まで

消費者契約法は，平成12年４月に成立し，平成13年４月１日から施行されています。

その後，平成18年５月改正（平成19年６月７日施行）により，消費者団体訴訟制度が創設され，内閣総理大臣が認定した適格消費者団体に事業者の不当な行為に対する差止請求権が付与されました。さらに，平成20年４月改正（平成21年４月１日施行）により，景品表示法（不当景品類及び不当表示防止法）及び特定商取引法にも消費者団体訴訟制度が導入されました。

(2) 平成28年5月改正

平成28年5月改正（平成29年6月3日施行）により，消費者契約の取消しの対象範囲が拡大され（過量契約の取消し，重要事項の範囲の拡大），また，不当条項に対する規制が明確化されました。

この改正の概要は以下のとおりです。

【平成28年5月改正（平成29年6月3日施行）の主要点】

1　過量契約の取消し――新設
消費者契約の目的となるものの分量等が消費者にとっての過量であることを，事業者が勧誘の際に知っていた場合において，当該消費者がした当該契約の申込み・承諾の意思表示を取り消すことができる（4条4項）。
2　重要事項の範囲の拡大
不実告知（4条1項1号）及び不利益事実の不告知（4条2項）についての「重要事項」（4条5項（4項から移行））につき，1号及び2号のほかに，3号を新設し，「物品，権利，役務その他の当該消費者契約の目的となるものが当該消費者の生命，身体，財産その他の重要な利益についての損害又は危険を回避するために通常必要であると判断される事情」が「重要事項」に付加され，動機に関する事項（契約締結時に前提とした事項）も「重要事項」に含まれることになった。
3　取消権の行使期間の伸長
消費者契約の短期取消権の行使期間について，「6か月」から「1年」に伸長（7条1項）
4　消費者の解除権放棄条項の無効（無効とする条項の追加）――新設
事業者の債務不履行により生じた消費者の解除権を放棄させる条項等を無効とする（8条の2）。→無効とする条項（8条～10条）の追加
5　10条（消費者の利益を一方的に害する条項の無効）に例示を追加
10条について「①消費者の不作為をもって当該消費者が新たな消費者契約の申込み又はその承諾の意思表示をしたものとみなす条項その他の法令中の公の秩序に関しない規定の適用による場合に比して消費者の権利を制限し又は消費者の義務を加重する消費者契約の条項であって，②民法第1条第2項

に規定する基本原則に反して消費者の利益を一方的に害するものは，無効とする。」と規定（①，②及び下線は筆者が付加。下線部分が変更箇所） →①の要件（前段要件）につき例示を追加

(3) 平成30年６月改正

平成30年６月改正（平成30年法律第54号。令和元年６月15日施行）により，事業者の努力義務が明確化され，また，取消しができる不当な勧誘行為や無効となる不当な契約条項が追加されるなどしています。

この改正の概要は以下のとおりです。

【平成30年６月改正（令和元年６月15日施行）の主要点】

１　事業者の努力義務の明示
３条１項の文言を分かりやすく変更し，１号と２号に分け，①条項の作成につき，解釈に疑義が生じない明確なもので平易なものになるよう配慮すべき努力義務（１号），②情報の提供につき，個々の消費者の知識及び経験を考慮した上で必要な情報を提供すべき努力義務（２号）を定めた。
２　取消しができる不当な勧誘行為の追加等
(1)　４条２項（不利益事実の不告知）の要件を緩和し，故意要件に重大な過失を追加した。 (2)　４条３項（消費者が困惑した場合における取消し）につき，１号（事業者の不退去），２号（退去妨害）のほか，平成30年改正消契法により，３号（不安をあおる告知），４号（恋愛感情等好意の感情の不当な利用），５号（加齢等による判断力の低下の不当な利用），６号（霊感等による知見を用いた告知），７号・８号（契約締結前における債務の内容の実施等）を取消事由に追加した。
３　無効となる不当な契約条項の追加等

⑴　平成30年改正消契法により，８条（事業者の損害賠償の責任を免除する条項等の無効）及び８条の２（消費者の解除権を放棄させる条項等の無効）につき，①事業者に対して自分の損害賠償責任の有無若しくは限度を決定する権限，又は②消費者の解除権の有無を決定する権限を付与する条項をそれぞれ無効とすることを付加した。
⑵　事業者に対し消費者の後見開始の審判等による解除権を付与する消費者契約の条項の無効（８条の３）→平成30年改正消契法により新設

第2 消費者契約法の適用範囲

1 消費者契約とは

消費者契約とは，「消費者」と「事業者」との間で締結される契約をいいます（消契法２条３項）。ただし，労働契約には，消費者契約法は適用されません（消契法48条）。

ここで「消費者」とは，事業として又は事業のために契約の当事者となる場合を除く個人をいいます（消契法２条１項）。したがって，消費者は，個人に限定され，法人その他団体は消費者となりません。ただし，個人（自然人）であっても，事業として又は事業のために契約の当事者となる場合は「事業者」となります。

「事業者」とは，①「法人その他の団体」及び②「事業として又は事業のために契約の当事者となる場合における個人」をいいます（消契法２条２項）。

「事業」とは，社会生活上の地位に基づいて一定の目的をもって反復継続してなされる行為をいい，営利・非営利を問わないし，医業・弁護士業等の専門的職業も事業に当たります。

「事業として……契約の当事者となる場合」とは，事業そのものを対象として契約の当事者となる場合（例えば，商品販売会社が顧客と商品の販売契約を締結する場合）をいい，また，「事業のために契約の当事者となる場合」とは，事業の目的達成のために契約の当事者となる場合（例えば，商品販売会社が倉庫業者と商品保管場所の倉庫について賃借する契約を締結する場合）をいいます。

したがって，「事業者」には，「法人その他団体」として，地方公共団体，宗教法人，学校法人，ＮＰＯ法人，権利能力なき社団（ボランティア団体，マンションの管理組合等）が当たり，また，「個人」としては，個人の不動産売買の仲介業者，個人の不動産賃貸業者，医者，弁護士などが当たります。

ただし，消費者契約法は，上記のとおり，消費者と事業者との間の情報の質及び量・交渉力の格差の存在に着目してその是正を図ろうとすることを目的とすることから，「事業者」又は「消費者」に該当するかどうかも，形式的な判断ではなく，同法の目的に照らして実質的な解釈・判断がなされるべきです。例えば，マルチ商法や内職商法では，被害者も一応収益を目的として反復継続することを予定していることから，形式的には「事業者」と判断される余地がありますが，裁判例では実質に着目し「消費者」と判断しているものもあります。

以下，代表的な裁判例を紹介します。

2　「事業者」又は「消費者」に関する裁判例

(1)「消費者」に該当するとした裁判例

裁判例　東京地判平成23年11月17日（判時2150号49頁）

大学の学生ラグビークラブチーム（権利能力なき社団）Ｘが合宿のため，旅館での宿泊を予約していたが，合宿の前日に部員が新型インフルエンザのり患が発覚したため，予約を取り消して宿泊先Ｙの求めに応じて取消料を支払ったが，Ｘは，学生からなる権利能力なき社団であり交渉力において消費者個人と異ならないため，これを「消費者」と認め，消費者契約法９条１号を適用して「平均的な損害」を超える支払金額の返還を認めた。

裁判例　三島簡判平成22年10月７日（消費者法ニュース88号225頁）

Y_1からマルチ商法（連鎖販売取引）により商品を購入したＸが，Y_1の販売担当者に消費者契約法４条１項１号の不実告知があったとして契約を取り消し，Y_1及び立替払契約（クレジット契約）を締結したY_2（信販会社）に対し，不当利得返還請求権に基づいて代金の返還等を求めた事案において，連鎖販売取引であっても，それに加入しようとする者が商品等の再販売等を行う意思がない場合は，当該契約は「事業としてでも，又事業のためにでも」なくなされる契約であって，当該加入者は売買契約に関し，消費者契約法２条１項の「消費者」に該当し，売買代金支払の目的で行った立替払契約についても消費者に該当するとして，ＸのＹ１に対する代金の返還請求は認めたが，Ｙ２（信販会社）に対する請求は，Ｙ１が消費者契約法５条にいう「媒介の委託を受けた第三者」には当たらないとして，立替払契約（クレジット契約）の取消しを認めなかった。

裁判例　東京簡判平成16年11月15日（裁判所ウェブサイト）

内職商法（業務提供誘引販売契約）により月２万円は確実に稼げると勧誘されてシステム（パソコンやソフト）を購入させられた者が消費者契約法４条１項２号の断定的判断の提供に該当することを理由に契約申込みの取消しを求めた事案において，何ら理由を付することなく購入者を「消費者」と認定した上で，当該取消しを認めた。

(2)「事業者」に該当するとした裁判例

ア　賃貸借契約において，賃貸人が個人でもアパート経営をしていれば，反復継続性が認められるので，「事業者」に当たる（京都地判平成16年３月16日裁判所ウェブサイト，大阪高判平成16年12月17日判時1894号19頁，最判平成23年７月15日民集65巻５号2269頁等）。

イ　学校法人は「事業者」に当たる（最判平成18年11月27日民集60巻９号3437頁（いわゆる学納金返還請求事件）等）。

第3 事業者の情報提供等の努力義務等

1 事業者の努力義務

(1) 努力義務の内容

消費者契約法3条1項は，元々消費者と事業者との間の情報・交渉力の格差を考慮して，事業者の情報提供等の努力義務を定めていましたが，平成30年改正消費者契約法により，同項の文言を分かりやすく変更して，1号と2号に分け，①条項の作成につき，解釈に疑義が生じない明確なもので平易なものになるよう配慮すべき努力義務（1号），②情報の提供につき，個々の消費者の知識及び経験を考慮した上で必要な情報を提供すべき努力義務（2号）を定めました。

この努力義務の解釈は，消費者契約法1条の目的等に照らし，柔軟な解釈が求められると考えられます。

以下，取引上の信義則から事業者に説明義務を認めた裁判例を紹介します。

(2) 参考裁判例（説明義務を認めた事案）

裁判例 大津地判平成15年10月3日（裁判所ウェブサイト）

被告のパソコン講座の予約制を申し込み，同講座を受講した原告が，厚生労働省の教育訓練給付制度を利用することを前提として受講することを希望していたが，被告の説明不足のために，同制度を利用することができなかった（講座の予約制では同給付制度の利用ができなかった）として，被告に対し，不法行為に基づいて受講料相当の損害金（弁護士費用を含め約62万円）の請求をした事案において，消費者契約法１条，３条，４条２項（不利益事実の不告知）の趣旨から，被告が上記給付制度について事業者として取引上の信義則により告知・説明義務を負うとして損害賠償請求の一部（27万円。なお，原告の過失を２割認定）の支払を認めた。

裁判所 名古屋地判平成28年１月21日（判時2304号83頁）

賃貸人ＹからＡ社の仲介で地下駐車場の一部を賃借していたＸが，集中豪雨による浸水で駐車していた車が水没し廃車となったとして，Ｙに対し浸水被害に関する信義則上の説明義務違反の不法行為による損害賠償を求めた事案において，消費者契約法上の事業者Ｙは，Ｘ（賃借人）において当該事実を容易に認識できた等の特段の事情がない限り，信義則上，Ｘに対し本件駐車場が近い過去に集中豪雨のため浸水し駐車車両に実害が生じた事実をＸ又はＡ社に告知・説明すべき義務を負う（消費者契約法３条１項）上，特定の地下駐車場で比較的近い過去に具体的浸水被害が生じた事実は当該駐車場の賃借人が契約締結を決定する際の重要事実であるから，一般的な浸水リスクが予見可能であるとしても本件浸水事実を告知・説明する義務は否定されないとしてＹの説明義務違反による不法行為を認め，同義務違反と損害発生との因果関係を認めて過失相殺を否定し，請求を認容した。

2　消費者の消費者契約に対する理解

消費者契約法３条２項は，「消費者は，消費者契約を締結するに際しては，事業者から提供された情報を活用し，消費者の権利義務その他の消費者契約の内容について理解するよう努めるものとする。」と規定していますが，これは，消費者契約法の趣旨・目的等からして，事業者の上記のような努力義務と異なり，消費者の義務ではありません。

コラム

事業者の情報提供等の努力義務と契約書の記載

依頼者から相談を受けていますと，「契約書には，このような記載になっているが，契約の相手方（会社）の担当者から，このような記載の説明は受けていないし，かえって，この記載と反対の説明を受けた。私は，契約条項が多くあるので読んだことはなかったので，このような記載があることは知らなかった。相手方には情報提供義務の違反があるので，損害賠償請求をしてほしい。」とか，「契約書には，このような記載になっているが，契約の相手方（会社）の担当者から，『この記載には拘束されないと思ってよい。』と言われたので，この言葉を信用して，契約を締結した。相手方には説明義務違反があるので，損害賠償請求をしてほしい。」などという相談を受けることがよくあります。

確かに，消費者による商品先物取引・ワラント取引・変額保険取引など，契約の相手方（専門家）との情報量の格差が著しく大きく（消費者は老齢の場合が多い。），かつ，投機性が高く契約金額も比較的多額の場合には，契約の相手方の情報提供義務・説明義務違反による損害賠償を認める裁判例もありますが（商品先物取引につき東京高判平成９年12月10日判タ982号192頁，ワラント取引につき東京高判平成８年11月27日判時1587号72頁等，変額保険取引につき東京地判平成13年７月27日判タ1106号131頁等），通常の契約（例えば，商品の売買契約，火災・損害保険契約等）の場合には，裁判になった場合，契約の担当者から契約書の記載と違う説明を受けていたとしても，その立証に困難を伴うことが多くあり（言った，言わないの問題に帰着することが多い。），結局は，契約書に署名・押印した消費者が契約書の記載に従って責任を負わされることが多いようです。

この点の参考裁判例の一つとして，最判平成15年12月９日（民集57巻11号1887頁。阪神淡路大震災における保険金請求事件）は，火災保険契約の申込者が，同契約を締結するに当たり，同契約に附帯する地震保険契約につき，保険会社側からの情報提供義務や説明義務の違反があったため，地震保険契約を締結できなかったとして，慰謝料等の支払を求めた事案において，原審判決（大阪高判平成13年10月31日判時1782号124頁）が上記情報提供義務・説明義務の違反を認めて保険会社に慰謝料の支払を認めたのに対し，契約の申込書には「地震保険は申し込みません」との記載のある欄が設けられ，申込者が地震保険に加入しない場合にはこの欄に押印をすることとされていること，当該申込者が上記欄に自らの意思に基づき押印をしたこと，保険会社が当該申込者に対し地震保険の内容等について意図的にこれを秘匿したという事実はないことなどの事情の下においては，保険会社側に，火災保険契約の申込者に対する地震保険の内容等に関する情報の提供や説明において不十分な点があったとしても，慰謝料請求権の発生を肯認し得る違法行為と評価することはできないと判示し，申込者の慰謝料請求権を否定しています。

したがって，消費者は，「契約書を取り交わすときは，当該契約書の内容について相手方担当者から十分な説明を受け，自らも契約書の記載内容を良く読んで理解する」ことが極めて重要であるといえます。

第4　消費者契約の申込み又は承諾の意思表示の取消し

1　総　説

(1)　取り消すことができる場合（不当勧誘による契約の取消し）の3類型

消費者契約法4条は，事業者が消費者契約の締結の勧誘をするに際し，消費者が誤認や困惑をして契約の意思表示をし，また，過量の契約の意思表示をした場合において，当該消費者契約の申込み又は承諾の意思表示を取り消すことができることを規定しています。

契約の意思表示を取り消すことができる場合として，①消費者が誤認した場合（消契法4条1項・2項），②消費者が困惑した場合（同条3項），③契約の目的となる分量等が過量である場合（過量契約。同条4項）の3類型があります。

(2)　3類型の概要

ア　誤認による取消し（誤認類型）には，事業者が契約締結を勧誘するに際しての，(a)不実告知（消契法4条1項1号），(b)断定的判断の提供（同項2号），(c)不利益事実の不告知（同条2項）の三つの場合があります。

この誤認による取消しは，民法の詐欺による取消し（民法96条1項）の要件を満たす場合もありますが，民法の詐欺による取消しは，①詐欺の故意，②欺罔行為，③欺罔による錯誤と意思表示との間の因果関係，④詐欺の違法性が要件となる一方，誤認による取消しでは，不実告知，断定的判断の提供，不利益事実の不告知があれば取り消すことができ，詐欺の故意や違法性は問題とならず，要件が緩和されています。

なお，不実告知（消契法４条１項１号）及び不利益事実の不告知（同条２項）については，「重要事項」について問題となりますが，平成28年改正消費者契約法４条５項は，１号及び２号のほかに，３号を新設し，「物品，権利，役務その他の当該消費者契約の目的となるものが当該消費者の生命，身体，財産その他の重要な利益についての損害又は危険を回避するために通常必要であると判断される事情」が「重要事項」に付加され，動機に関する事項（契約締結時に前提とした事項）も「重要事項」に含まれることになりました。

また，消費者契約法４条２項（不利益事実の不告知）については，平成30年改正消費者契約法により，要件が緩和され，故意要件に重大な過失が追加されました。

イ　困惑による取消し（困惑類型）は，事業者が契約締結を勧誘するに際しての，(a)不退去（消契法４条３項１号），(b)退去妨害（同項２号）のほか，平成30年改正消費者契約法により，(c)不安をあおる告知（同項３号），(d)恋愛感情等好意の感情の不当な利用（同項４号），(e)加齢等による判断力の低下の不当な利用（同項５号），(f)霊感等による知見を用いた告知（同項６号），(g)契約締結前における債務の内容の実施等（７号・８号）が取消事由に追加されました。

困惑による取消しは，民法上の強迫による取消し（民法96条１項）の要件を満たす場合もあると思われますが，民法上の強迫による取消しは，①強迫の故意，②強迫行為，③強迫による畏怖と意思表示との間の因果関係，④強迫の違法性が要件となる一方，困惑による取消しでは，不退去，退去妨害等の事実があれば取り消すことができ，強迫の故意，強迫行為，違法性は問題とならず，要件が緩和されています。

ウ　消費者契約法４条４項の「過量契約」の取消しは，平成28年改正法により新設されたものです。

以上の条文関係を表にすると，以下のようになります。

【消費者契約の取消しが認められる類型】

誤認類型（注１）	①	重要事項について事実と異なることを告げること（不実告知＝嘘の説明をすること。４条１項１号）
	②	消費者契約の目的物に関し，将来におけるその価額等の変動が不確実な事項について，断定的判断を提供すること（断定的判断の提供＝将来どうなるか分からないことについて断定した説明をすること。４条１項２号）
	③	重要事項又はこれに関連する事項について消費者に利益となる旨を告げ，かつ，その重要事項について消費者に不利益となる事実を故意又は重大な過失によって告げないこと（不利益事実の不告知＝不利益な内容を故意又は重大な過失により言わないこと。４条２項）
困惑類型（注２）	①	消費者が事業者に対し，住居等から退去してもらいたいと意思表示をしたにもかかわらず，退去しないこと（不退去＝事業者に帰ってほしいと言っても帰ってくれない。４条３項１号）
	②	消費者が事業者に対し，勧誘されている場所から退去したいと意思表示したにもかかわらず，退去させないこと（退去妨害。４条３項２号）
	③	消費者が社会生活上の経験が乏しいことから，(a)進学，就職，結婚，生計その他の社会生活上の重要な事項，又は(b)容姿，体型その他の身体の特徴・状況に関する重要な事項に対する願望の実現に過大な不安を抱いていることを知りながら，その不安をあおり，裏付けとなる合理的な根拠がある場合その他の正当な理由がある場合でないのに，物品，権利，役務等が当該願望を実現するために必要である旨を告げること（不安をあおる告知。４条３項３号）
	④	消費者が社会生活上の経験が乏しいことから，消費者契約の勧誘者に対して恋愛感情その他の好意の感情を抱き，かつ，当該勧誘を行う者も当該消費者に対して同様の感情を抱いているものと誤信していることを知りながら，これに乗じ，当該消費者契約を締結しなければ当該勧誘を行う者との関係が破綻することになる旨を告げること（恋愛感情等好意の感情の不当な利用。４条３項４号）
	⑤	消費者が加齢・心身の故障によりその判断力が著しく低下していることから，生計，健康その他の事項に関しその現在の生活の維持に過大な不安を抱いていることを知りながら，その不安をあおり，裏付けとなる合

		理的な根拠がある場合その他の正当な理由がある場合でないのに，消費者契約を締結しなければその現在の生活の維持が困難となる旨を告げること（加齢等による判断力の低下の不当な利用。４条３項５号）
	⑥	消費者に対し，霊感その他の合理的に実証することが困難な特別な能力による知見として，そのままでは当該消費者に重大な不利益を与える事態が生ずる旨を示してその不安をあおり，消費者契約を締結することにより確実にその重大な不利益を回避することができる旨を告げること（霊感等による知見を用いた告知。４条３項６号）
	⑦	(a)　消費者が消費者契約の申込み・承諾の意思表示をする前に，当該消費者契約を締結したならば負うこととなる義務の内容の全部又は一部を実施し，その実施前の原状の回復を著しく困難にすること（契約締結前における債務の内容の実施等。４条３項７号）のほか， (b)　消費者が消費者契約の申込み・承諾の意思表示をする前に，事業者が調査，情報の提供，物品の調達その他の当該消費者契約の締結を目指した事業活動を実施した場合において，当該事業活動が当該消費者からの特別の求めに応じたものであったことその他の取引上の社会通念に照らして正当な理由がある場合でないのに，当該事業活動が当該消費者のために特に実施したものである旨及び当該事業活動の実施により生じた損失の補償を請求する旨を告げること（契約締結前における債務の内容の実施等。４条３項８号）
過量契約	①	消費者契約の目的となるものの分量等が当該消費者にとっての通常の分量等を著しく超えるものであることを，事業者が勧誘の際に知っていた場合において，消費者がその勧誘により当該消費者契約の申込み又はその承諾の意思表示をしたとき（４条４項前段）
	②	消費者が既に消費者契約の目的となるものと同種のものを目的とする消費者契約を締結し，当該同種契約の目的となるものの分量等と当該消費者契約の目的となるものの分量等とを合算した分量等が当該消費者にとっての通常の分量等を著しく超えるものであることを，事業者が勧誘の際に知っていた場合において，消費者がその勧誘により当該消費者契約の申込み又はその承諾の意思表示をしたとき（４条４項後段）

（注１）　誤認類型③中の「重大な過失」は，平成30年改正消契法により，要件が緩和され，故意要件に重大な過失が追加されたものです。

（注２）　困惑類型③～⑦の取消類型は，平成30年改正消契法によって新設されたものです。

【消費者契約法４条１項１号及び２項の「重要事項」とは】

①	物品，権利，役務その他の当該消費者契約の目的となるものの質，用途その他の内容であって，消費者の当該消費者契約を締結するか否かについての判断に通常影響を及ぼすべきもの（４条５項１号）
②	物品，権利，役務その他の当該消費者契約の目的となるものの対価その他の取引条件であって，消費者の当該消費者契約を締結するか否かについての判断に通常影響を及ぼすべきもの（４条５項２号）
③	前２号に掲げるもののほか，物品，権利，役務その他の当該消費者契約の目的となるものが当該消費者の生命，身体，財産その他の重要な利益についての損害又は危険を回避するために通常必要であると判断される事情（４条５項３号） →消費者契約法４条２項の場合には適用除外

(3)「勧誘をするに際し」の意義

ア 「勧誘」の意義

誤認類型，困惑類型及び過量契約は，いずれも事業者が消費者に対して「消費者契約の締結について勧誘をするに際し」なされる必要があります（消契法４条１項～４項）。

ここで「勧誘」とは，事業者が消費者の契約締結の意思の形成・決定に影響を与える程度の勧め方をいいます（『消費者法講義』98頁）。したがって，パンフレット，チラシ，インターネット広告等も消費者の契約締結の意思形成に影響を与える場合があるのであるから，これらの配布等も消費者の契約締結の意思形成に直接影響を与える場合には「勧誘」に当たるというべきです。この点は，下記の裁判例においても同様な判断をしています（『コンメンタール消契法（補巻）』44頁参照）。

イ　参考裁判例

裁判例　神戸簡判平成14年３月12日（消費者法ニュース60号211頁）

俳優等の養成所の勧誘パンフレットが「勧誘」に当たることを前提として消費者契約法４条２項（不利益事実の不告知）に該当するとして契約の取消しを認めた。

裁判例　東京地判平成17年11月８日（判時1941号98頁）

雑誌に記載されたパチンコ攻略情報の広告を見た消費者が事業者に連絡してパチンコ攻略情報を購入した事案において，事業者の勧誘内容のほか当該広告の「１本の電話がきっかけで勝ち組100％確定」などという表現をも考慮に入れて，消費者契約法４条１項２号（断定的判断の提供）に該当するとして契約の取消しを認めた。

裁判例　最判平成29年１月24日（判時2332号16頁）

消費者契約法２条４項にいう適格消費者団体（上告人）が，クロレラ健康食品の小売販売等を営む会社（被上告人）に対し，同社が自己の商品の原料の効用等を記載（クロレラには免疫力を整え細胞の働きを活発にするなどの効用がある旨の記載や，クロレラの摂取により高血圧，腰痛，糖尿病等の様々な疾病が快復した旨の体験談等の記載）した新聞折込チラシ（以下「本件チラシ」という。）を配布することが，消費者契約（消契法２条３項）の締結について勧誘をするに際し同法４条１項１号（不実告知）に規定する行為を行うことに当たるとして，同法12条１項及び２項に基づき，同社が自ら又は第三者に委託するなどして新聞折込チラシに上記の記載をすることの差止め等を求めた事案において，「上記各規定（筆者注：１条，４条１項から３項まで，５条，12条１項及び２項）にいう「勧誘」について法に定義規定は置かれていないところ，例えば，事業者が，その記載内容全体から判断して消費者が当該事業者の商品等の内容や取引条件その他これらの取引に関する事項を具体的に認識し得るような新聞広告により不特定多数の消費者に向けて働きかけを行うときは，当該働きかけが個別の消費者の意思形成に直接影響を与えることもあり得るから，事業者等が不特定多数の消費者に向けて働きかけを行う場合を上記各規定にいう「勧誘」に当たらないとしてその適用対象から一律に除外することは，上記の法の趣旨目的に照らし相当とはいい難い（下線は筆者）。したがって，事業者等による働きかけが不特定多数の消費者に向けられたものであったとしても，そのことから直ちにその働きかけが法12条1項及び2項にいう「勧誘」に当たらないということはできないというべきである。」として，チラシの配布も「勧誘」に当たる場合があることを認めた（なお，当該最判平成29年1月24日時点では，本件チラシの配布を止めているので，消契法12条1項及び2項にいう「現に行い又は行うおそれがある」ということはできないとし，結局上告人の請求を棄却している。）。

(4) 不実告知及び不利益事実の不告知による取消しにおける「重要事項」の意義

ア　上記のとおり，不実告知（消契法4条1項1号）及び不利益事実の不告知（同条2項）については，「重要事項」について問題となります。

消費者契約法4条5項は，この「重要事項」とは，①「物品，権利，役務その他の当該消費者契約の目的となるものの質，用途その他の内容」（1号）又は②「物品，権利，役務その他の当該消費者契約の目的となるものの対価その他の取引条件」（2号），③「物品，権利，役務その他の当該消費者契約の目的となるものが当該消費者の生命，身体，財産その他の重要な利益についての損害又は危険を回避するために通常必要であると判断される事情」（3号）と規定しています（ただし，消契法4条2項の場合には，上記③に掲げるものを除く。）。

イ　まず，上記①と②は，いずれも消費者の当該消費者契約を締結するか否かについての判断に影響を及ぼすべき事項です。

例えば，「シロアリに良く効く駆除剤であると告げて，シロアリに全く効き目のない薬剤を販売した。」という事例では，事業者は，薬剤という「物品」について，効能という「質」を偽っており，シロアリに良く効くかどうかは消費者が薬剤を購入するか否かの判断を左右するものであり，「消費者契約を締結するか否かについての判断に通常影響を及ぼすべきもの」であって，消費者契約法4条5項1号の「重要事項」に該当します。そして，重要事項について客観的事実と異なることを告げているため，不実告知（消契法4条1項1号）による取消しができます。

また，例えば，エアコンの売買契約でその取付工事費が実際には実費で請求するのに，無料であると告げて工事を行った場合には，消費者契約法４条５項２号の「重要事項」中の「その他取引条件」を偽っており，同様に不実告知（消契法４条１項１号）による取消しができると解されます（『コンメンタール消契法』100頁参照）。

ウ　しかし，「床下にシロアリがおり，このままでは家が倒壊するという虚偽の事実を告げて，リフォーム工事の契約を締結させた。」という事例では，民法の詐欺による取消し（民法96条１項）や動機の錯誤による取消し（民法95条）の対象となり得ますが，消費者契約法上は，床下にシロアリがいるか否かは，リフォーム工事の契約を締結するに至った動機に関する事項（つまり，契約締結を必要とした事情）にすぎず，リフォーム工事という「役務」そのものについての「質，用途その他の内容」又は「対価その他の取引条件」に関する事項について事実と異なることを告げているとはいえず，旧消費者契約法４条４項１号及び２号の「重要事項」には該当しないことになります。

そこで，この不都合を解消するため，平成28年改正消費者契約法では，４条５項３号として「物品，権利，役務その他の当該消費者契約の目的となるものが当該消費者の生命，身体，財産その他の重要な利益についての損害又は危険を回避するために通常必要であると判断される事情」が追加されました。これを上記の例に当てはめると，床下にシロアリがいて家の倒壊のおそれがあるという事情は，リフォーム工事が自宅の滅失又は損傷を回避するため（財産についての損害又は危険を回避するため）に通常必要であると判断される事情に当たるといえるので，３号の「重要事項」に該当し，不実告知による取消し（消契法４条１項１号）が可能となります。

なお，３号の「重要な利益」とは，例示として挙げられている生命，身体，財産と同程度に重要性や価値が認められるものであり，その判断は一般的・平均的な消費者を基準としてなされます。重要な利益の例としては，①名誉・プライバシーの利益や，②電話を使用して通話するという生活上の利益（「今使っている電話機が使えなくなる。」と虚偽の事実を言われ，新しい電話機を購入した事例が想定される。）などが挙げられます（「一問一答平成28年改正消契法」問16）。

エ　他に３号に該当する例として，①「パソコンがウイルスに感染しており，情報がインターネット上に流出するおそれがある。」と虚偽の事実を言われ，ウイルスを駆除するソフトを購入した事例や，②「このままだと2～3年後には必ず肌がボロボロになる。」と虚偽の事実を言われ，化粧品を購入した事例などが挙げられます。上記①の事例では，「消費者契約の目的となるもの」である当該ソフトの質・用途その他内容，取引条件に関しない事項であり，1号及び2号には該当しませんが，プライバシーに関する情報が流出するという重要な利益についての損害又は危険を回避するため，当該ソフトが通常必要であると判断されるので，不実告知による取消し（消契法4条1項1号）が認められます。

また，上記②の事例では，「消費者契約の目的となるもの」である当該化粧品の質・用途その他内容，取引条件に関しない事項であり，1号及び2号には該当しませんが，肌がボロボロになることは身体についての損害又は危険があり，これを回避するために，当該化粧品が通常必要であると判断されるので，不実告知による取消し（消契法4条1項1号）が認められます。

オ　「山林の所有者が，測量会社から電話勧誘を受けた際，当該山林に売却可能性があるという趣旨の発言をされ，測量契約と広告掲載契約を締結したが，実際には市場流通性が認められない山林であった。」という事例では，消費者は「山林の売却による利益を得られない」という消極的損害を回避するために測量契約等を締結していますが，立法担当者は，このような消極的損害も3号の「損害」に該当し（山林の売却による利益を得られないことが財産についての損害又は危険に該当する。），不実告知による取消し（消契法4条1項1号）が認められるとしています（「一問一答平成28年改正消契法」問17）。

カ　なお，「不利益事実の不告知」（消契法4条2項）は，消費者契約法4条5項3号が適用されませんが（消契法4条5項柱書き括弧書き），これは，契約締結の必要性に関する事項に関し，不利益事実の不告知により誤認したという被害が見当たらなかったためであると立法担当者から説明がされています。

2 誤認・困惑による取消し及び過量契約の各取消しの内容

(1) 誤認による取消し

誤認類型では，意思表示の取消事由として，①不実告知，②断定的判断の提供，③不利益事実の不告知の三つの場合を定めています（消契法4条1項・2項）。

ア　不実告知による取消し

(ア)　意義等

不実告知による取消しとは，①事業者が消費者契約の締結について「勧誘」をするに際し，「重要事項」について事実と異なることを告げ，②消費者が当該告げられた内容が事実であるとの「誤認」をして契約の申込み・承諾の意思表示をしたときは，これを取り消すことができるというものです（消契法4条1項1号）。

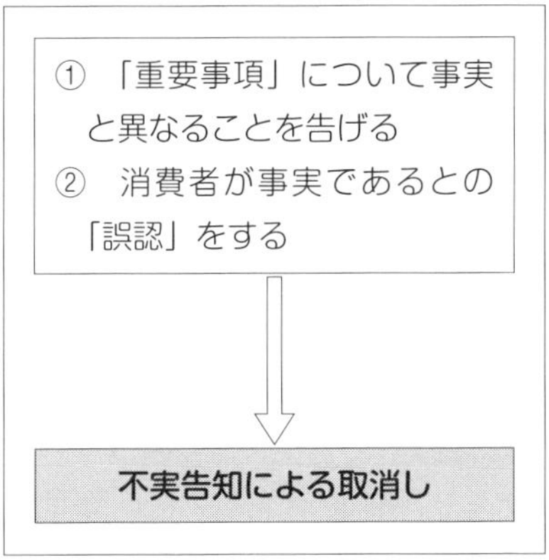
① 「重要事項」について事実と異なることを告げる
② 消費者が事実であるとの「誤認」をする
不実告知による取消し

ここで「不実告知」とは，事業者が「重要事項」について事実と異なることを告げることです。なお，「重要事項」の意義等については前記1(4)，また，「勧誘」の意義等については前記1(3)アを各参照してください。

「事実と異なること」は，客観的に事実と異なっていれば足り，事業者が事実と異なることを認識している必要はないと解されています（『消費者法講義』98頁。同旨：東京地判平成17年8月25日ウエストロー・ジャパン）。

また，「安い」「新鮮」などの主観的評価は，「事実と異なること」の告知の対象とならないとの考え方がありますが（『逐条解説消費者契約法』135頁），品質等からの客観的な価格の相場や保存期間，保存方法から「安い」「新鮮」という評価も客観的な判断が可能な場合もあり，これを一律に対象から排除すべきではないと考えられます（『消費者法講義』99頁。この点については，後記(イ)の大阪高判平成16年４月22日が参考となる。)。

(イ)　参考裁判例

裁判例　**大阪高判平成16年４月22日**（消費者法ニュース60号156頁）

当該宝石（ファッションリング）の一般的市場価格についてせいぜい12万円程度であるものを，一般的な小売価格を41万4000円と告げて購入者に29万円で購入させた事案において，購入者に不実告知による契約の取消しを認めた。

裁判例　**神戸簡判平成16年６月25日**（ウエストロー・ジャパン）

リース会社（原告）が，顧客（被告）に対し，取扱店を介して締結した通信機器のリース契約に基づき，残リース料の支払を求めたのに対し，顧客が，本件リース契約は，消費者契約法４条１項１号により取り消すなどと主張した事案において，取扱店の従業員が「ＮＴＴの回線がアナログからデジタルに変わります。今までの電話が使えなくなります。この機械を取り付けるとこれまでの電話を使うことができ，しかも電話代が安くなります。」と不実告知をしたものの，取扱店は，本件リース契約の当事者ではないから，消費者契約法にいう「事業者」ではないが，取扱店は，リース契約の締結に至る手続の重要な部分を，前もってリース会社から任されているものであって，取扱店の消費者に対する上記不実告知は，事業者であるリース会社による不実告知と評価すべきであるとして，消費者契約法４条１項により本件リース契約の申込みの意思表示の取消しを認めた。

裁判例　**東京地判平成17年３月10日**（ＬＬＩ／ＤＢ判例秘書）

高齢者（消費者，原告）が事業者（被告）から床下換気扇，耐震補強材，防湿剤を購入する契約を締結したが，同契約はいわゆる「点検商法」によるものであり，被告従業員の「床下がかなり湿っているため，家が危ない」という趣旨の説明を誤信したものであって，設置された換気扇は本来的な機能を発揮していないこと，耐震補強材も耐震補強として不十分であること，防湿剤も設置範囲等に照らして過剰であることから，これら商品の必要性及び相当性が認められないから，これがあるとして説明した行為は，消費者契約法４条１項１号による不実告知に当たるとして，契約の取消しを認めた。

書式１ 消費者契約法による取消しの通知書（不実告知）の記載例

〇〇管理士の国家試験が免除されるとの不実告知を受けて同管理士受験コースの通信教育講座受講契約を締結したとして，同契約の取消しの通知をした事例

東京都〇〇区〇町〇丁目〇番〇号
　株式会社〇〇協会
　代表取締役　甲野一郎　殿

令和〇年〇月〇日
東京都〇〇区〇町〇丁目〇番〇号
乙野次郎　㊞

通知書

　私は，令和〇年〇月〇日，貴社従業員の丙野三郎氏から「当協会の通信教育講座の〇〇管理士受験コースを修了すれば，〇〇管理士の国家試験が免除される。」などと説明を受け，これを信用して，その場で申込書に記載して同受講の契約を締結し，同年〇月□日，貴社の銀行口座に受講料（教材費込み）合計金〇万円を振り込み送金しました。

　しかし，関係機関に照会したところ，貴協会〇〇〇管理士受験コースを修了したとしても〇〇管理士の国家試験が免除されることはなく，上記説明が虚偽であることが判明しました。これは，消費者契約法第４条第１項第１号に定める「不実告知」に当たりますので，同号により契約を取り消します。

　よって，貴社に支払済みの代金〇万円は，直ちに〇〇銀行〇〇支店の乙野次郎名義の普通預金口座（口座番号〇〇〇〇〇）に振り込んで返還されるよう請求します。

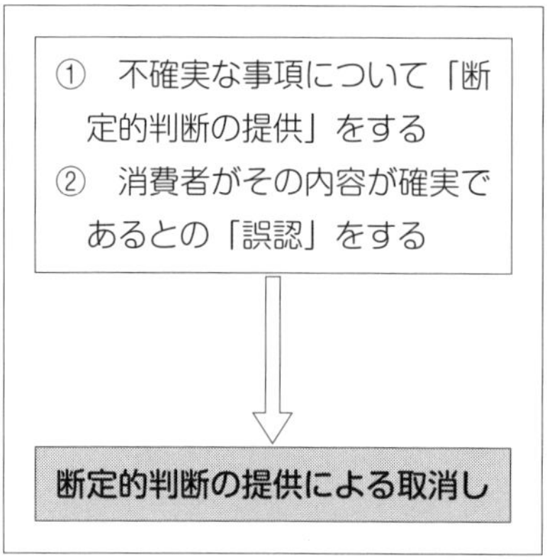
①　不確実な事項について「断定的判断の提供」をする
②　消費者がその内容が確実であるとの「誤認」をする
断定的判断の提供による取消し

イ　断定的判断の提供による取消し

(ア)　意義等

断定的判断の提供による取消しとは，①事業者が消費者契約の締結について「勧誘」をするに際し，物品，権利（例えば，スポーツ施設利用権等），役務（例えば，情報提供サービス，住宅建築請負等）その他の消費者契約の目的となるものに関し，将来におけるその価額，将来において当該消費者が受け取るべき金額その他の将来における変動が不確実な事項について「断定的判断の提供」をなしたことにより，②消費者が当該提供された「断定的判断」の内容が確実であるとの「誤認」をして契約の申込み又は承諾の意思表示をしたときは，これを取り消すことができるというものです（消契法4条1項2号）。

本号は，保険，証券取引，先物取引，不動産取引，業務提供誘引販売契約，エステ，健康食品等の分野において問題になることが多いようです。なお，「勧誘」の意義等については前記1(3)アを参照してください。

断定的判断の対象は，「将来におけるその価額，将来において当該消費者が受け取るべき金額その他の将来における変動が不確実な事項」とされていますが，これが財産上の利得に影響するものに限られるという見解があります（『逐条解説消費者契約法』140頁）。しかし，①条文上，上記のように「その他の将来における変動が不確実な事項」とあり，「財産上の利得」というような制限をしていないこと，及び②財産上の利得以外の不確実な事項について断定的判断の提供がなされることが多い実情（例えば，「この塾に入れば必ず成績が上がる」「この美容商品を付ければ肌が必ずきれいになる」などという断定的判断の提供行為）を考慮すれば，財産上の利得以外の不確実な事項についても，本条の適用があると解すべきです（『コンメンタール消契法』76頁以下）。ただ，裁判例の中には，運勢や将来の生活状態という変動が不確実な事項につき，消費者契約法4条1項2号の「その他の将来における変動が不確実な事項」に該当するとして，「必ず運勢や生活状況が好転する」という趣旨の勧誘により，消費者が印鑑の購入等をした契約の取消しを認めた第一審判決（神戸地尼崎支判平成15年10月24日消費者法ニュース60号214頁）の判断を覆し，同号の該当性を否定した控訴審判決（大阪高判平成16年７月30日ウエストロー・ジャパン）があります（ただし，同控訴審判決は，当該契約が暴利行為として公序良俗に反し無効であるとした。）。

(イ)　参考裁判例

裁判例　東京簡判平成16年11月15日（裁判所ウェブサイト）

業務提供誘引販売契約（内職商法）により買い受けるシステム（パソコンやソフト）の代金の支払について，業者が顧客に「リース会社に対する月２万円のローン支払は本契約における入力の仕事をすることによって確実に稼げる。」などと発言したことが，不確実な事項についての断定的判断の提供に当たるとして契約申込みの取消しを認めた。

裁判例　名古屋地判平成17年１月26日（判時1939号85頁）

灯油の先物取引に関して，商品取引会社の担当者が顧客に「灯油は必ず下げてくる，上がることはあり得ないので，50枚売りでやって欲しい。」「上場企業の部長の私を信用して30枚やってもらえませんか。」「責任を持って利益をとって，お盆休み明けには，利益を出して，私が現金を持っていきます。」などと述べた勧誘行為が断定的判断の提供に当たるとして契約の取消しを認めた。

裁判例　東京地判平成17年11月８日（判時1941号98頁）

パチンコ攻略情報の販売に関して，広告上に「１本の電話がきっかけで勝ち組100％確定」等と記載し，これを見て電話で問い合わせをしてきた消費者（原告・控訴人）に，「100パーセント絶対に勝てるし，稼げる。月収100万円以上も夢ではない。目指せ年収1000万円プレーヤー」「パチンコ攻略情報代金は数日あれば全額回収できる。」等と勧誘したことが不確実な事項についての断定的判断の提供に当たるとして，契約の取消しを認めた。

裁判例 大阪高判平成19年４月27日（判時1987号18頁）

外国為替取引会社（被告・被控訴人）と顧客（原告・控訴人）との間で預託金の５分の１の支払を受け５分の４の返還を放棄する和解契約が締結されたが，その際，上記会社の従業員が顧客に対して「営業停止になり，そうなると会社がつぶれ，本件預託金はほとんど戻ってこない，戻ってこないお金よりも，財務局の結果が出る前の今なら100万円は確実に返すことができる」などと述べたことが，不確実な事項（現に上記会社は，行政処分を受けたが，現在でも倒産していない。）についての断定的判断の提供に当たるとして，上記和解契約の取消しを認めた。

裁判例 東京地判平成22年12月15日（ウエストロー・ジャパン）

被告会社の未公開株について，被告会社の従業員から顧客（原告）が「被告会社の未公開株が平成20年の春には上場する。上場時の公募価格は40万円を下らないであろう。」などと説明を受け，当該未公開株10株（合計280万円）を購入した事案において，当該従業員の説明が不確実な事項（実際は上場が実現しなかった。）について断定的判断の提供に当たるとして，契約の取消しを認めた。

書式２ 消費者契約法による取消しの通知書（断定的判断の提供）の記載例

先物商品が確実に値上がりする（断定的判断の提供）と言われて，商品先物取引委託契約を締結したとして，同契約の取消しの通知をした事例

東京都○○区○町○丁目○番○号
　○○株式会社
　代表取締役　甲野一郎　殿

令和○年○月○日
東京都○○区○町○丁目○番○号
乙野次郎　㊞

通知書

私は，令和○年○月○日，貴社営業社員の丙野三郎氏から，先物商品の値動きの表を見せられ，「この表のように，この商品は確実に値上がりします。私に任せていただいたら，必ず利益が出ます。」と言われ，商品先物取引を強く勧められ，貴社との間で商品先物取引委託契約を締結し，委託証拠金として○○万円を支払いました。

私は，商品先物取引の知識・経験が全くなく，丙野氏から，必ず値上がりして利益が出るとの断定的判断を提供されたことを，そのまま信じて当該契約を結んだものです。

よって，これは，消費者契約法第4条第1項第2号の「断定的判断の提供」に当たりますので，同号により本件契約を取り消します。

つきましては，貴社に支払済みの委託証拠金○○万円は，本書面到達後7日以内に○○銀行○○支店の乙野次郎名義の普通預金口座（口座番号○○○○○）に振り込んで返還されるよう請求します。

ウ　不利益事実の不告知による取消し

㈠　意義等

不利益事実の不告知による取消しとは，①事業者が消費者契約の締結について「勧誘」をするに際し，消費者に対して「ある重要事項又は当該重要事項に関連する事項について当該消費者の利益となる旨を告げ」，かつ，「当該重要事項について当該消費者の不利益となる事実（当該告知により当該事実が存在しないと消費者が通常考えるべきものに限る。）を故意又は重大な過失によって告げなかった」ことにより，②消費者が当該事実が存在しないとの誤認をして契約の申込み・承諾をした場合には，これを取り消すことができるというものです（消契法4条2項本文。なお，下線部分の「重大な過失」は，平成30年改正消契法により，事業者の故意の立証の困難性に配慮して，要件を緩和したものである。）。ここで「重大な過失」とは，個々の事案に即し，当該事業者の立場において要求される注意を著しく欠いたことをいうと解されます（『コンメンタール消契

① 「ある重要事項又は当該重要事項に関連する事項」について利益となる旨を告げ，かつ，「当該重要事項」について不利益となる事実を故意又は重大な過失により告げなかった
② 消費者が当該事実が存在しないとの「誤認」をする

↓

不利益事実の不告知による取消し

法（補巻)』54頁)。例えば，宅地建物取引事業者である事業者が，「日照良好」と説明しつつ，隣地にマンションが建つことを告げずにマンションを販売した事例において，重大な過失が認められる具体的な状況としては，①隣地のマンションの建設計画に関する説明会が当該事業者も参加可能な形で実施されていたという状況や，②隣地のマンションの建設計画が少なくとも近隣の不動産業者において共有されていたという状況が考えられます（なお，不動産事業者には宅地建物取引業法に基づく重要事項の説明義務が課されている（同法35条第１項柱書，47条）ので，上記「重大な過失」の有無は，このような業法上の義務が課せられていたことも踏まえて判断されるものと考えられる。)（「一問一答平成30年改正消契法」問７)。ただし，当該事業者が当該消費者に対し当該事実を告げようとしたにもかかわらず，当該消費者がこれを拒んだときは，不利益事実の不告知による取消権は発生しません（消契法４条２項ただし書)。

なお，「重要事項」の意義等については前記１(4)，また，「勧誘」の意義等については前記１(3)アを参照してください。

事業者の告知が消費者に利益となる「当該重要事項に関連する事項」とは，不利益事実の不告知の対象が「当該重要事項について当該消費者の不利益となる事実（当該告知により当該事実が存在しないと消費者が通常考えるべきものに限る。)」と限定されていることから，一般平均的な消費者が不利益事実が存在しないと誤認する程度に「ある重要事項」に密接にかかわるものであると解されます。なお，不利益事実の不告知の対象である「当該重要事項」とは，上記の「(消費者に対して）ある重要事項」を受けます。

また，事業者が消費者の不利益事実を「故意又は重大な過失によって告げ

なかった」という場合の「故意」とは，消費者契約法１条の精神である消費者の利益擁護の見地から，事業者が当該消費者に不利益な事実が存在することの認識を有すれば足りると解すべきです。この認識のほか，当該消費者が不利益な事実の存在を知らないことの認識までは必要ないと解すべきです。なぜなら，消費者契約法４条２項は，詐欺の要件を緩和した規定であると解すべきであり，事業者に「消費者が知っていると思っていた」と言って免責される場合を認めるべきでないからです（『消費者法講義』100頁以下参照）。

(イ)　参考裁判例

裁判例　東京地判平成18年８月30日（ウエストロー・ジャパン）

原告がマンションの一室を購入するに当たり，被告（不動産会社）の担当者が本件建物の眺望・採光・通風といった重要事項の良さをアピールする一方，当該重要事項に関して本件マンション完成後すぐにその北側に隣接する所有地に眺望を遮る３階建ての建物の建設計画があることを知っていたのに説明しなかったのは，不利益事実を故意に告げなかったものであるとして，消費者契約法４条２項（不利益事実の不告知）に基づく売買契約の取消し（売買代金の返還と建物明渡しによる引換給付判決）を認めた。

裁判例　神戸地姫路支判平成18年12月28日（ウエストロー・ジャパン）

太陽光発電システムの勧誘につき，本件オール電化光熱機器類を設置した場合，ガス代がかからず，また電気代も節約でき，これらにより月１万3200円光熱費が減少すること，食洗機を設置することによって月3000円の水道代の節約が見込まれること等を説明する一方，本件太陽光発電の設置工事の価格（約453万円）が補助金交付申請書から算出した平均価格の約２倍で最高価格に近い金額であることを告げなかったことを認定し，これが消費者契約法４条１項・２項に該当するとして契約の取消しを認めた。

裁判例　札幌高判平成20年１月25日（判時2017号85頁）

金の先物取引について，商品取引会社（被告・被控訴人）の外務員が，再三にわたり金価格が上昇基調に当たり将来的には更に高騰するとの自己の相場予測を顧客（原告・控訴人）に告げて金の買注文を勧誘しており，これは「利益告知」に該当し，また，本件取引の勧誘の際，東京市場における金の価格が下落するおそれがあったことなど，顧客にとって「不利益となる事実」を故意に告げていなかったことから，消費者契約法4条2項により，本件取引の取消しを認めた。

裁判例　東京地判平成21年6月19日（判時2058号69頁）

医療機関担当者において，包茎手術及びこれに付随する亀頭コラーゲン注入術を受けた者に対し，亀頭コラーゲン注入術が医学的に一般に承認された術式ではないことを故意に告げなかったことが，不利益事実の不告知に該当するとして，消費者契約法4条2項により，割賦購入あっせん会社との間の当該手術代金に関する立替払契約の取消しを認めた。

裁判例　名古屋高判平成30年5月30日（判時2409号54頁）

建売住宅の販売において，売主である事業者が消費者である買主に対し，緑化率不足という条例違反があることを故意に告げなかったとして，消費者契約法4条2項に基づき建売住宅売買契約の取消しを認めた。

書式3　消費者契約法による取消しの通知書（不利益事実の不告知）の記載例

隣接地に高層ビルが建設されることを秘して，「日当たり・眺望がとても良好である」という説明を受けて，マンションを購入させられたとして，当該購入契約の取消しの通知をした事例

東京都○○区○町○丁目○番○号
　○○株式会社
　代表取締役　甲野一郎　殿

令和○年○月○日
東京都○○区○町○丁目○番○号
乙野次郎　㊞

通知書

私は，令和○年○月○日，現在居住している自宅（５階建マンションの５階の一室）の購入契約を貴社と締結しましたが，その際，貴社営業社員の丙野三郎氏から，半年後に隣接地に20階建の高層ビルが建設されることの説明を全く受けておらず，かえって「日当たり・眺望がとても良好である」という利益となる説明を受けています。

しかし，隣接地に建設中の上記高層ビルは貴社が施工していますので，私が自宅を購入した当時，既に当該高層ビルの建設計画があることを，上記丙野氏も当然知っていたはずであり，仮に知らなかったとしても，このことについて重大な過失があることは明らかです。

よって，これは，消費者契約法第４条第２項の「不利益事実の不告知」に当たりますので，同号により本件マンション購入契約を取り消します。なお，日当たりや眺望は，マンションを購入する際の重要事項であることは明らかです。

つきましては，貴社に支払済みの代金○○万円は，本書面到達後14日以内に○○銀行○○支店の乙野次郎名義の普通預金口座（口座番号○○○○○）に振り込んで返還されるよう請求します。

(2) 困惑による取消し

困惑類型では，意思表示の取消事由として，①不退去（消契法４条３項１号），②退去妨害（同項２号）のほか，平成30年改正消費者契約法により，③不安をあおる告知（同項３号），④恋愛感情等好意の感情の不当な利用（同項４号），⑤加齢等による判断力の低下の不当な利用（同項５号），⑥霊感等による知見を用いた告知（同項６号），⑦契約締結前における債務の内容の実施等（同項７号・８号）が取消事由に追加されました。

ア　不退去による取消し

(ア)　意義等

不退去による取消しとは，①事業者が消費者契約の締結について「勧誘」をするに際し，消費者が「その住居又はその業務を行っている場所」から退

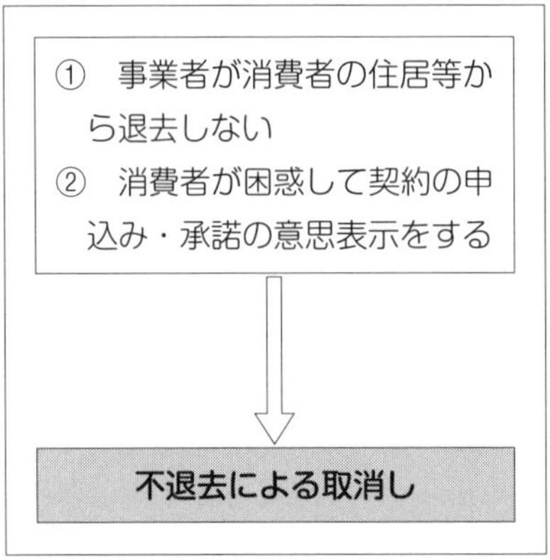
①　事業者が消費者の住居等から退去しない
②　消費者が困惑して契約の申込み・承諾の意思表示をする
不退去による取消し

去すべき旨の意思を示したにもかかわらず，事業者がこれらの場所から退去しないことにより，②消費者が困惑して契約の申込み・承諾の意思表示をしたときは，これを取り消すことができるというものです（消契法４条３項１号）。

なお，「勧誘」の意義等については前記１(3)アを参照してください。

ここで「その住居又はその業務を行っている場所」のうち，「その住居」とは，一般に，当該消費者が日常生活を送っている居住家屋をいい，「その業務を行っている場所」とは，当該消費者が自営業者か労務提供者かを問わず，労働している場所をいいますが，本条が平穏な消費者の生活，業務を確保する趣旨であることから，友人宅や宿泊しているホテル等も含まれると解すべきであるとする見解もあります（『消費者法講義』103頁）。

また，「退去すべき旨の意思を示した」とは，「帰ってくれ」「お引き取りください」等明示的に告知した場合はもちろんですが，黙示的であっても，社会通念上退去してほしいという意思が示された場合はこれに含まれると解すべきであり，例えば，「時間がありません」「取り込み中です」などと時間的余裕がないことを告げたり，また，「不要です」「結構です」などと契約をしない旨述べたり，さらに，身振りで要らない旨を示した場合などもがこれに含まれると解されます（『消費者法講義』103頁以下参照）。

(ｲ)　参考裁判例

裁判例　**大分簡判平成16年２月19日**（消費者法ニュース60号59頁）

業者が消費者宅を訪れて，床下の拡散送風機等の設置に関する請負契約締結を勧誘するに際し，消費者が「機械は必要ない。帰ってくれ。」などと言ったにもかかわらず，午前11時頃から午後６時30分頃まで勧誘して契約を締結したことにつき，不退去により困惑して請負契約を締結したものとして，同契約の取消しを認めた。

裁判例 東京簡判平成19年７月26日（裁判所ウェブサイト）

除湿剤置きマットの販売店の従業員が消費者宅を訪れて，消費者に当該マットの売買契約の締結を勧誘するに際し，消費者が「除湿剤はいらない」などと断ったにもかかわらず，１時間以上も勧誘し続けて売買契約を締結したことにつき，不退去により困惑して契約を締結したものとして，同契約の取消しを認めた。

書式４ 消費者契約法による取消しの通知書（不退去）の記載例

自宅からの退去を促したのに，退去してくれず，困惑した結果，羊毛布団を購入したとして，同契約の取消しの通知をした事例

東京都○○区○町○丁目○番○号
○○株式会社
代表取締役　甲野一郎　殿

令和○年○月○日
東京都○○区○町○丁目○番○号
乙野春子　㊞

通知書

私は，令和○年○月○日，貴社営業社員の丙野三郎氏が私宅に来て羊毛布団を購入するように勧められたため，「これから出掛ける用事があるので，お引き取りください。」と何度も言って，退去方を促したのですが，同氏は帰ってくれず，50分も粘られて困惑した結果，やむなく羊毛布団１組を○万円で購入する契約を締結しました。

同契約は，消費者契約法第４条第３項第１号に当たりますので，同号により本契約を取り消します。

つきましては，貴社に支払済みの代金○万円は，直ちに○○銀行○○

支店の乙野春子名義の普通預金口座（口座番号○○○○○）に振り込んで返還されるよう請求します。

イ　退去妨害による取消し

(ア)　意義等

退去妨害による取消しとは，①事業者が消費者契約の締結について「勧誘」をするに際し，事業者が勧誘をしている場所から消費者が退去する旨の意思を示したにもかかわらず，その場所から消費者を退去させないことにより，②消費者が困惑して契約の申込み・承諾の意思表示をしたときは，これを取り消すことができるというものです（消契法４条３項２号）。

なお，「勧誘」の意義等については前記１(3)アを参照してください。

ここで「消費者が退去する旨の意思を示した」とは，不退去と同様に，「帰りたい」「帰らせてくれ」などと明示的に告知した場合はもちろんですが，黙示的であっても社会通念上退去してほしいという意思が示された場合はこれに含まれます（『消費者法講義』104頁）。

また，「消費者を退去させない」とは，一定の場所から退去・脱出することを困難にする行為（例えば，消費者が立ち去ろうとしているのに更に執拗に勧誘する行為もこれに該当する。）をすることをいい，物理的，心理的いずれの手段でもよく，時間的の長短も問わないと解されてます。この点に関し，「退去させない」とは，一定の場所からの脱出を不可能若しくは著しく困難にする行為と解する見解もありますが（『逐条解説消費者契約法』160頁），これでは，刑法上の監禁と同程度の違法性を要求することなり，強迫よりも弱い「消費者の困惑」を契約の取消事由にした趣旨を損なうことになり妥当ではないと解されます。

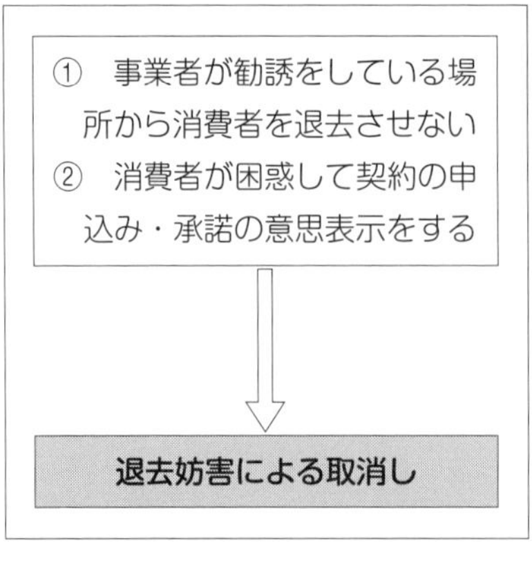
①　事業者が勧誘をしている場所から消費者を退去させない
②　消費者が困惑して契約の申込み・承諾の意思表示をする
退去妨害による取消し

(イ)　参考裁判例

裁判例　東京簡判平成15年５月14日（裁判所ウェブサイト）

絵画の販売店の担当者から路上で声を掛けられ，絵画の展示場に連れて行かれた消費者が，絵画の購入意思のないことを繰り返し告げているにもかかわらず消費者を帰そうとせず，絵画の購入を申し込ませ，立替払契約を締結させた販売店の行為は，消費者契約法４条３項２号に該当するとして，退去妨害による当該立替払契約の取消しを認めた。

裁判例　札幌地判平成17年３月17日（消費者法ニュース64号209頁）

宝石貴金属販売の展示会で，顧客が販売店従業員に対し，帰宅したいと告げたにもかかわらず勧誘を続けられて退去させられず，困惑してネックレスの購入，立替払契約を締結させられたとして消費者契約法４条３項２号により立替払契約の取消しを認めた。

裁判例　さいたま地判平成23年６月22日（裁判所ウェブサイト）

信用情報収集調査等を業務とする会社の従業員が，消費者との間で調査委任契約の締結の勧誘をするに際し，会社事務所から消費者が退去する意思を示したにもかかわらず，その場所から消費者を退去させないことにより，消費者を困惑させ，これにより本件調査委任契約の申込みの意思表示をさせたことを認定し，消費者契約法４条３項２号により退去妨害による本件調査委任契約の取消しを認めた。

書式５　消費者契約法による取消しの通知書（退去妨害）の記載例

宝石展示会場で従業員に取り囲まれて退去を妨害され，困惑した結果，ダイヤの指輪の購入契約を締結したとして，同契約の取消しの通知をした事例

東京都○○区○町○丁目○番○号
○○株式会社
代表取締役　甲野一郎　殿

令和○年○月○日
東京都○○区○町○丁目○番○号
乙野春子　㊞

通知書

私は，令和○年○月○日に貴社の宝石展示会場に行ったところ，３，４名の貴社従業員に取り囲まれるようにしてダイヤの指輪を購入するように強く勧められ，私が「他に行く用事があるので帰ります。」と言って断っても，帰してくれず，約40分間にわたって強く購入を勧められ，困惑した結果，やむなくダイヤの指輪１個を○万円で購入する契約を締結しました。

同契約は，消費者契約法第４条第３項第２号に当たりますので，本書面をもって同号により本契約を取り消します。

つきましては，貴社に支払済みの代金○万円は，直ちに○○銀行○○支店の乙野春子名義の普通預金口座（口座番号○○○○○）に振り込んで返還されるよう請求します。

ウ　不安をあおる告知による取消し

㈠　意義等

不安をあおる告知による取消しとは，事業者が消費者契約の締結について「勧誘」をするに際し，①消費者が社会生活上の経験が乏しいことから，(a)進学，就職，結婚，生計その他の社会生活上の重要な事項，又は(b)容姿，体型その他の身体の特徴・状況に関する重要な事項に対する願望の実現に過大な不安を抱いていることを知りながら，その不安をあおり，裏付けとなる合理的な根拠がある場合その他の正当な理由がある場合でないのに，物品，権利，役務その他当該消費者契約の目的となるものが当該願望を実現するために必要である旨を告げることにより，②消費者が困惑して契約の申込み・承諾の意思表示をしたときは，これを取り消すことができるというものです（消契法４条３項３号）。

これに該当する事例としては，①事業者が，就職活動中の学生の消費者の不安を知りつつ，「このままでは一生成功しない。この就職セミナーが必要。」と告げて勧誘し，就職セミナーの契約をした，②事業者が，育児中の母親に，当該母親の子について「この子は想像力が足りない。学校の授業についていけなくなるかもしれない。」と不安をあおる告知を行い，幼児用教材の勧誘を行い，当該母親が契約した，③事業者が，若い女性にアンケートを依頼した後，店舗に案内して「このままでは肌が大変なことになる。今のうちに手を打つ必要がある。」などと言い，化粧品セットとエステティックサービスの勧誘を行い，契約したなどの事例が挙げられると考えられます（「一問一答平成30年改正消契法」問８）。

①　消費者が社会生活上の経験が乏しいことから，進学，結婚等の願望の実現に過大な不安を抱いているのを知りながら，その不安をあおり，消費者契約の目的となるものが願望の実現に必要である旨を告げる

②　消費者が困惑して契約の申込み・承諾の意思表示をする

↓

不安をあおる告知による取消し

⑴　内容等

①　「社会生活上の経験が乏しい」とは，社会生活上の経験の積み重ねが消費者契約を締結するか否かの判断を適切に行うために必要な程度に至っていないことをいいます。ここで社会生活上の経験が乏しいか否かは，年齢によって定まるものではなく，若年者ではなく，中高年であっても，就労経験や他者との交友関係等の事情を総合的に考慮・判断して，これに該当する場合があるといえます。

また，社会生活上の経験が乏しいことから，過大な不安を抱いていること等の要件の解釈については，勧誘の態様等の事情を総合的に考慮し，例えば，勧誘の態様が悪質なものである場合には，取消権が認められやすくなるといえます（「一問一答平成30年改正消契法」問９）。

② 「社会生活上の重要な事項」とは，進学，就職，結婚，生計といった，一般的・平均的な消費者にとって社会生活を送る上で重要な事項をいいます。

ここで「生計」とは，暮らしを立てるための手立てをいい，生活上の費用を得るための方法に関する事項を想定したものであり，「進学，就職，結婚，生計」は飽くまで例示であって，「社会生活上の重要な事項」はこれらに限られず，ほかにも，例えば育児などの事項が該当すると考えられます。例えば，育児中の母親に，当該母親の子について「この子は想像力が足りない。学校の授業についていけなくなるかもしれない。」などと不安をあおる告知を行い，幼児用教材の勧誘を行ったような場合なども本規定の対象となり得ます（「一問一答平成30年改正消契法」問10）。

③ 「過大な不安を抱いている」とは，一般的・平均的な消費者が抱く不安（誰もが抱くような漠然とした不安）よりも大きい不安を抱いている場合をいい，通常より大きい心配をしている心理状態がこれに該当し得るといえます。例えば，就活中の学生が，自分はほかの学生と比べて劣っており，このままでは就職できないという不安などがこれに当たると考えられます（『コンメンタール消契法（補巻）』84頁以下）。

事業者が消費者のこうした状況を知りながら勧誘することが要件となります。

④ 「その（消費者の）不安をあおり，……（中略）……物品，権利，役務その他の当該消費者契約の目的となるものが当該願望を実現するために必要である旨を告げる」とは，消費者に将来生じ得る不利益を強調して告げる場合等をいいます。不安をあおるような内容を直接的に告げなくとも，契約の目的となるものが必要である旨を繰り返したり，強い口調で告げたりして強調する態様でも足りるものと解されています。例えば，過大な不安を抱く学生に対して，そのことを知りながら「このセミナーを受講すれば就職できます。あなたにはこのセミナーが必要です。」などと繰り返して告げる場合も，不安をあおるものとして取消しの対象と

なり得ます。

なお，告げる方法については，必ずしも口頭によることを必要せず，書面に記載して消費者に見せるなど，消費者が実際にそれによって認識し得る態様の方法であればよいと解されます（「一問一答平成30年改正消契法」問11）。

⑤「裏付けとなる合理的な根拠がある場合その他の正当な理由がある場合」とは，消費者を自由な判断ができない状況に陥らせるおそれが類型的にない場合を意味します。不安を抱いている消費者に対して「物品，権利，役務その他の当該消費者契約の目的となるものが当該願望を実現するために必要である旨」を告げる場合であっても，その告知内容について裏付けとなる合理的な根拠がある場合等には，むしろ消費者にとって当該消費者契約を締結するか否かを判断するために必要な情報を提供することとなるため，そうした場合を取消しの対象から除く趣旨で規定された要件です。

「正当な理由がある場合」の典型例は，例示されている「裏付けとなる合理的な根拠がある場合」ですが，その他の例としては，社会慣習や商慣習において許容される範囲内である場合など，告知内容が社会通念に照らして相当と認められる場合が考えられます。具体例として，①将来の疾病リスク，経済変動リスク等を客観的なデータに基づいて説明しつつ勧誘する場合，②予備校が，「合格するにはこれが良い。先輩方も使っていた。」と告げて，市販の鉛筆よりも若干高い「合格鉛筆」を販売する場合（社会通念に照らして相当な場合）などが挙げられます（「一問一答平成30年改正消契法」問12参照）。

書式6 消費者契約法による取消しの通知書（不安をあおる告知）の記載例

就職活動に不安を抱いている学生が，従業員から「このままでは一生就職採用はされない。我が社の就職セミナーを受講すれば必ず採用される。」旨告げられて勧誘され，就職セミナーの契約を締結したとして，同契約の取消しの通知をした事例

東京都〇〇区〇町〇丁目〇番〇号
　〇〇株式会社
　代表取締役　甲野一郎　殿

令和〇年〇月〇日
東京都〇〇区〇町〇丁目〇番〇号
乙野春子　㊞

通知書

私は，令和〇年〇月〇日，A株式会社の就職会場付近において，貴社従業員丙野次郎氏と会い，私が「A株式会社の就職面接を受けたが，良い印象ではなかった。就職採用はされないと思うが，今後の就職活動がとても不安です。」という内容の話をしたところ，丙野氏から，「このままでは一生就職採用されません。我が社の就職セミナーを受講すれば必ず採用されます。」と言われて勧誘され，丙野氏の話を信用し，貴社と就職セミナーの契約を締結し，代金〇万円を支払いました。

しかし，この契約は，消費者契約法第4条第3項第3号に該当しますので，本書面をもって同号により本契約を取り消します。

つきましては，貴社に支払済みの代金〇万円は，直ちに〇〇銀行〇〇支店の乙野春子名義の普通預金口座（口座番号〇〇〇〇〇）に振り込んで返還されるよう請求します。

エ　恋愛感情等好意の感情の不当な利用による取消し

㋐　意義等

恋愛感情等好意の感情の不当な利用による取消しとは，事業者が消費者契約の締結について「勧誘」をするに際し，①消費者が，社会生活上の経験が乏しいことから，当該勧誘を行う者に対して恋愛感情その他の好意の感情を抱き，かつ，当該勧誘を行う者も当該消費者に対して同様の感情を抱いているものと誤信していることを知りながら，これに乗じ，当該消費者契約を締結しなければ当該勧誘を行う者との関係が破綻することになる旨を告げることにより，②消費者が困惑して契約の申込み・承諾の意思表示をしたときは，これを取り消すことができるというものです（消契法４条３項４号）。

このような消費者被害の救済について，これまでは公序良俗違反による無効（民法90条）や不法行為に基づく損害賠償請求（民法709条）といった一般的な規定に委ねられていましたが，これらの規定は要件が抽象的であり，どのような場合に適用されるかが，消費者にとって必ずしも明確ではない部分があったことから，明確な要件を定めて，消費者の恋愛感情等好意の感情を事業者が不当に利用した消費者契約の取消しを認める規定を新設しました。

なお，この取消事由に該当する事例としては，①男性から電話があり，何度か電話するうちに好きになり，思いを伝えた。その後，男性から誘われ宝石展示場に行ったところ，「買ってくれないと関係を続けられない。」と言われて宝石を購入する契約を締結した事例（「一問一答平成30年改正消契法」問13），②不動産販売会社の男性社

①　消費者が社会生活上の経験が乏しいことから，勧誘者に対して好意感情を抱き，かつ，勧誘者も消費者に同様の感情を抱いているものと誤信していることに乗じ，消費者契約を締結しなければ勧誘者との関係が破綻することになる旨を告げる
②　消費者が困惑して契約の申込み・承諾の意思表示をする

↓

恋愛感情等好意の感情の不当な利用による取消し

員とデートを重ねるうち，同社員から投資用マンションの購入を勧められ，これを断ったところ，購入してくれなければ交際をやめる旨遠回しに言われ，仕方なく当該マンションを購入した事例などが挙げられると考えられます。

(イ)　内容等

①　「社会生活上の経験が乏しい」の意義については，上記ウ(イ)①を参照してください。

②　「好意の感情」とは，他者に対する親密な感情をいい，代表的なものは条文上に例示されている「恋愛感情」ですが，それ以外の「好意の感情」であっても，良い印象や好感を超えて，恋愛感情と同程度に親密な感情であればよいと解されます。

ただし，「好意の感情」というためには，相当程度に親密である必要があり，単なる友情といった感情は含まれません。また，大人数の相手に対して同じように抱ける程度の好意では不十分であり，勧誘者に対する恋愛感情と同程度の特別な好意が必要となります。例えば，消費者と同じ寮で生活し，出身地や出身高校も同じである大学の先輩との親密な関係や，大学のサークルに入り，学生生活のほとんどの時間をサークル活動を中心にして過ごしている消費者にとって家族同然の仲である同じサークルの先輩との関係等も当該「好意の感情」に該当し得るものと解されます（「一問一答平成30年改正消契法」問14）。

③　本号は，消費者が勧誘者に対して好意の感情を抱き，かつ，勧誘者も同様の感情を抱いていると誤信していることを知りながら，これに乗じることが要件であり，事業者がこのような片面的な人間関係を知りながら勧誘する点に，本号の特徴があります。

例えば，消費者が勧誘者に対し好意の感情を伝え，その後メール等のやり取りをしたり，また，消費者と勧誘者が２人で出掛けたり食事したりする場合などがこれに該当し得ると考えられます。

④　本号は，「当該消費者契約を締結しなければ当該勧誘を行う者との関係が破綻することになる旨を告げること」を要件としていますが，このように告げる行為は，類型的に消費者を自由な判断ができない状況に陥

らせる可能性が高いためです。

例えば，消費者に対して，勧誘者が恋愛感情を抱かせた上，それを知りつつ「契約してくれないと，今までの関係を続けられない。」と告げて，高額な宝石を売りつけたような事例において，「今までの関係を続けられない。」という言動は，「関係が破綻することになる旨を告げること」に該当します。したがって，関係が破綻することになる旨の告知がない場合には，この要件を満たさず取消しの対象とはなりません。

ただし，告げる方法については，必ずしも口頭によることを必要としません。消費者が実際にそれによって認識し得る態様の方法であれば本要件を満たします（「一問一答平成30年改正消契法」問16）。

この点に関し，立案担当の政府参考人は，「必ずしも口頭によることを必要としないということを前提にしておりますので，直接的に関係の破綻に言及していなくても，実質的に考えまして，契約を締結しなければ関係が破綻するということを想起させるような言いぶりなどにおいて相手方に実際に認識し得るような対応であれば含まれる」と答弁しています（第196回国会参議院消費者問題に関する特別委員会会議録第６号27頁）。これによれば，明示の告知だけでなく，黙示的な告知も含まれることになると解されます。

例えば，消費者が勧誘者と何度かデートを重ね，その間，頻繁にＬＩＮＥや電話でやり取りをしていたところ，当該勧誘者から投資用マンションの勧誘があり，消費者がこれを断った途端に，勧誘者から一向に返信がなくなり，電話にも応答しなくなったため，困惑した消費者が契約したい旨を連絡したところ勧誘者から返信があり，契約締結に至ったようなデート商法事案でも，従前の状況からすれば,契約を断った途端に連絡が取れなくなった事態をもって，黙示的に「契約を締結しなければ勧誘者との関係が破綻することになる旨を告げ」たと解すべきものと思われます（東京弁護士会発行「ＬＩＢＲＡ」(2019年８月号。特集　知っておきたい消費者問題の最前線―法改正などを踏まえて―）８頁参照)。

⑤ 「勧誘を行う者」とは，消費者と事業者の間に契約が成立するように，

消費者に対し勧誘行為を実施する者をいいますが，本号の「勧誘を行う者」は，事業者が当該勧誘者を知っている者である必要はなく，例えば，事業者から消費者の勧誘を委託された第三者が，更に事業者の知らない他の者に対し勧誘を再委託した場合であっても，当該再委託を受けた者が「勧誘を行う者」に該当する可能性があります。また，「勧誘を行う者」は必ずしも事業者から対価を得ている必要はありません。

本号の「勧誘を行う者」には，具体的には，事業者本人，事業者と使用関係にある従業員，媒介の委託を受けた第三者（消契法５条１項）等が挙げられます（「一問一答平成30年改正消契法」問15）。

書式７　消費者契約法による取消しの通知書（恋愛感情等好意の感情の不当な利用）の記載例

事業者の従業員とメール等でやり取りし，一緒に食事をする中で恋愛感情を抱くようになり，宝石展示会場に誘われ「買ってくれないと交際関係を続けられない。」と言われて宝石を購入する契約を締結したとして，同契約の取消しの通知をした事例

東京都○○区○町○丁目○番○号
　○○株式会社
　代表取締役　甲野一郎　殿

令和○年○月○日
東京都○○区○町○丁目○番○号
乙野春子　㊞

通知書

私は，令和○年○月頃，貴社従業員丙野次郎氏からＳＮＳで知り合い，メール等でやり取りする傍ら，一緒にレストラン等で食事をするうちに恋愛感情を抱くようになり，その思いを伝えたところ，丙野氏からも好

きだと打ち明けられ，その後，同年○月○日，丙野氏から誘われ宝石展示場に行ったところ，「ダイヤの指輪を買ってくれないと交際関係を続けられない。」と言われたため，丙野氏との交際を継続するため，困惑した結果，やむなくダイヤの指輪１個を○万円で購入する契約を締結しました。

同契約は，消費者契約法第４条第３項第４号に当たりますので，本書面をもって同号により本契約を取り消します。

つきましては，貴社に支払済みの代金○万円は，直ちに○○銀行○○支店の乙野春子名義の普通預金口座（口座番号○○○○○）に振り込んで返還されるよう請求します。

オ　加齢等による判断力の低下の不当な利用による取消し

(ア)　意義等

加齢等による判断力の低下の不当な利用による取消しとは，事業者が消費者契約の締結について「勧誘」をするに際し，①消費者が，加齢又は心身の故障によりその判断力が著しく低下していることから，生計，健康その他の事項に関しその現在の生活の維持に過大な不安を抱いていることを知りながら，その不安をあおり，裏付けとなる合理的な根拠がある場合その他の正当な理由がある場合でないのに，当該消費者契約を締結しなければその現在の生活の維持が困難となる旨を告げることにより，②消費者が困惑して契約の申込み・承諾の意思表示をしたときは，これを取り消すことができるというものです（消契法４条３項５号）。

このような消費者被害の救済について，これまでは公序良俗違反による無効（民法90条）や不法行為に基づく損害賠償請求（民法709条）といった一般的な規定に委ねられていましたが，これらの規定は要件が抽象的であり，どのような場合に適用されるかが，消費者にとって必ずしも明確ではない部分があったことから，明確な要件を定めて，加齢等による判断力の低下を事業者が不当に利用した消費者契約の取消しを認める規定を新設しました。

① 消費者が加齢・心身の故障によりその判断力が著しく低下していることから，生計，健康等に関しその現在の生活維持に過大な不安を抱いていることを知りながら，その不安をあおり，消費者契約を締結しなければその現在の生活維持が困難となる旨を告げる
② 消費者が困惑して契約の申込み・承諾の意思表示をする

↓

加齢等による判断力の低下の不当な利用による取消し

なお，この取消事由に該当する事例としては，①物忘れが激しくなるなど加齢により判断力が著しく低下した消費者の不安を知りつつ，「投資用マンションを持っていなければ定期収入がないため今のような生活を送ることは困難である。」と告げて，当該消費者に高額なマンションを購入させた，②認知症により判断力が著しく低下してきた50歳代の消費者が，健康に過大な不安を抱いていることを知りつつ，事業者が，この健康食品を毎日飲まなければ認知症が更に進行するおそれがあると告げて，当該消費者に健康食品を購入させたなどという事例が挙げられると考えられます（「一問一答平成30年改正消契法」問17）。

⑷ 内容等

① 「判断力が著しく低下している」とは，消費者契約を締結するか否かの判断を適切に行うために必要な判断力が，一般的・平均的消費者に対し，著しく低下している状況を意味し，その該当の有無は，消費者契約の締結について事業者が勧誘をする際の消費者の事情に基づき判断されると解されます。

例えば，消費者が認知症を発症している場合は，一般的には「判断力が著しく低下している」場合に該当します。なお，軽度認知障害の場合もこれに該当するかについては，当該消費者に係る個別具体的な事情を踏まえて判断されます。

また，ここで「著しく」という要件は，消費者に取消権を付与する場合を適切に限定するためのものであるとともに，事業者の不当性を基礎

付けるためのものとして設けられたものです。この要件は過度に厳格に解釈されるべきではないとされています。仮に「著しく」という要件を削除し，単に「判断力が低下している」ことを要件とすると，判断力が僅かでも低下している場合についても取消権を付与することになり，不適切なものとなるため本要件を設けたものであると，立法担当者から説明されています（「一問一答平成30年改正消契法」問18）。

② 本号中の「（生計，健康）その他の事項」とは，例えば人間関係が当たり，また，「現在の生活の維持」とは，消費者の現在の生活環境を保ち続けることをいいます。

さらに，「過大な不安を抱いている」とは，一般的・平均的な消費者が抱く不安（誰もが抱くような漠然とした不安）よりも大きい不安を抱いていることをいい，通常より大きい心配をしている心理状態が該当し得ます。例えば，認知症や加齢によって判断力が低下した消費者が，収入や健康の維持について抱く不安がこれに該当し得ます。

事業者が消費者のこうした状況を知りながら勧誘することが要件となります。

③ 「裏付けとなる合理的な根拠がある場合その他の正当な理由がある場合」には，適用除外となりますが，この要件については，上記ウ(イ)⑤を参照してください。

書式８　消費者契約法による取消しの通知書（加齢等による判断力の低下の不当な利用）の記載例

普段から健康に過大な不安を抱いていた認知症の母が，事業者から「健康食品を毎日摂取しなければ認知症が更に進行するおそれがある」と告げられて，健康食品を購入する契約を締結したとして，母を代理して息子が同契約の取消しの通知をした事例

東京都○○区○町○丁目○番○号
　○○株式会社

代表取締役　甲野一郎　殿

令和○年○月○日
東京都○○区○町○丁目○番○号
乙野春子の代理人
乙野次郎　㊞

通知書

私の母乙野春子は，70歳代で認知症により判断力が著しく低下しており，普段から健康に過大な不安を抱いていました。そのような中で，令和○年○月○日，貴社従業員から「健康食品を毎日摂取しなければ認知症が更に進行するおそれがある。」と告げられて，母乙野春子は，健康食品1箱（代金○万円）を購入する契約を締結しました。

同契約は，消費者契約法第4条第3項第5号に当たりますので，私は母乙野春子を代理して本書面をもって同号により本契約を取り消します。

つきましては，貴社に支払済みの代金○万円は，直ちに○○銀行○○支店の乙野春子名義の普通預金口座（口座番号○○○○○）に振り込んで返還されるよう請求します。

カ　霊感等による知見を用いた告知による取消し

(ア)　意義等

霊感等による知見を用いた告知による取消しとは，事業者が消費者契約の締結について「勧誘」をするに際し，①消費者に対し，霊感その他の合理的に実証することが困難な特別な能力による知見として，そのままでは当該消費者に重大な不利益を与える事態が生ずる旨を示してその不安をあおり，当該消費者契約を締結することにより確実にその重大な不利益を回避することができる旨を告げることにより，②消費者が困惑して契約の申込み・承諾の意思表示をしたときは，これを取り消すことができるというものです（消契法４条３項６号)。

このような消費者被害の救済について，これまでは公序良俗違反による無効（民法90条）や不法行為に基づく損害賠償請求（民法709条）といった一般的な規定に委ねられていましたが，これらの規定は要件が抽象的であり，どのような場合に適用されるかが，消費者にとって必ずしも明確ではない部分があったことから，明確な要件を定めて，霊感等による知見を用いた告知による消費者契約の取消しを認める規定を新設しました。

①　消費者に対し，霊感等合理的な実証が困難な特別な能力による知見として，そのままでは消費者に重大な不利益を与える事態が生ずる旨を示してその不安をあおり，消費者契約を締結することにより確実にその重大な不利益を回避できる旨を告げる

②　消費者が困惑して契約の申込み・承諾の意思表示をする

↓

霊感等による知見を用いた告知による取消し

なお，この取消事由に該当する事例としては，70歳の消費者が，新聞広告に載っていた悩み相談を申し込み，なかなか治らない持病についての悩みを打ち明けて相談したところ，その相談を受けた事業者が「あなたには悪霊が取りついているので，このままではもっと病状がひどくなるだろう。この石と数珠で悪霊を閉じ込めれば，間違いなく病気は治る。」と告げて，高額な石と数珠を購入させたなどという事例が挙げられると考えられます（「一問一答平成30年改正消契法」問19)。

⑷　内容等

①「霊感」とは，除霊，災いの除去や運勢の改善等，超自然的な現象を実現する能力（例えば，「私には霊が見える。…」と告げる場合）を指します。「その他の合理的に実証することが困難な特別な能力」としては，いわゆる超能力等（例えば，「私には未来が見える。…」と告げる場合）が当たります（「一問一答平成30年改正消契法」問19参照)。

②「そのままでは当該消費者に重大な不利益を与える」とは，当該消費者の死亡や病気のみならず，家族の死亡や病気も含まれるほか，不幸に

なる等，漠然としたものであっても，個別具体的な事情により含まれると解されます。例えば，①子どもの病気について相談した消費者に対し，「このままでは病気の子どもの病状はひどくなるであろう」と告げる場合や，②恋愛関係に悩む消費者に対し，「このままでは一生幸せになれない。この石を買えば恋人ができる」と告げる場合がこれに当たります。

③「勧誘」は，必ずしも口頭によることを必要とせず，消費者が実際に認識できるものであれば含まれると解されます。

書式９　消費者契約法による取消しの通知書（霊感等による知見を用いた告知）の記載例

70歳の消費者が持病の腰痛が治らないと打ち明けて相談したところ，従業員から「悪霊が取りついているので，もっと病状がひどくなる。」などと告げられて，事業者から高額な石と数珠を購入する契約を締結したとして，同契約の取消しの通知をした事例

東京都○○区○町○丁目○番○号
　○○株式会社
　代表取締役　甲野一郎　殿

令和○年○月○日
東京都○○区○町○丁目○番○号
乙野春子　㊞

通知書

私は，貴社従業員丙野次郎氏に対し，「今年70歳になるが，なかなか腰痛の持病が治らない。」と打ち明けて相談したところ，丙野氏から「あなたには悪霊が取りついているので，このままではもっと病状がひどくなるだろう。この石と数珠で悪霊を閉じ込めれば，間違いなく病気は治る。」と告げられて，貴社から高額な石と数珠各１個（代金合計

○万円）を購入する契約を締結しました。
　同契約は，消費者契約法第４条第３項第６号に当たりますので，本書面をもって同号により本契約を取り消します。
　つきましては，貴社に支払済みの代金○万円は，直ちに○○銀行○○支店の乙野春子名義の普通預金口座（口座番号○○○○○）に振り込んで返還されるよう請求します。

キ　契約締結前における債務の内容の実施等による場合の取消し

㈠　意義等

　契約締結前における債務の内容の実施等による場合の取消しとは，事業者が消費者契約の締結について「勧誘」をするに際し，

①　(a)消費者が当該消費者契約の申込み・承諾の意思表示をする前に，当該消費者契約を締結したならば負うこととなる義務の内容の全部又は一部を実施し（義務内容の事前の実施），その実施前の原状の回復を著しく困難にすることにより，(b)消費者が困惑して契約の申込み・承諾の意思表示をしたときは，これを取り消すことができる（消契法４条３項７号）ほか，

②　(a)消費者が消費者契約の申込み・承諾の意思表示をする前に，事業者が調査，情報の提供，物品の調達その他の当該消費者契約の締結を目指した事業活動を実施した場合において，当該事業活動が当該消費者からの特別の求めに応じたものであったことその他の取引上の社会通念に照らして正当な理由がある場合でないのに，当該事業活動が当該消費者のために特に実施したものである旨及び当該事業活動の実施により生じた損失の補償を請求する旨を告げることにより，(b)消費者が困惑して契約の申込み・承諾の意思表示をしたときは，これを取り消すことができるというものです（同項８号）。

　このような消費者被害の救済については，不退去又は退去妨害には当たらない事業者の行為によっても発生し得るため，消費者契約法４条３項１号又

> ①　(a)消費者が消費者契約の申込み・承諾の前に，消費者契約締結による義務内容の全部・一部を実施（義務内容の事前の実施）し，その実施前の原状回復を著しく困難にする（７号）ほか，
> 　(b)消費者が消費者契約の申込み・承諾の前に，事業者が調査，情報の提供等，消費者契約の締結を目指した事業活動を実施した場合において，「事業活動が消費者のために特に実施したものである」旨及び「事業活動の実施により生じた損失の補償を請求する」旨を告げる（８号）
> ②　消費者が困惑して契約の申込み・承諾の意思表示をする
>
> ⇩
>
> **契約締結前における債務の内容の実施等による場合の取消し**

は２号の規定によって救済することは困難であることから，消費者契約の特性を踏まえ，明確な要件を定めて，契約締結前に債務の内容を実施等して締結された消費者契約の取消しを認める規定を新設しました。

なお，この取消事由に該当する①さお竹の移動販売業者を呼び止めて価格を聞くと，それには答えずに「長さは？」と言うので庭に案内し，今使っているものと同じ旨を伝えたところ，先に寸法を合わせてさお竹を切られてしまった（同項７号の事例），②マンション投資の勧誘電話があり，消費者は断ったが，「会って話だけでも聞いて。」との申出を受けて会った。そうすると，事業者は，他都市の者であり，会うために多大な労力を費やしたとして，「断るならせめて交通費を払え。」と告げて，勧誘した（同項８号の事例）などが挙げられると考えられます（「一問一答平成30年改正消契法」問20）。

(ｲ)　内容等

①　消費者契約法４条３項７号関係（契約締結前における債務の内容の実施等による場合の取消し）

(a)　本号は，「実施前の原状の回復を著しく困難にすること」を要件としているが，これを要件としたのは，消費者が契約の意思表示をする前に，事業者が契約上の義務を実施し，かつ，実施前の状態に戻すこ

とを困難なものとすることは，消費者に，もはや契約の締結を免れることができないという心理的負担を生じさせるものであり，不当性の高い行為であるからです。

このような趣旨に照らすと，「実施前の原状の回復を著しく困難にすること」には，①原状の回復を物理的に不可能にすること（上記の例のさお竹の切断の場合）のほか，②消費者にとって原状の回復が事実上不可能である状態にすることも含まれると考えられます。

そして，上記②の事実上不可能な状態にあるかどうかは，一般的・平均的な消費者を基準として，社会通念を基に規範的に判断されるものと考えられます。例えば，実施前の原状に回復することが物理的には可能であったとしても，原状の回復には専門的な知識や経験，道具等が必要となるために，一般的・平均的な消費者には原状の回復が事実上不可能であるといえる場合には，「実施前の原状の回復を著しく困難にすること」に該当するものと考えられます。その具体例として，ガソリンを入れようとガソリンスタンドに立ち寄ったところ，店員が「無料点検を実施しています。」と言いながら，勝手にボンネットを開けてエンジンオイルも交換してしまったという場合などが当該対象となり得ます（つまり，車の新しいオイルを抜き取り古いオイルを入れ直すことは物理的には可能だが，消費者にとって事実上不可能である。）（「一問一答平成30年改正消契法」問21参照）。

(b)　本号によって，消費者が消費者契約の申込み・承諾を取り消した場合は，①事業者は，消費者から受領した代金の全額を返還することを要しますが，②消費者も，自己に利益の存する限度で，受領した契約の目的物（役務，権利の場合は金銭での客観的価値）を事業者に返還することを要します。

つまり，上記②の場合につき，義務内容の実施前に原状回復することが困難となった場合においても，利益の存する限度を返還すれば（例えば，さお竹を事業者が切断した場合，切断されたさお竹を返還する。），事業者から代金の返還を受けることができます。ただし，不当な勧誘であり，契約の目的物が消費者にとって本来不要なものと評価される場合には，利益が存在しない場合もあり得ます。

② 消費者契約法4条3項8号関係（契約締結前に実施した事業活動の損失補償請求についての取消し）

(a) 本号は，事業者が消費者との契約締結を目的として行う事業活動であり，例示されている調査，情報の提供，物品の調達のほか，「その他」の事業活動には，事業者による遠隔地からの消費者の住居への来訪等も含まれます。例えば，①ファミリーレストランで契約の勧誘をした事業者が，契約を締結しない消費者に「契約をしないなら，かかったファミレス代を支払え」と告げる場合や，②家の鍵を紛失したため，鍵の交換を行う業者に見積もりを依頼したところ，家まで来た事業者から，鍵穴を見て非常に高い金額を提示されたため，契約を断ったところ，事業者が，「出張費を払え」と告げる場合などがこれに当たります。

(b) 本号中の「損失の補償を請求する旨を告げる」とは，事業者が消費者に対して当該消費者のために特に実施した行為に係る費用を請求する旨を告げることをいいます。これに該当するか否かは，この要件を設けた趣旨に照らして実質的に判断すべきであり，①明示的に告げることのみならず，②書面に記載して消費者に見せるなど，消費者が実際にそれによって認識し得る態様の方法による場合も含まれると考えられます。

例えば，①人件費や旅費等の具体的な損失の項目を明示して，その損失を補償するよう明示的に求める場合のみならず，②領収書など損失の根拠資料を示しながら，「どうしてくれるんだ。」と告げる場合も，「損失の補償を請求する旨を告げること」に該当するものと考えられます（「一問一答平成30年改正消契法」問22）。

なお，事業活動が消費者からの特別の求めに応じた場合等，取引上の社会通念に照らして損失補償請求に正当な理由がある場合には，取消しの対象となりません。

書式10　消費者契約法による取消しの通知書（契約締結前における債務の内容の実施等による場合の取消し）の記載例（消契法４条３項７号の例）

自車のガソリンを入れようとしたところ，従業員が「無料点検を実施しています。」と言いながらエンジンオイルも交換してしまい，消費者が困惑してその交換契約を締結したとして，同契約の取消しの通知をした事例

東京都○○区○町○丁目○番○号
　○○株式会社
　代表取締役　甲野一郎　殿

令和○年○月○日
東京都○○区○町○丁目○番○号
乙野春子　㊞

通知書

　私は，令和○年○月○日，貴社経営のガソリンスタンドにおいて，自車にガソリンを入れるよう依頼したところ，エンジンオイルの交換を依頼していないのに，貴社従業員が「無料点検を実施しています。」と言いながら，勝手にボンネットを開けてエンジンオイルも交換してしまいました。その結果，私は困惑して，当該エンジンオイル交換の契約を締結し，代金○円を支払いました。
　これは，消費者契約法第４条第３項第７号に当たりますので，本書面をもって同号により本契約を取り消します。
　つきましては，貴社に支払済みの代金○円は，直ちに○○銀行○○支店の乙野春子名義の普通預金口座（口座番号○○○○○）に振り込んで返還されるよう請求します。

書式11 消費者契約法による取消しの通知書（契約締結前における債務の内容の実施等による場合の取消し）の記載例（消契法４条３項８号の例）

ファミリーレストランで英会話セミナーの入会契約の勧誘をした従業員から，「契約をしないなら，かかったファミレス代を支払え」と告げられ，困惑して同入会契約を締結したとして，同入会契約の取消しの通知をした事例

東京都○○区○町○丁目○番○号
　○○株式会社
　代表取締役　甲野一郎　殿

令和○年○月○日
東京都○○区○町○丁目○番○号
乙野春子　㊞

通知書

私は，令和○年○月○日，ファミリーレストランにおいて，貴社従業員丙野次郎氏から英会話セミナーの入会契約の勧誘を受けましたが，その入会金が高額であったため，入会を断ったところ，丙野氏から「入会契約をしないなら，かかったファミレス代を支払え。」と告げられ，私は困惑して，本入会契約を締結し，入会金○円を支払いました。

これは，消費者契約法第４条第３項第８号に当たりますので，本書面をもって同号により本入会契約を取り消します。

つきましては，貴社に支払済みの入会金○円は，直ちに○○銀行○○支店の乙野春子名義の普通預金口座（口座番号○○○○○）に振り込んで返還されるよう請求します。

(3) 過量契約の取消し

ア　過量契約の取消しとは

①消費者契約法４条４項前段は，事業者が消費者契約の締結について「勧誘」をするに際し，(a)消費者契約の目的となるものの分量，回数又は期間（以下「分量等」という。）が当該消費者にとっての通常の分量等（消費者契約の目的となるものの内容及び取引条件並びに事業者がその締結について勧誘をする際の消費者の生活の状況・これについての当該消費者の認識に照らして当該消費者契約の目的となるものの分量等として通常想定される分量等をいう。）を著しく超えるものであることを事業者が知っていた場合において，(b)消費者が，その勧誘によって当該消費者契約の申込み又は承諾の意思表示をしたときは，これを取り消すことができることを規定し，また，②同項後段は，事業者が消費者契約の締結について「勧誘」をするに際し，(a)消費者が既に当該消費者契約の目的となるものと同種のものを目的とする消費者契約（以下「同種契約」という。）を締結し，当該同種契約の目的となるものの分量等と当該消費者契約の目的となるものの分量等とを合算した分量等が当該消費者にとっての通常の分量等を著しく超えるものであることを知っていた場合において，(b)消費者がその勧誘により当該消費者契約の申込み又はその承諾の意思表示をしたときも，これを取り消すことができることを規定しています。

この過量契約の取消しは，平成28年改正消費者契約法によって新設されたものです。

イ　過量契約の取消しの新設の根拠

加齢や認知症等により合理的な判断をすることができない事情がある消費者に対し，事業者がその事情につけ込んで勧誘し不必要なものを大量に購入させる事案（つけ込み型の勧誘事案）が多発していることから，このような悪質性のある事案の発生を防止するために，過量契約の取消しが認められました。このような消費者被害の救済については，これまで公序良俗違反による無効（民法90条）や不法行為に基づく損害賠償請求（民法709条）といった一般的な規定に委ねられていましたが，これらの規定は要件が抽象的であり，どのような場合に適用されるかが，消費者にとって必ずしも明確ではない部分があったため，消費者契約法において，その特質を考慮して明確な要件を定めて，過量な内容の消費者契約の取消しを認める規定を消費者契約法に設けることにしたものです。

ウ　特定商取引法上の過量販売の解除規制との違い

消費者契約法上の過量契約の取消規制と特定商取引法上の過量販売の解除規制との違いは以下のとおりです（後掲表参照。なお，参考までに同表には割賦販売法上の過量販売の解除規制も付加した。）。

⑺　特定商取引法でも過量販売の解除規制（特商法９条の２，24条の２）がされていますが，規制の対象は訪問販売及び電話勧誘販売（平成28年改正特商法24条の２）の二つの取引類型だけです（なお，割賦販売法上の過量販売も，訪問販売及び電話勧誘販売の２類型のみである（電話勧誘販売は平成28年12月改正割販法35条の３の12に追加））。これに対し，消費者契約法では全ての取引類型（例えば，店舗販売等）を規制対象として過量契約の取消しが認められます。

したがって，例えば，「一人暮らしのお年寄りに対し，その生活状況を知りつつ，店舗で５組の布団を購入させた。」という事例では，消費者契約法４条４項に基づく取消しができる典型例といえますが，訪問販売や電話勧誘販売には該当しないため，特定商取引法に基づく契約解除はできません。

⑷　主観的要件についても，消費者契約法では，上記のように事業者のつけ込み型の勧誘という悪質性が問題となるので，１回の取引における販売量が過量である場合であっても事業者の過量の認識が要件となりますが，特定商取引法では，１回の取引で過量となる場合は販売者の過量の認識は不要です（特商法９条の２第１項１号，24条の２第１項１号）。

⑼　過量性が認められる範囲については，特定商取引法と消費者契約法とでは文言が異なるため（特定商取引法では契約の目的となるものの分量等が「日常生活において通常必要とされる分量を著しく超えること」とされているのに対し，消費者契約法では契約の目的となるものの分量等が「当該消費者にとっての通常の分量等を著しく超えるものであること」とされている。），厳密には過量の概念は異なると考えられますが，立法担当者は，「結果的に過量性が認められる範囲には大差がない」としています。

なお，過量性の目安については，公益社団法人日本訪問販売協会が会員向けに提示している「『通常，過量には当たらないと考えられる分量の目安』について」が参考になります（http://jdsa.or.jp/quantity-guideline/）。

(エ)　効果については，特定商取引法上の過量販売は解除権が付与されている（特商法９条の２第１項１号，24条の２第１項１号）のに対し，消費者契約法の過量契約は取消権が付与されています。

消費者契約法の過量契約の取消規定は，上記のように合理的な判断をすることができない事情を利用して契約を締結させる類型（つけ込み型の勧誘類型）であり，消費者の意思表示に瑕疵があるといえるので，意思表示の取消しが認められたものです。

これに対し，特定商取引法の過量販売の解除規定は，違法・不当な勧誘による購入者の意思表示の瑕疵ではなく，購入者が置かれている状況（日常生活において必要とされる分量等を著しく超えるという状況）を，販売者が濫用すること（このような過量販売契約自体が販売者の濫用を推定させる。これを「状況の濫用法理」という。）を根拠として，購入者から契約の拘束力を一方的に否定できる権利（解除権）を認めたものです。また，当該解除規定は，その購入者の日常生活上，不適合といえるほど過大な取引であることを理由にその契約の効力を否定できる制度（「適合性の原則」の適用場面）としても理解できます（『条解消費者三法』519頁）。

なお，消費者契約法の過量契約の取消権の行使期間は，追認をすることができる時から１年間（短期時効），契約の締結の時から５年（長期時効）です（消契法７条）が，特定商取引法の過量販売の解除権の行使期間は契約の締結の時から１年（除斥期間）です（特商法９条の２第２項，24条の２第２項）。

【消費者契約法による過量契約の取消しと特定商取引法・割賦販売法による各過量販売の解除との相違点】

	消費者契約法の過量契約	特定商取引法の過量販売	割賦販売法の過量販売
規制対象の取引	取引類型の限定なし（4条4項）	・訪問販売（9条の2） ・電話勧誘販売（平成28年改正特定商取引法24条の2で追加。同改正法の施行日は平成29年12月1日）	・訪問販売（35条の3の12） ・電話勧誘販売（平成28年12月改正割賦販売法35条の3の12に追加。改正同条の施行日は平成29年12月1日）
過量性の要件	・契約の目的となるものの分量等が当該消費者にとっての通常の分量等を著しく超えること（前段） ・過去の累積と合算して過量となること（後段）	・契約の目的となるものの分量等が日常生活において通常必要とされる分量等を著しく超えること（両条各1号） ・過去の累積と合算して過量となること（両条各2号） ・既に過量な保有状況であるのに販売した場合（両条各2号）	左と同じ（35条の3の12第1項）
事業者又は販売者の主観的要件	事業者が勧誘の際に過量であることを知っていたことが必要（1回の取引の場合でも過量の認識が必要）	販売者が勧誘の際に過量であることを知っていたことが必要。ただし1回の取引で過量となる場合は販売者の過量の認識は不要（9条の2第1項1号，24条の	個別クレジット業者の過量性の認識は，全て不要（35条の3の12第1項）

		2第１項１号）	
効　果	申込み又は承諾の取消し	申込みの撤回又は契約の解除	申込みの撤回又は契約の解除
権利行使期間	追認することができる時から１年間（短期時効），契約の締結の時から５年（長期時効）（７条）	契約の締結の時から１年（除斥期間。9条の2第２項，24条の２第２項）	契約の締結の時から１年（除斥期間。35条の３の12第２項）

（東京弁護士会発行「ＬＩＢＲＡ」（2016年10月号。特集　消費者契約法・特定商取引法改正）５頁の消費者問題特別委員会作成の表を参考とした。）

【公益社団法人日本訪問販売協会の「通常，過量には当たらないと考えられる分量の目安」について】

商品・役務	商品・役務の内容等（販売単位等は代表的な売り方として考えられるもの）	通常，過量には当たらないと考えられる分量の目安（この目安を超えた販売分量が直ちに過量に該当するものと考えるのではない）
健康食品	保健機能食品を含む健康食品全般	原則，１人が使用する量として１年間に10か月分
下着	体型補整下着（セットで装着し主に体型を補整する機能を謳うもの）でブラジャー，ウエストニッパー，ボディスーツ，ガードル等４枚程度を組み合わせたセット	原則，１人が使用する量として１年間に２セット
着物	着物・帯が基本。これに襦袢，羽織，草履等を組み合わせたものも含む	原則，１人が使用する量として１セット
アクセサリー	ネックレス，指輪，ブレスレット等の宝飾品全般（雑貨は除く）	原則，１人が使用する量として１個

寝具	掛布団・敷布団が基本。これに枕，シーツ，毛布等を組み合わせたものも含む	原則，１人が使用する量として１組
浄水器	――――――――	原則，１世帯について１台
健康機器	家庭用医療機器を含む健康機器全般	原則，１世帯について１台
化粧品	化粧水，乳液，クリーム等のフェイシャルスキンケア商品	原則，１人が使用する量として１年間に10個
学習教材	小・中・高の学習教材	原則，１人が使用する量として１年間に１学年分
住宅リフォーム	屋根や外壁等の住宅リフォーム全般	原則，築年数10年以上の住宅１戸につき１工事

※　通常，耐久財は使用による保有量の減少はないものと考えられるが，消耗品は使用消費することで保有量が減少するため，過去１年間の購入量を目安とした。ただし，過量に該当するか否かは過去１年間より前の購入量を踏まえて判断されることがあり得るため，過去の購入状況をできる限り把握した上で販売することが望ましい。

※　健康食品については，過去１年間の購入量の目安であって１度に購入（販売）する分量の目安ではない。

※　化粧品については，過去１年間の購入量の目安であって１度に購入（販売）する分量の目安ではない。また，１個の量の目安は，使い方等による個人差はあるが，１人が使用して３か月程度で消費する量とし，一般にフェイシャルスキンケア商品は各種化粧水，乳液，クリーム等から３～４種類程度を組み合わせて購入される実態を前提としている。

書式12　消費者契約法に基づく過量販売契約の取消しの通知書の記載例

一人暮らしの人が羽毛布団８枚を購入する契約を締結したが，これが過量購入契約に当たるとして，契約の取消しの通知をした事例

東京都○○区○町○丁目○番○号

　○○株式会社

　代表取締役　甲野一郎　殿

令和○年○月○日
東京都○○区○町○丁目○番○号
乙野次郎　㊞

通知書

私は，令和○年○月○日，貴社営業社員の丙野三郎氏から，羽毛布団の購入を勧められ，貴社との間で羽毛布団８枚を代金○万円で購入する契約を締結しました。しかし，私は，一人暮らしをしており，羽毛布団８枚は，私にとりまして通常の分量等を著しく超えるものであり，また，上記契約締結の際，私は丙野氏に自分が一人暮らしであることを伝えていますので，丙野氏もこのことを承知していたはずです。

よって，本書面をもって消費者契約法第４条第４項に基づいて本件契約を取り消します。

つきましては，貴社に支払済みの代金○万円は，本書面到達後７日以内に○○銀行○○支店の乙野次郎名義の普通預金口座（口座番号○○○○○）に振り込んで返還されるよう請求します。

書式13　特定商取引法に基づく過量販売契約解除の通知書の記載例

一人暮らしの人が羽毛布団８枚を購入する契約を締結したが，これが過量購入契約に当たるとして，契約の解除の通知をした事例

東京都○○区○町○丁目○番○号
○○株式会社
代表取締役　甲野一郎　殿

令和○年○月○日
東京都○○区○町○丁目○番○号

乙野次郎　㊞

通知書

私は，令和○年○月○日，私宅に来た貴社営業社員の丙野三郎氏に購入を勧められ，貴社との間で羽毛布団8枚を代金○万円で購入する契約を締結しました。しかし，私は，一人暮らしをしており，羽毛布団8枚は，日常生活において通常必要とされる分量を著しく超えることが明らかです。

よって，本書面をもって特定商取引に関する法律第9条の2第1項に基づいて本件契約を解除しますので，通知します。

つきましては，貴社に支払済みの代金○万円は，本書面到達後7日以内に○○銀行○○支店の乙野次郎名義の普通預金口座（口座番号○○○○○）に振り込んで返還されるよう請求します。

なお，引渡しを受けました羽毛布団8枚につきましては，私宅に保管していますので，速やかに貴社の費用負担の下でお引き取りください。(注)

（注）特定商取引法では，過量販売契約の解除権を行使した場合において，既に商品の引渡しや権利の移転がなされている場合には，その引取り又は返還に要する費用は販売業者の負担となります（特商法9条の2第3項で準用する同法9条4項，24条の2第3項で準用する同法24条4項）。

エ　消費者契約法の過量契約における「当該消費者にとっての通常の分量等」とは

(ア)　消費者契約法4条4項前段の「当該消費者にとっての通常の分量等」については，①消費者契約の目的となるものの内容，及び②取引条件，並びに③事業者がその締結について勧誘をする際の消費者の生活の状況，及び④これについての当該消費者の認識を総合的に考慮した上で，一般的・平均的な消費者を基準として，社会通念を基に規範的に判断されます（「一問一答平成28年改正消契法」問5～9参照）。

⑷　上記①の消費者契約の目的となるものの「内容」としては，性質，性能・機能・効能，重量・大きさ，用途等が考えられ，例えば，生鮮食品のようにすぐに消費しないと無価値になってしまうものは，缶詰のように比較的長期間の保存が前提とされるものと比べて，過量な内容の消費者契約に該当しやすいといえます。また，上記の②の「取引条件」としては，価格，支払時期，景品類提供の有無等が考えられ，例えば，何十万円もする高価品は，100円の商品と比べて，当該消費者にとっての通常の分量等が少なくなり，過量な内容の消費者契約に該当しやすいといえます。

上記③の消費者の「生活の状況」には，当該消費者の生活に関するものである限り，当該消費者の職業，世帯構成人数，交友関係，趣味・嗜好，消費性向等の日常的な生活の状況のほか，たまたま友人が遊びに来る，お世話になった近所の人たちに御礼の品を配る目的があるなどの一時的な生活の状況も含まれますが，客観的に存在し得るものであることを要します。また，上記の④の「これについての当該消費者の認識」とは，上記の「生活の状況」についての当該消費者自身の認識を指します。

⑸　例えば，「一人暮らしでめったに外出しない消費者に対して，何十着もの着物を販売する」という事例では，一人暮らしでめったに出掛けない消費者にとっては，せいぜい数着の着物を所持していれば生活をする上で足りるはずであり，何十着という分量は当該消費者にとっての通常の分量等を著しく超えるものであり，事業者もそのことを知りながら勧誘をして販売したのであれば，過量契約の取消しが認められると考えられます。

同様に，「消費者に対して同じ健康器具を何台も販売する」という事例や「消費者に対して摂取しきれないほどの大量の健康食品を販売する」という事例においても，事業者が，当該消費者にとっての通常の分量等を著しく超えるものであることを知りながら，勧誘をして販売したのであれば，過量契約の取消しが認められると考えられます。

⑹　これに対し，例えば，「一人暮らしの消費者が，翌日に友人が10人遊びに来ると勘違いをして10人分の食材を購入したものの，実際に友人が遊びに来るのは1か月後であった」という事例の場合には，事業者は，翌日に

友人が10人遊びに来るかどうかについて，通常は消費者の認識に基づき判断するしかないことから，仮に消費者の勘違いであったとしても，それを前提に判断するほかなく（そうでなければ取引の安全を害する。），また，消費者は，友人が遊びに来るという１か月後の客観的な生活の状況を翌日のものと認識して大量に食材を購入したものであることから，当該消費者の認識に照らせば，過量な分量の消費者契約には当たらないことになると考えられます。

他方，例えば，「既に同級生と連絡を取れず疎遠になっている認知症の高齢者が，当該消費者の生活の状況からは客観的に存在していないにもかかわらず，何十人もの同級生が遊びに来ると思い込んだ上で，大量の食材を購入した」という事例では，消費者が認知症のため，客観的に存在していない生活の状況についての当該消費者の認識を観念することはできないので，当該消費者にとっての通常の分量等を判断するに当たって，当該消費者の認識は考慮されないことから，通常は過量な内容の消費者契約に当たると考えられます。しかし，この場合，事業者が，消費者が認知症にり患していることを知らず，通常の分量等を著しく超える勧誘であることの認識を欠くという場合には，過量契約の取消事由とはならないと考えられます。

オ　その他参考事例

(ア)「インターネットの通信販売サイトで消費者自身が注文をして大量の商品を購入した」という事例では，事業者は注文を受けて商品を引き渡しているだけであり，そもそも事業者が当該消費者にとっての通常の分量等を著しく超えるものであることを知りながら勧誘をしたとは通常はいえないことから，過量契約の取消事由とはなりません。

(イ)「事業者が近所でも有名な大家族の一員と勘違いして，一人暮らしの消費者に対して勧誘を行った上で大量の商品を販売した」という事例では，事業者は当該消費者を大家族の一員であると思ったがゆえに大量の商品を販売しており，当該消費者が一人暮らしであることは知らなかったものであり，事業者が当該消費者にとっての通常の分量等を著しく超えるものであることを知りながら勧誘したとはいえないことから，過量契約の取消事由とはなりません（「一問一答平成28年改正消契法」問13）。

(4) 善意の第三者保護規定

消費者契約法４条１項から４項までの規定による取消し（消費者契約の申込み又はその承諾の意思表示の取消し）は，これをもって善意かつ無過失の第三者に対抗することができません（消契法４条６項）。

3 媒介の委託を受けた第三者・代理人による勧誘

消費者契約は，第三者の媒介や代理によってなされることが多くあります。例えば，商品の販売に際し立替払契約（クレジット契約）を媒介する販売店，住宅ローン契約に際し火災保険契約を媒介する金融機関，自動車の販売に際し自動車保険契約を媒介する自動車販売店，不動産の仲介や代理販売をする不動産業者等がこれに当たります。

これらの媒介や代理の際に，消費者トラブルを生じることがあります。これに対処するため，消費者契約法５条が規定されています。

(1) 媒介の委託を受けた第三者

ア　消費者契約法５条１項は，事業者が第三者に対し，消費者契約の締結について媒介をすることの委託をし，その第三者（その第三者から委託（２以上の段階にわたる委託を含む。）を受けた者を含む。以下「受託者等」という。）が，消費者契約法４条１項から４項に規定する誤認・困惑行為を行った場合には，同法４条を準用し，消費者が消費者契約の意思表示を取り消すことができることを規定しています。

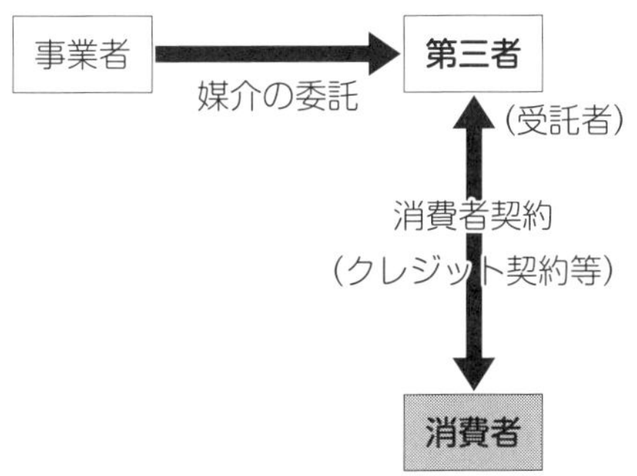

※　第三者が不実告知等により契約を締結した場合，消費者は当該契約の取消しができる（５条１項）

したがって，この場合，事業者が当該第三者の誤認・困惑による勧誘行為を知らなかったとしても，消費者は当該契約の意思表示を取り消すことができます（民法96条2項よりも救済範囲が広い。）。

なお，ここで「媒介」とは，他人との間に法律行為が成立するように，第三者が両者の間に立って尽力することをいいます（下記イの大津地長浜支判平成21年10月2日参照）。通常，消費者がクレジット契約（立替払契約）の申込みをする場合，販売業者がクレジット契約の交渉を行い，消費者がクレジット契約用紙に記入を行うなどして，その申込みの意思表示を完了しているので，販売業者が信販会社（クレジット会社）の媒介者であるといえます。

イ　参考裁判例

裁判例　東京簡判平成15年5月14日（裁判所ウェブサイト）
——肯定

絵画の展示販売において，販売店が立替払契約（クレジット契約）の締結について信販会社（クレジット会社）から媒介の委託を受けた第三者に該当することを前提に，販売店の消費者契約法4条3項2号違反（退去妨害）を理由に立替払契約の取消しを認めた。

裁判例　大津地長浜支判平成21年10月2日（消費者法ニュース82号206頁）
——肯定

加盟店が信販会社の承認を得ていない代理店にクレジット契約締結の媒介業務を委託して顧客にクレジット契約を締結させた場合であっても，当該代理店は消費者契約法5条1項にいう「第三者から委託を受けた者」に該当する。

裁判例　京都地判平成21年5月21日（判例集未登載）
——否定

原審（右京簡判平成21年1月13日判例集未登載）が貸金業者が借主に連帯保証人を探してくるよう依頼することは，連帯保証契約締結の媒介の委託を受けた第三者に当たるとして，借主の連帯保証人に対する不実告知等を理由とする連帯保証契約の取消しを認めたのに対し，控訴審である京都地裁は，借主は貸金業者の事業活動の拡大等のためでなく，自らの利益のために連帯保証人になるように依頼したものにすぎず，貸金業者との共通の利益もないのであるので，「媒介の委託を受けた第三者」とはいえないと判断している

（「消費者法白書2010」消費者法ニュース84号23頁〔近江直人〕参照）。

(2) 代理人

ア　消費者契約法５条２項は，消費者の代理人（復代理人（２以上の段階にわたり復代理人として選任された者を含む。）を含む。），事業者の代理人及び受託者等（媒介の委託を受けた第三者等）の代理人は，同法４条１項から４項の誤認・困惑行為の各規定の適用及び同法５条１項における準用につき，それぞれ消費者・事業者・受託者等とみなすと規定しています（なお，本項は，消契法６条～７条にも適用される。）。

したがって，①誤認・困惑行為が事業者の代理人・受託者等の代理人によってなされた場合は，消費者は自らの意思表示を取り消すことができ，また，②事業者等の誤認・困惑行為を受けて消費者の代理人が意思表示を行った場合でも，消費者はこれを取り消すことができます。

イ　参考裁判例

裁判例　札幌地判平成17年３月17日（消費者法ニュース64号209頁）――肯定

貴金属の展示販売に関し，販売会社の従業員による立替払契約（クレジット契約）の勧誘は消費者契約法５条所定の受託者等の代理人による媒介に当たるとした上で，立替払契約は，販売会社従業員の消費者に対する退去妨害（消契法４条３項２号違反）によって締結されたことを理由にその取消しを認めた。

4　民法96条と消費者契約法４条の関係

消費者契約法４条１項から４項までの規定（消費者契約の申込み又はその承諾の意思表示の取消し）は，民法96条の規定（詐欺又は強迫）の適用を排除するものではなく，消費者は，消費者契約法４条１項から４項までの規定により消費者契約の申込み又はその承諾の意思表示を取り消すことができるし，また，民法96条によりその取消しを主張することもできます（消契法６条）。

5 取消権行使の効果と取消権を行使した消費者の返還義務

平成29年改正民法（施行日は令和2年4月1日）121条の2第1項は，「無効な行為に基づく債務の履行として給付を受けた者は，相手方を原状に復させる義務を負う。」と規定し，給付を受けた双方の当事者が原則として原状回復義務を負うことを定めています。そのため，例えば，消費者が受領した商品を費消した場合には，取り消した時にも費消した分の客観的価値を返還しなければならなくなり，その分の代金を支払ったのと同じ結果になり，不当勧誘行為の結果を容認することになりかねません。

そこで，消費者契約法6条の2では，平成29年改正民法の特則として，消費者が消費者契約法4条1項から4項までの規定により当該消費者契約を取り消した場合において，給付の時に取消原因があることを知らなかった消費者の返還義務の範囲を現存利益に限定しています（なお，消契法6条の2の施行日は，平成29年改正民法と同じ令和2年4月1日である。）。

6 取消権の行使期間等

(1) 取消権の行使期間

消費者契約法4条1項から4項までの規定による取消権は，「追認をすることができる時から1年間」行わないときは，時効によって消滅します（消契法7条1項前段）。また，当該消費者契約の締結の時から5年を経過したときも，時効によって消滅します（同項後段）。

「追認をすることができる時」とは，(a)誤認類型の場合は，消費者が，事業者の勧誘行為が①不実告知，②断定的判断の提供，③不利益事実の不告知のいずれかに当たることを知った時です。この場合は，法律相談（消費者相談）等を受けて判明することがあり，この判明時が「追認をすることができる時」に当たります。また，(b)困惑類型の場合は，例えば，①不退去のときは，事業者が住居等から退去し，物理的だけでなく心理的にも困惑状態から脱した時であり，②退去妨害のときは，意思に反して退去できなかった場所から退去し，心理的にも困惑状態から脱した時です。

(2) 取消権の制限

会社法その他の法律では，会社や会社債権者等の利益の重視の見地から，詐欺又は強迫を理由として株式・出資の引受け又は基金の拠出の取消しをすることができないものとされています（会社法51条２項，211条２項，資産の流動化に関する法律25条１項等）。

これを受けて，消費者契約法７条２項は，上記の株式・出資の引受け又は基金の拠出が消費者契約としてされた場合には，同法４条１項から４項まで（５条１項において準用する場合を含む。）の規定により当該消費者契約の取消しをすることができないと規定しています。

第5 消費者契約法における不当条項の規制（無効）

民法では，公序良俗違反による条項の無効（民法90条），信義誠実の原則（民法１条２項）による権利行使の制限等が認められますが，消費者保護の観点から不十分です。

そこで，消費者契約法は，消費者と事業者の間の情報の質及び量・交渉力の格差等に着目し，消費者に一方的に不利益な条項により消費者の正当な利益を害されることを防ぐため，８条（事業者の損害賠償の責任を免除する条項等の無効），８条の２（消費者の解除権を放棄させる条項等の無効），８条の３（事業者に対し消費者の後見開始の審判等による解除権を付与する条項の無効），９条（消費者が支払う損害賠償の額を予定する条項等の無効）及び10条（消費者の利益を一方的に害する条項の無効）を設け，このような不当条項の全部又は一部を無効としています。なお，８条の３は，平成30年改正消費者契約法（令和元年６月15日施行）により新設されたほか，同改正法により，８条及び８条の２につき，事業者に対して自分の損害賠償責任の有無若しくは限度を決定する権限，又は消費者の解除権の有無を決定する権限を付与する条項を無効とすることをそれぞれ付加するなどの改正が行われています。

ちなみに，平成29年改正民法（施行日は令和２年４月１日）に伴い，８条１項５号及び８条の２第２号が削除され，また，８条２項が，同条１項５号の削除に伴い，同条１項１号又は２号の適用除外事由を定めることになりました。

以下，各不当条項について説明します。

【消費者契約法における不当条項の規制（無効）】

１　事業者の損害賠償の責任を免除する条項等の無効（８条）

⑴　免責条項等の無効要件（１項）

①　事業者の債務不履行により消費者に生じた損害を賠償する責任の全部を免除し，又は事業者にその責任の有無を決定する権限を付与する条項（１号）

②　事業者の債務不履行（当該事業者等の故意・重大な過失に限る。）により消費者に生じた損害賠償責任の一部を免除し，又は事業者にその責任の限度を決定する権限を付与する条項（２号）

③　消費者契約における事業者の債務の履行に際してされた当該事業者の不法行為により消費者に生じた損害賠償責任の全部を免除し，又は事業者にその責任の有無を決定する権限を付与する条項（３号）

④　消費者契約における事業者の債務の履行に際してされた当該事業者の不法行為（当該事業者等の故意・重大な過失に限る。）により消費者に生じた損害賠償責任の一部を免除し，又は事業者にその責任の限度を決定する権限を付与する条項（４号）

⑵　上記１号・２号の適用除外（代替方法がある場合の免責条項。２項）

上記１号又は２号に掲げる条項のうち，消費者契約が有償契約である場合において，引渡目的物が種類・品質に関して契約の内容に適合しないとき（当該消費者契約が請負契約である場合には，請負人が種類・品質に関して契約の内容に適合しない仕事の目的物を注文者に引き渡したときなど）に，これにより消費者に生じた損害を賠償する事業者の責任を免除し，又は当該事業者にその責任の有無若しくは限度を決定する権限を付与するものについては，次に掲げる場合に該当するときは，上記１項の規定は適用しない（適用除外）。

①　当該消費者契約において，引渡目的物が種類・品質に関して契約の内容に適合しないときに，当該事業者が「履行の追完責任（修補責任，代替物引渡責任，不足分引渡責任）」又は「不適合の程度に応じた代金・報酬の減額責任」を負うこととされている場合（１号）

②　「当該消費者と当該事業者の委託を受けた他の事業者との間の契約」又は「当該事業者と他の事業者との間の当該消費者のためにする契約」で，当該消費者契約の締結に先立って又はこれと同時に締結されたもの

において，引渡目的物が種類・品質に関して契約の内容に適合しないときに，当該他の事業者が，その目的物が種類・品質に関して契約の内容に適合しないことにより「当該消費者に生じた損害の賠償責任の全部・一部」を負い，又は「履行の追完責任（修補責任，代替物引渡責任，不足分引渡責任）」を負うこととされている場合（２号）

2　消費者の解除権を放棄させる条項等の無効（８条の２）→平成29年民法改正（２号削除）及び平成30年消契法改正（改正部分は下線）

事業者の債務不履行により生じた消費者の解除権を放棄させ，又は事業者にその解除権の有無を決定する権限を付与する条項

3　事業者に対し消費者の後見開始の審判等による解除権を付与する条項の無効（８条の３）→平成30年改正消契法により新設

事業者に対し，消費者が後見開始，保佐開始又は補助開始の審判を受けたことのみを理由とする解除権を付与する消費者契約（消費者が事業者に対し物品，権利，役務その他の消費者契約の目的となるものを提供することとされているものを除く。）の条項

4　消費者が支払う損害賠償の額を予定する条項等の無効（９条）

①　当該消費者契約の解除に伴う「損害賠償額の予定」又は「違約金」の条項であって，これらの合算額が，当該条項において設定された解除事由，時期等の区分に応じ，当該消費者契約と同種の消費者契約の解除に伴い当該事業者に生ずべき平均的な損害の額を超えるもの→当該超える部分は無効（１号）

②　当該消費者契約に基づき支払うべき金銭の全部・一部を消費者が支払期日（支払回数が２以上である場合には，それぞれの支払期日）までに支払わない場合における「損害賠償額の予定」又は「違約金」の条項であって，これらの合算額が，支払期日の翌日からその支払をする日までの期間について，その日数に応じ，当該支払期日に支払うべき額から当該支払期日に支払うべき額のうち既に支払われた額を控除した額に年14.6％の割合を乗じて計算した額を超えるもの→当該超える部分は無効（２号）

5　消費者の利益を一方的に害する条項の無効（10条）

消費者の不作為をもって当該消費者が新たな消費者契約の申込み・承諾

の意思表示をしたものとみなす条項その他の法令中の公の秩序に関しない規定（任意規定）の適用による場合に比して消費者の権利を制限し又は消費者の義務を加重する消費者契約の条項であって，民法１条２項（信義誠実の原則）に反して消費者の利益を一方的に害するものは，無効

1　事業者の損害賠償の責任を免除する条項等の無効

(1)　免責条項等の無効要件

平成30年改正消費者契約法により，消費者契約法８条１項により無効となる条項には，以下の①から④のとおり事業者の損害賠償責任の全部又は一部無効の条項のほか，当該損害賠償責任の有無又は限度を決定する権限を当該事業者に付与する条項（以下「損害賠償責任等の決定権限付与条項」という。）が加えられました。

というのは，損害賠償責任等の決定権限付与条項は，改正前の消費者契約法８条１項が無効とする条項には該当しないものと考えられるところ，当該事業者に決定権限を付与するという条項の性質上，事業者が決定権限を適切に行使しないことにより損害賠償責任を免れることができるものであり，改正前の消費者契約法８条と同様に不当性が高いものであると考えられることから，「損害賠償責任等の決定権限付与条項」を無効条項に付加することにしました。

なお，平成29年民法改正（施行日は令和２年４月１日）に伴い，消費者契約法８条１項５号の「特定物の瑕疵担保責任」の問題が，「債務不履行責任」の問題として処理されることとなったことから，同項１号内で解釈されることとなり，同項５号は削除されました。

①　事業者の債務不履行（特定物の種類・品質が契約の内容に適合しないものである場合を含む。）により消費者に生じた損害を賠償する責任の全部を免除し，又は事業者にその責任の有無を決定する権限を付与する条項（１号）

②　事業者の債務不履行（特定物の種類・品質が契約の内容に適合しないものである

場合を含む。当該事業者，その代表者又はその使用する者の故意又は重大な過失によるものに限る。）により消費者に生じた損害賠償責任の一部を免除し，又は事業者にその責任の限度を決定する権限を付与する条項（2号）

③　消費者契約における事業者の債務の履行に際してされた当該事業者の不法行為により消費者に生じた損害賠償責任の全部を免除し，又は事業者にその責任の有無を決定する権限を付与する条項（3号）

④　消費者契約における事業者の債務の履行に際してされた当該事業者の不法行為（当該事業者，その代表者又はその使用する者の故意又は重大な過失によるものに限る。）により消費者に生じた損害賠償責任の一部を免除し，又は事業者にその責任の限度を決定する権限を付与する条項（4号）

(2)　上記1項各号の例など

ア　事業者の債務不履行責任を全部免除し，又は事業者に損害賠償責任の有無の決定権限を付与する条項（1号）

本号により，事業者の全部免責条項又は事業者に対する損害賠償責任の有無の決定権限付与条項は無効であるので，事業者は民法等に基づいて債務不履行責任を負います。

例えば，以下のような例が無効となります。

「当スポーツクラブのジムにおいて発生した事故等については，いかなる理由があっても，一切損害賠償責任を負いません。」（全部免責条項）

「当クリーニング店において，クリーニング上の損害が生じても，一切損害賠償責任を負いません。」（全部免責条項）

「当店でご購入された商品は，いかなる場合であっても，交換・修理・返金はいたしません。」（全部免責条項）

「当社が請け負って製作した商品は，いかなる場合であっても，修理・返金はいたしません。」（全部免責条項）

「当社は一切損害賠償の責めを負いません。ただし，当社の調査により当社に過失があると認めた場合には，当社は一定の補償をするものとします。」（決定権限付与条項）

「弊社は，商品に契約に適合しない欠陥（隠れた瑕疵）があると弊社が

認める場合に限り，損害を賠償いたします。」（決定権限付与条項）

イ　事業者の故意・重大な過失による債務不履行責任を一部免除し，又は事業者に対する損害賠償責任の限度の決定権限を付与する条項（２号）

本号は，事業者（団体又は個人事業者），その代表者又はその使用する者の故意又は重大な過失による債務不履行により消費者に生じた損害を賠償する責任の一部を免除し，又は事業者にその損害賠償責任の限度の決定権限を付与する条項を無効とするものです。なお，事業者等の軽過失による債務不履行責任の一部免責条項又はその損害賠償責任の限度の決定権限付与条項は有効です。

例えば，以下のような例が無効となります（事業者に故意・重大な過失がある場合）。

「当社の損害賠償額の範囲は，○○万円を限度とします。」（一部免責条項）

「当クリーニング店における損害賠償額の範囲は，クリーニング代金を限度とします。」（一部免責条項）

「当社の損害賠償責任の範囲は，治療費等の直接損害に限定され，逸失利益その他の間接損害及び特別損害は含まれないものとします。」（一部免責条項）

「当社が損害賠償責任を負う場合，その額の上限は10万円とします。ただし，当社に故意又は重大な過失があると認めたときは，全額を賠償します。」（決定権限付与条項）

ウ　事業者の不法行為責任を全部免除し，又は事業者に損害賠償責任の有無の決定権限を付与する条項（３号）

事業者は，民法709条の一般の不法行為責任のほか，民法715条の使用者責任，民法717条の工作物責任，民法718条の動物占有者責任等の責任を負うので，その全部を免除し，又は事業者に損害賠償責任の有無の決定権限を付与する条項は無効となります。なお，製造物責任法３条も本号の不法行為に含まれると考えられます（『条解消費者三法』118頁）。

エ　事業者の不法行為責任を一部免除し，又は事業者に対する損害賠償責

任の限度の決定権限を付与する条項（４号）

事業者は，民法709条，民法715条等の不法行為（使用者）責任を負うので，その一部を免除し，又は事業者に損害賠償責任の限度の決定権限を付与する条項も無効となります。ただし，４号は，加害行為者の「故意又は重大な過失」という主観的要件が必要であるところ，民法717条の工作物責任及び民法718条の動物占有者責任は，人の加害行為によらないので，４号は適用されません（『条解消費者三法』119頁）。

書式14　消費者契約法８条１項１号の「事業者の債務不履行責任の全部免除条項」に該当し，無効であると主張する通知書の記載例

いわゆるカタログ販売により時計を購入したが，時計が当初から壊れていたことから，「事業者の債務不履行責任の全部免除条項」は無効であるとして，契約を解除して返金を請求する旨の通知をした事例

東京都○○区○町○丁目○番○号
　○○株式会社
　代表取締役　甲野一郎　殿

令和○年○月○日
東京都○○区○町○丁目○番○号
乙野次郎　㊞

通知書

私は，令和○年○月○日，いわゆるカタログ販売により，貴社から時計１個を代金○○万円で購入しましたが，購入当初から時計が動かず壊れていました。

そこで，私が貴社担当者に時計の交換を依頼したのですが，担当者は「当社の売買契約の約款には，『ご購入された商品は，いかなる場合であっても，交換・修理・返金はいたしません。』とあるので，交換，修

> 理，返金に応じられない。」と言って，交換を拒絶しました。しかし，当該約款は，消費者契約法第８条第１項第１号の「事業者の債務不履行責任の全部免除条項」に該当し，無効であることが明らかです。
>
> よって，私は，本書面をもって同号により本契約を解除します。
>
> つきましては，貴社に支払済みの代金○○万円を直ちに○○銀行○○支店の乙野次郎名義の普通預金口座（口座番号○○○○○）に振り込んで返還されるよう請求します。

(3)　消費者契約法８条１項１号・２号の適用除外（代替方法がある場合の免責条項）（２項）

旧民法570条は，売買の目的物（特定物）に隠れた瑕疵がある場合には，買主は契約の解除と損害賠償の請求ができる旨（瑕疵担保責任）を規定していましたが，平成29年改正民法（施行日は令和２年４月１日）では，特定物か不特定物かを問わず，売買の目的物が契約の内容に適合しないものの履行であれば，「債務不履行責任」の問題となり，買主に追完請求権（修補請求権，代替物引渡請求権，不足分引渡請求権）や代金減額請求権を認め（改正民法562条，563条），また，債務不履行（改正民法415条）による損害賠償請求及び改正民法541条・542条による契約の解除権の行使を認めています（改正民法564条）。

また，請負契約についても，民法559条（売買以外の有償契約への準用。改正なし）により，売買の規定が準用されるので，改正民法下では，売買の目的物同様に，請負契約の目的物が特定物か不特定物かを問わず，その目的物が契約の内容に適合しないものの履行であれば，債務不履行となり，買主の追完請求権（修補請求権，代替物引渡請求権，不足分引渡請求権），代金減額請求権，損害賠償請求権及び契約の解除権が認められています（改正民法562条，563条，564条）。

平成29年改正民法に伴い，消費者契約法８条１項５号，同条２項が改正され，８条１項５号（事業者の瑕疵担保責任の全部免除条項）が債務不履行責任に関する同項１号内で解釈されることになり，同項５号が削除されたので，同条２項は，改正前の消費者契約法のように８条１項５号の適用除外ではなく，同項１号（事業者の債務不履行責任の全部免除等の条項）又は２号（事業者の債務不履行責任の一部免除等の条項）のうち，消費者契約が有償契約（請負契約を含む。）である場合におけるの適用除外事由を定めています。

なお，同条２項は，改正民法562条等の用語と平仄を合わせるため，「隠れた瑕疵」又は「瑕疵」の用語を，「種類又は品質に関して契約の内容に適合しない」（いわゆる契約不適合）という用語に変更しています。

しかし，条項の内容は実質的に変更がないといえます。

ア　適用除外事由（消契法８条１項１号・２号の適用除外）

消費者契約法８条１項１号又は２号に掲げる条項のうち，消費者契約が有償契約である場合において，引渡目的物が種類・品質に関して契約の内容に適合しないとき（当該消費者契約が請負契約である場合には，請負人が種類・品質に関して契約の内容に適合しない仕事の目的物を注文者に引き渡したとき（その引渡しを要しない場合には，仕事が終了した時に仕事の目的物が種類・品質に関して契約の内容に適合しないとき））に，これにより消費者に生じた損害を賠償する事業者の責任を免除するものについては，次に掲げる場合に該当するときは，同条１項の規定は適用しません（適用除外）。

①　当該消費者契約において，引渡目的物が種類・品質に関して契約の内容に適合しないときに，当該事業者が「履行の追完責任（修補責任，代替物引渡責任，不足分引渡責任）」又は「不適合の程度に応じた代金・報酬の減額責任」を負うこととされている場合（１号）

②　「当該消費者と当該事業者の委託を受けた他の事業者との間の契約」又は「当該事業者と他の事業者との間の当該消費者のためにする契約」で，当該消費者契約の締結に先立って又はこれと同時に締結されたものにおいて，引渡目的物が種類・品質に関して契約の内容に適合しないときに，当該他の事業者が，その目的物が種類・品質に関して契約の内容に適合しないことにより「当該消費者に生じた損害の賠償責任の全部・一部」を負い，又は「履行の追完責任（修補責任，代替物引渡責任，不足分引渡責任）」を負うこととされている場合（２号）

イ　適用除外事由の説明

上記1号は，消費者契約の引渡目的物が種類・品質に関して契約の内容に適合しないときに，事業者が「履行の追完責任（修補責任，代替物引渡責任，不足分引渡責任）」又は「不適合の程度に応じた代金・報酬の減額責任」を負うこととされている場合をいい，この場合は，1項1号又は2号による事業者の債務不履行責任の全部免除等の条項又は事業者の故意・重大な過失による債務不履行責任の一部免除等の条項が有効となります。

また，上記2号は，現代社会において，商品の製造者と販売者が異なることが多いため，商品（消費者契約の引渡目的物）が種類・品質に関して契約の内容に適合しない場合について，商品の製造者（上記の「他の事業者」）が直接損害賠償責任の全部・一部又は履行の追完責任を負う方が消費者の保護に資するという考えに基づきます（『条解消費者三法』120頁以下参照）。

2　消費者の解除権を放棄させる条項等の無効

(1)　消費者の解除権の放棄条項等の無効とその理由

ア　消費者契約法8条の2は，事業者の債務不履行により生じた消費者の解除権を放棄させ，又は事業者にその解除権の有無を決定する権限を付与する消費者契約の条項を無効とすると規定しています。

なお，平成29年民法改正（施行日は令和2年4月1日）に伴い，改正前の消費者契約法8条の2第2号の「目的物（特定物）の瑕疵担保責任」の問題が，「債務不履行責任」の問題として処理されることとなったことから，同条1号内で解釈されることとなり，同条2号は削除されました。

イ　また，平成30年改正消費者契約法により，消費者契約法8条の2により無効となる条項に，消費者の解除権を放棄させる条項のほか，事業者にその解除権の有無を決定する権限を付与する条項が付加されました。

その理由は，事業者に解除権の有無の決定権限を付与する条項は，その性質上，その決定権限を適切に行使しないことにより損害賠償責任を免れることができるものであり，改正前の消費者契約法8条と同様に不当性が高いものであると考えられることから，事業者に解除権の有無を決定する権限を付与する条項が付加されました。

(2) 無効となる条項の具体例

① 携帯電話端末の売買契約における「契約後のキャンセル・返品，返金，交換は，一切できません。」という条項（解除権放棄条項）

② 進学塾の冬期講習受講契約における，代金払込後の解除を一切許さない旨の特約（解除権放棄条項）

③ 貸衣装契約における「オーダーレンタルについては，契約後のキャンセルには応じられません。」という条項（解除権放棄条項）

④「お客様は，注文番号が発行された後は，弊社に過失があると弊社が認める場合を除き，注文のキャンセルはできません。」という条項（解除権決定権限の付与条項）

3 事業者に対し消費者の後見開始の審判等による解除権を付与する条項の無効

(1) 条文内容と無効理由等

ア　条文内容

消費者契約法８条の３は，「事業者に対し，消費者が後見開始，保佐開始又は補助開始の審判を受けたことのみを理由とする解除権を付与する消費者契約（消費者が事業者に対し物品，権利，役務その他の消費者契約の目的となるものを提供することとされているものを除く。）の条項は，無効とする。」と規定し，事業者に対して消費者の後見開始の審判等を理由に解除権を付与する条項を，原則として無効としています。

なお，成年後見制度（後見，保佐，補助）は，成年被後見人等がそれ以外の人と等しく生活をすることができる社会を作るということなどを理念として，精神上の障害により判断能力が不十分な者について，成年後見人等の機関が判断能力を補い，権利を擁護する制度をいいます。

イ　無効理由等

(ア)　原則無効の理由

このような解除権付与条項は，後見開始，保佐開始又は補助開始の審判（以下「後見開始の審判等」という。）を受けた消費者に不利益を生じさせる点で，不当性が高いものであるところ，建物賃貸借の契約書において使用された当該条項（つまり，建物賃借人が成年被後見人になった場合，直ちに賃貸人（事業者）が賃貸借契約を解除できるとする条項）を消費者契約法10条により無効とした裁判例（大阪高判平成25年10月17日消費者法ニュース98号283頁）があることや，成年後見制度の利用の促進に関する法律（平成28年法律第29号）が制定されたことなども踏まえ，原則として無効としたものです（「一問一答平成30年改正消契法」問25）。

なお，本条中の「受けたことのみを理由とする」とは，後見開始を契機に個別に消費者への適合性の有無の確認等が行われ，客観的に合理的な理由があるときに契約解除に至ることを定めた規定まで一律に無効とするものではないことを示しています（『コンメンタール消契法（補巻）』194頁）。

(イ)　適用除外事由

本条は，消費者が事業者に対し物品，権利，役務その他の消費者契約の目的となるものを提供することとされている消費者契約の条項は，無効とならないとしています（消契法８条の３括弧書き）。

例えば，自社サービスの利用者（消費者）を対象として事業者が行うモニター契約（消費者が調査に回答して事業者から謝礼を受ける契約）のような場合には，消費者が後見開始の審判等を受けたことを理由とする解除権を付与する条項は，無効とはなりません。

民法においては，準委任契約（法律行為でない事務の処理を，受任者に委託する契約）の受任者が後見開始の審判を受けたことが契約の終了事由とされているため（民法656条，653条３号），消費者が準委任契約の受任者となるとき，本条括弧書きの条項は，いわゆる任意規定（法令中の規定よりも当事者間の特約が優先し，当事者がその法令上の規定と異なる意思を表示しない場合に限り適用される規定をいう。）の適用による場合に比べ，消費者の権利を制限し又は消費者の義務を加重する条項（消費者契約法10条参照）とはいえないことから，事業者が消費者に対して後見開始の審判等を受けていない状態で役務の提供等を行うよう求めても，類型的に不当性が高いとまでは言い難い場合もあり得ることを踏まえて，この場合の解除権付与条項は無効にはならないと規定したものです。

もっとも，このような条項についても，消費者契約法10条によって無効とされる場合はあり得るものと考えられます（「一問一答平成30年改正消契法」問26）。

(2) 具体例

上記のように，建物賃借人（消費者）が後見開始の審判等を受けた場合，直ちに賃貸人（事業者）が賃貸借契約を解除することができるとする条項は無効です（注）。

（注）賃貸借契約における無効条項の例
「第○条　乙（賃借人・消費者）が，次の各号のいずれかの事由に該当するときは，甲（賃貸人・事業者）は，直ちに本契約を解除することができる。
第○号　後見開始の審判を受けたとき」

4 消費者が支払う損害賠償の額を予定する条項等の無効

(1) 無効要件

消費者契約法９条は，次の各号に掲げる消費者契約の条項につき，当該各号に定める部分を無効であると定めています。

① 当該消費者契約の解除に伴う損害賠償の額を予定し，又は違約金を定める条項であって，これらを合算した額が，当該条項において設定された解除の事由，時期等の区分に応じ，当該消費者契約と同種の消費者契約の解除に伴い当該事業者に生ずべき平均的な損害の額を超えるもの　当該超える部分（１号）

② 当該消費者契約に基づき支払うべき金銭の全部又は一部を消費者が支

払期日（支払回数が２以上である場合には，それぞれの支払期日）までに支払わない場合における損害賠償の額を予定し，又は違約金を定める条項であって，これらを合算した額が，支払期日の翌日からその支払をする日までの期間について，その日数に応じ，当該支払期日に支払うべき額から当該支払期日に支払うべき額のうち既に支払われた額を控除した額に年14.6％の割合を乗じて計算した額を超えるもの　当該超える部分（２号）

(2) 解除に伴う損害賠償額の予定等の条項の無効（１号関係）

ア　意義等

本号は，消費者契約の解除に伴う損害賠償額の予定又は違約金の条項につき，これらの合算額が，当該条項において設定された解除の事由・時期等の区分に応じ，当該消費者契約と同種の消費者契約の解除に伴い当該事業者に生ずべき平均的な損害の額を超える部分について無効であるとしています。

例えば，「納入済みの授業料については，理由のいかんを問わず，一切返金をしません。」，「お客様の都合により，本件売買契約を撤回される場合には，売買代金の50％を違約金（キャンセル料）としてお支払いただきます。」などという条項が問題となります。

(ア)　ここで「平均的な損害の額」とは，同一事業者が締結する多数の同種契約事案について類型的に考察した場合に算定される平均的な損害の額のことであり，解除の事由・時期等により同一の区分に分類される複数の同種の契約の解除に伴い，当該事業者に生ずる損害の額の平均値を意味するものです。これは，当該事業者には多数の事案について実際に生ずる平均的な損害の賠償を受けさせれば足り，それ以上の損害賠償を認める必要はないとする趣旨です。したがって，当該業種における業界の水準的な損害の額ではなく，あくまでも当該契約の当事者である事業者に生ずる平均的な損害の額を意味します（『条解消費者三法』132頁）。

(イ)　また，この「平均的な損害の額」の立証責任について，最判平成18年11月27日（民集60巻９号3437頁。後記イの裁判例参照）は，事実上の推定が働く余地があるとしても，基本的には無効を主張する消費者（学生）にあると判示していますが，損害に関する証拠は事業者にあり，通常，消費者がその平均的な損害の立証をするのは困難であることを考慮すれば，事実上の推定等が活用されるよう裁判所に働きかける必要があると思われます。

(ウ)　事業者の得べかり利益（逸失利益）が「平均的な損害の額」に入るかについて，(a)これを肯定した裁判例（東京地判平成14年３月25日判タ1117号289頁。飲食店に30ないし40名でパーティーの予約をした後に解約した事案において，逸失利益を考慮して平均的な損害額を算定した判決。後記イの裁判例参照）と，(b)これを否定した裁判例（大阪地判平成14年７月19日金商1162号32頁。車両の注文契約をした２日後に当該注文を撤回したため，事業者が車両代金の15％（17万8500円）の損害賠償金を求めた事案において，これを否定した判決。後記イの裁判例参照）があります。

この点については，事業者は，通常同種の契約を反復継続して行うものであり，契約が解除されても，他の消費者と同種の契約を締結できるような場合（代替性が高い場合）には，逸失利益は「平均的な損害の額」に当たらないというべきです。

イ　参考裁判例

裁判例　東京地判平成14年３月25日（判タ1117号289頁）

飲食店を営む法人（原告・被控訴人）が30名ないし40名でパーティーを実施するとの予約をした消費者（被告・控訴人）に対し，予約の際承諾していた解約時の営業保証料（一律１人当たり5229円）を請求した事案において，(a)消費者契約法９条１号にいうところの「平均的な損害」は，契約の類型ごとに合理的な算出根拠に基づき算定された平均値であり，解除の事由，時期のほか，当該契約の特殊性，逸失利益・準備費用・利益率等損害の内容，契約の代替可能性・変更ないし転用可能性等の損害の生じる蓋然性等の事情に照らし，判断するのが相当であるとした上で，(b)本件では，控訴人の解約が２か月前であること，被控訴人は材料費等の支出をしていないこと，他方，被控訴人は当該解約がなければ利益を獲得できたこと，本件パーティーの開催日は仏滅であり，結婚式二次会等が行われにくい日であること，及び旅行業界における標準約款のようなものが見当たらないことを理由として，民事訴訟法248条の趣旨に従って，１人当たりの料金4500円の３割に予定人数の平均である35名を乗じた４万7250円（4500円×0.3×35名）が「平均的な損害」であると認めるのが相当であると認定した。

裁判例　大阪地判平成14年７月19日（金商1162号32頁）

被告（消費者）が原告店舗において，原告に車両（登録済未使用車。俗に「新古車」と称されるもの）の注文をしたが，その２日後に売買契約の撤回（解除）をしたところ，原告が売買契約締結の際の特約条項に基づき，注文車両代金額の15％に当たる17万8500円の損害賠償の請求をした事案において，本件では，被告による本件売買契約の撤回（解除）が契約締結の２日後であったこと，原告担当者は，本件売買契約締結に際し，被告に対し，代金半額の支払を受けてから車両を探すと言っていたことが認められることなどからすれば，被告による契約解除によって事業者である原告には現実に損害が生じているとは認められず，その販売によって得られたであろう粗利益（得べかりし利益）が消費者契約法９条の予定する事業者に生ずべき平均的な損害に当たるとはいえないと認定した。なお，同判決は，原告が取引業者との間で対象車両の確保のために使用した電話代などの通信費がかかっているといえないこともないが，これらは額も僅かである上，事業者がその業務を遂行する過程で日常的に支出すべきであるから，消費者契約法９条の趣旨からしてもこれを消費者に転嫁することはできないとした。

裁判例　東京地判平成17年９月９日（判時1948号96頁）

控訴人（原告，消費者）は，平成16年５月８日，結婚式場及び結婚披露宴会場の運営を行っている被控訴人（被告）に対し，平成17年５月28日に結婚式及び結婚披露宴を行うと申し込み，予約金として10万円を支払ったが，その６日後の平成16年５月14日，予約を撤回して予約金の返還を求めたところ，被控訴人が取消料として申込金10万円を支払う旨の予約条項に基づいて，これを拒んだことから，控訴人が取消料条項が消費者契約法９条１号等に違反して無効であるとして予約金10万円の返還を請求した事案において，挙式予定日の１年以上前の時期においては，被控訴人の得べかりし利益の喪失は消費者契約法９条１号にいう平均的な損害に当たるとは認められず，本件取消料条項は本件予約の解除に対する関係において，同号により無効であると判示して，控訴人の10万円の返還請求を認容した。

裁判例　最判平成18年11月27日（民集60巻9号3437頁。いわゆる学納金返還請求事件）

(a)　大学の入学試験の合格者と当該大学との間の在学契約における納付済みの授業料等を返還しない旨の特約は，在学契約の解除に伴う損害賠償額の予定又は違約金の定めの性質を有するところ，消費者契約法9条1号所定の平均的な損害及びこれを超える部分については，事実上の推定が働く余地があるとしても，基本的には，当該特約の全部又は一部の無効を主張する当該合格者において主張立証責任を負う。

(b)　大学の入学試験の合格者と当該大学との間の在学契約における納付済みの授業料等を返還しない旨の特約は，国立大学及び公立大学の後期日程入学試験の合格者の発表が例年3月24日頃までに行われ，その頃までには私立大学の正規合格者の発表もほぼ終了し，補欠合格者の発表もほとんどが3月下旬までに行われているという実情の下においては，①同契約の解除の意思表示が大学の入学年度が始まる4月1日の前日である3月31日までにされた場合には，原則として，当該大学に生ずべき消費者契約法9条1号所定の平均的な損害は存しないものとして，同号により全て無効となり，②同契約の解除の意思表示が4月1日以後にされた場合には，原則として，上記授業料等が初年度に納付すべき範囲内のものにとどまる限り，上記平均的な損害を超える部分は存しないものとして，全て有効となる。

(c)　入学することを確約することができることが出願資格とされている大学の推薦入学試験等の合格者と当該大学との間の在学契約における納付済みの授業料等を返還しない旨の特約は，上記授業料等が初年度に納付すべき範囲内のものである場合には，同契約の解除の時期が当該大学において同解除を前提として他の入学試験等によって代わりの入学者を通常容易に確保することができる時期を経過していないなどの特段の事情がない限り，消費者契約法9条1号所定の平均的な損害を超える部分は存しないものとして，全て有効となる。

(d)　入学金は，大学の入学試験の合格者が当該大学との間で在学契約又はその予約を締結して当該大学に入学し得る地位を取得するための対価としての性質を有するので，入学金を納付した後に，在学契約又はその予約が解除され，あるいは失効しても，当該大学は当該合格者に入学金を返還する義務を負わない。

裁判例　大阪高判平成25年１月25日（判時2187号30頁）

冠婚葬祭事業を営む会社（被告・控訴人）が会員との間で締結している互助会契約中，途中解約における解約払戻金を制限する条項（解約金条項）が消費者契約法９条１号，10条に違反して無効であるとして，途中解約した会員ら（原告・被控訴人）が差し引かれた解約手数料相当額の不当利得返還の請求をした事案において，同法９条１号の平均的な損害は，原状回復を内容とするものに限定されるべきであり，具体的には契約の締結及び履行のために通常要する平均的な費用の額のことであり，現実に生じた費用の額ではなく，同種契約において通常要する必要経費の額を指すとし，本件互助契約において，「平均的な損害」に含まれるものは，月掛金を１回振り替える度に会や控訴人会社が負担する振替費用60円，並びに年２回の「全日本ニュース」及び年１回の入金状況通知の作成・送付費用14.27円（１件月当たりの金額）であるとして，控訴人会社に対し，当該金額との差額の解約手数料を不当利得として，その支払を命じた（なお，本件では，適格消費者団体であるＮＰＯ法人の消費者契約法12条３項本文に基づく差止請求を認容している。）。

(3)　金銭債務の履行遅滞における損害賠償額の予定等の条項の無効（２号関係）

ア　意義等

本号は，消費者が金銭債務の全部又は一部を支払期日（支払回数が２以上である場合には，それぞれの支払期日）までに支払わない場合における損害賠償額を予定し，又は違約金を定める条項は，これらを合算した額が，当該支払期日の翌日からその支払をする日までの期間について，その日数に応じ，当該支払期日に支払うべき額から当該支払期日に支払うべき額のうち既に支払われた額を控除した額に年14.6％の割合を乗じて計算した額を超える場合，この超過部分を無効とするものです。

例えば，「商品購入契約で，消費者が分割払金の支払が遅れた場合，年25％の損害賠償金を支払わなければならない。」という条項は，年14.6％を超える部分が無効とされます。

イ　本号の適用対象

本号は，金銭債務の支払に限定されており，商品売買契約，役務提供契約における役務の対価（金銭）の支払等が対象となり，レンタル目的物の返還債務の履行遅滞は本号の対象となりません。

金銭消費貸借における金銭債務（例えば，カード）の履行遅滞に伴う損害賠償額の予定（違約金の定め）の上限は，利息制限法4条に規定されており（①元本が10万円未満の場合は年29.2％，②元本が10万円～100万円未満の場合は年26.28％，③元本が100万円以上の場合は年21.9％が各上限），利息制限法が消費者契約法の特別法となるため，消費者契約法9条2号の適用は排除され，利息制限法4条が適用されます（東京地判平成17年3月15日判時1913号91頁）。

5　消費者の利益を一方的に害する条項の無効

(1)　適用の要件（無効のための要件）

平成28年改正消費者契約法10条は，①消費者の不作為をもって当該消費者が新たな消費者契約の申込み又はその承諾の意思表示をしたものとみなす条項その他の法令中の公の秩序に関しない規定（任意規定）の適用による場合に比して消費者の権利を制限し又は消費者の義務を加重する消費者契約の条項であって，②民法1条2項に規定する基本原則（信義誠実の原則）に反して消費者の利益を一方的に害するものは，無効とすることを規定しています。

平成28年改正前の消費者契約法10条は，上記①の要件（前段要件）について「民法，商法（明治32年法律第48号）その他の法律の公の秩序に関しない規定の適用による場合に比し，消費者の権利を制限し，又は消費者の義務を加重する消費者契約の条項であって，」と規定されていましたが，ここで「公の秩序に関しない規定の適用による場合」とは「任意規定（法令中の規定で，当事者が当該法令の内容と異なる意思表示をすれば，その規定を排除することができるもの）の適用による場合」を意味するものであるところ，この任意規定については，「明文の規定のみならず，一般的な法理等も含まれる」とするのが判例である（後記(3)イの最判平成23年7月15日）ことから，平成28年改正消費者契約法10条では，この一般法理の例示として，「消費者の不作為をもって当該消費者が新たな消費者契約の申込み又はその承諾の意思表示をしたものとみなす条項」が規定されたものです。なお，上記②の要件（後段要件）は改正がありません。

すなわち，平成28年改正消費者契約法10条は，①消費者の不作為をもって当該消費者が新たな消費者契約の申込み又はその承諾の意思表示をしたものとみなす条項その他の任意規定の適用による場合に比べて，②当事者（消費者・事業者）間の特約によって消費者の権利を制限し又は消費者の義務を加重する条項であって，③民法の指導原理である「信義誠実の原則」（民法１条２項）に反して消費者の利益を一方的に害する消費者契約を無効とするものです。

(2)「消費者の不作為をもって当該消費者が新たな消費者契約の申込み又はその承諾の意思表示をしたものとみなす条項」の具体例

例えば，「通販で掃除機を購入したところ，商品の掃除機が届けられた際に健康食品が同封されていた。掃除機の売買契約には，健康食品が不要である旨の電話をしない限り，その健康食品を継続的に購入する契約となるという条項が含まれていた。」という事例や，「ウォーターサーバーのレンタルと水の宅配の契約に関する無料お試しキャンペーンの規約の中に，無料お試し期間中に，貸出しを受けた全てのレンタル商品が返却されなかった場合は，新たな有料の契約に自動的に移行するという契約条項が含まれていた。」という事例は，いずれも消費者が積極的な行為をしていないにもかかわらず，当該消費者が新たな消費者契約を締結したものとみなすものであり，平成28年改正消費者契約法10条の前段要件の例示である「消費者の不作為をもって当該消費者が新たな消費者契約の申込み又はその承諾の意思表示をしたものとみなす条項」に該当します（「一問一答平成28年改正消契法」問25）。

なお，令和３年改正特定商取引法により，通信販売において定期購入でないと誤認させる表示によって申込みをした者に，その申込みの取消しを認める制度を新設しています（改正特商法15条の４）。

(3) 消費者契約法10条に関する参考裁判例

ア　約款等を無効又は無効の疑いがあるとした裁判例

裁判例　東京地判平成15年11月10日（判時1845号78頁）

大学医学部専門の学習塾の受講契約等に関し，申込者からの解除時期を問わずに，申込者からの解除を一切許さないとして実質的に受講料又は受講料の全額を違約金として没収するに等しいような解除制限特約は，民法の公の秩序に関しない規定の適用による場合に比し，消費者の権利を制限する条項で，民法１条２項に規定する基本原則に反して消費者の利益を一方的に害するものとして消費者契約法10条により無効とした。

裁判例　札幌高判平成28年５月20日（判時2314号40頁）

プロ野球観戦中に，打者の打ったファウルボールが観客の顔面に直撃して右眼球破裂等の傷害を負った事案において，プロ野球12球団らが策定した試合観戦契約約款13条（免責条項）２項は，同条１項ただし書により主催者が免責されない場合の損害賠償の範囲について，主催者等の故意又は重大な過失に起因する損害以外は治療費等の直接損害に限定され，逸失利益その他の間接損害及び特別損害は含まれないものとしているが，控訴人が，試合中にファウルボールが観客に衝突する事故の発生頻度や傷害の程度等に関する情報を保有し得る立場にあり，ある程度の幅をもって賠償額を予測することは困難ではなく，損害保険又は傷害保険を利用することによる対応も考えられることからすれば，このような対応がないまま上記免責条項が本件事故についてまで適用されるとすることは，消費者契約法10条により無効である疑いがあるとして，主催者の過失に起因する休業損害，後遺障害による逸失利益及び入通院・後遺障害に関する慰謝料の請求を認めた。

裁判例　津地四日市支判令和２年８月31日（判時2477号76頁）

インプラント施術の治療契約により患者から代金264万6000円を受領済みであるが，同契約には，「患者都合による治療中断の場合に治療費の返還はしない」旨の条項（以下「本件不返還条項」という。）が設けられているところ，患者に対し，数回にわたり，仮義歯の設置，口腔内の観察，仮義歯の調整を行ったものの，インプラント埋入手術前に患者が死亡した事案において，本件不返還条項は，消費契約法10条により無効であるとし，治療費の一部（198万4500円）の不当利得返還請求を認容した。

イ　約款等を有効とした裁判例

裁判例　最判平成24年3月16日（民集66巻5号2216頁）

生命保険契約に適用される約款中の保険料の払込みがされない場合に履行の催告なしに保険契約が失効する旨を定める条項は，これが，保険料が払込期限内に払い込まれず，かつ，その後1か月の猶予期間の間にも保険料支払債務の不履行が解消されない場合に初めて保険契約が失効する旨を明確に定めるなど，保険料払込みの督促を行う実務上の運用を確実にしているときは，消費者契約法10条にいう「民法第1条第2項に規定する基本原則に反して消費者の利益を一方的に害するもの」に当たらないとした。

裁判例　最判平成23年3月24日（民集65巻2号903頁）
――敷引特約の有効性

居住用建物の賃貸借契約に付されたいわゆる敷引特約は，信義則に反して賃借人の利益を一方的に害するものであると直ちにいうことはできないが，賃借人が社会通念上通常の使用をした場合に生ずる損耗や経年により自然に生ずる損耗の補修費用として通常想定される額，賃料の額，礼金等他の一時金の授受の有無及びその額等に照らし，敷引金の額が高額に過ぎると評価すべきものであるときは，当該賃料が近傍同種の建物の賃料相場に比して大幅に低額であるなど特段の事情のない限り，信義則に反して消費者である賃借人の利益を一方的に害するものであって，消費者契約法10条により無効となると一般的な判示をした上で，本件敷引特約は，賃貸借契約締結から明渡しまでの経過期間に応じて18万円ないし34万円のいわゆる敷引金を保証金から控除するというもので，上記敷引金の額が賃料月額の2倍弱ないし3.5倍強にとどまっていること，賃借人が，上記賃貸借契約が更新される場合に1か月分の賃料相当額の更新料の支払義務を負うほかには，礼金等の一時金を支払う義務を負っていない判示の事実関係の下では，上記敷引金の額が高額に過ぎると評価することはできず，消費者契約法10条により無効であるということはできないと判示した。

なお，最判平成23年7月12日（裁判集民事237号215頁）も，上記最判平成23年3月24日同様に，保証金から控除されるいわゆる敷引金の額が賃料月額の3.5倍程度にとどまっている事案において，上記敷引金の額が近傍同種の建物に係る賃貸借契約に付された敷引特約における敷引金の相場に比して大幅に高額であることはうかがわれないなど判示の事実関係の下では，消費者契約法10条により無効であるということはできないと判示した。

裁判例　最判平成23年７月15日（民集65巻５号2269頁）――更新料条項の有効性

居住用建物の賃貸借契約書に一義的かつ具体的に記載された更新料の支払を約する条項は，更新料の額が賃料の額，賃貸借契約が更新される期間等に照らし高額に過ぎるなどの特段の事情がない限り，消費者契約法10条にいう「民法第１条第２項に規定する基本原則に反して消費者の利益を一方的に害するもの」には当たらないとして，本件更新料特約条項を有効とした。

第6 消費者団体訴訟制度

1 消費者契約法上の差止請求権

(1) 概　要

消費者契約法第３章（12条～47条）は，適格消費者団体による消費者団体訴訟制度について規定しています。すなわち，消費者の被害の発生又はその拡大を防止するため，内閣総理大臣の認定を受けた適格消費者団体（２条４項，13条）は，直接の被害者である消費者の訴えによらなくても，事業者を相手方として，同法４条１項から４項に規定する不当な勧誘行為，８条から10条に規定する不当契約条項を含む契約締結行為が，現に行い又は行うおそれがある場合に，これを差し止める請求ができます（１条，12条）。

この差止請求は，消費者契約法ほか，①景品表示法（不当景品類及び不当表示防止法）30条１項（優良誤認表示及び有利誤認表示についての差止請求権），②特定商取引法58条の18から58条の25まで（訪問販売・通信販売等に係る差止請求権），③食品表示法11条（販売用食品の名称・消費期限等の虚偽表示についての差止請求権）においても認められています。

(2) 参考裁判例

裁判例　大阪高判平成25年１月25日（判時2187号30頁）
――請求認容事例

適格消費者団体（原告・被控訴人）が，事業者（被告・控訴人Y_1社，Y_2社）

が消費者との間で締結している冠婚葬祭の互助会契約において解約時に払戻金から所定の手数料が差し引かれる旨の条項（解約金条項）を使用していることに関して，上記条項は，消費者契約法９条１号に定める平均的な損害の額を超える違約金を定めるものであるなどと主張して，控訴人に対し，同法12条３項本文に基づき，解約金を差し引くことを内容とする意思表示等の差止めなどを求めた事案において，これを基本的に認め，「⑴控訴人Y_1社は，消費者との間で，冠婚葬祭の互助会契約を締結するのに際し，消費者が冠婚葬祭の施行を請求するまでに解約する場合，解約時に支払済み金額から「所定の手数料」などの名目で，60円に第１回目を除く払込みの回数を掛けた金額及び14.27円に契約月数を掛けた金額を超える解約金を差し引いて消費者に対し返金する旨を内容とする意思表示を行ってはならない。⑵控訴人Y_1社は，前項記載の内容の条項が記載された契約書ひな形が印刷された契約書用紙を廃棄せよ。」などと命じた（なお，本件では，消費者が事業者に解約手数料を不当利得として，その返還を請求していたところ，当該請求も上記金額（60円に第１回目を除く払込みの回数を掛けた金額及び14.27円に契約月数を掛けた金額）との差額の支払を命じた。）。

裁判例　大阪高判平成21年10月23日（ウエストロー・ジャパン）——請求認容事例

適格消費者団体が，貸金業者の早期完済違約条項（利息付金銭消費貸借契約の借主が貸付金の返済期限前に貸付金全額を返済する場合に（期限の利益を喪失したことによる返済を除く。），返済時までの期間に応じた利息以外に返済する残元金に対し割合的に算出される金員を貸主に対し交付する旨を定める契約条項）を消費者契約法10条（消費者の利益を一方的に害する条項）に違反するとして，契約の締結の停止等を請求した事案において，上記契約条項を含む契約の締結の停止，及び上記契約条項を含む借用証書の用紙の廃棄を認めた。

裁判例　東京高判平成25年３月28日（判時2188号57頁）——請求棄却事例

適格消費者団体（原告・控訴人）が，不動産賃貸業等を営む事業者（被告・被控訴人）に対し，事業者が不特定かつ多数の消費者との間で建物賃貸借契約を締結又は更新する際に使用している契約書に，①更新料（更新期間２年で更新料は賃料の１か月分）の支払を定める条項（以下「本件更新料支払条項」という。），及び②契約終了後に明渡しが遅滞した場合の損害賠償額（賃料，共益費及び付帯施設管理費相当額の2倍相当）の予定を定めた条項（以下「本件倍額賠償予定条項」という。）が含まれているところ，これらの条項は，消費者契約法9条1項及び10条に該当して無効であるとして，その契約の申込み又は承諾の意思表示の停止，契約書用紙の破棄等を求めた事案において，上記①本件更新料支払条項及び②本件倍額賠償予定条項は消費者契約法9条1項及び10条に該当しないので，無効とは認められないとした原審（東京地判平成24年7月5日判時2173号135頁）の判断を相当として，適格消費者団体の控訴を棄却した。

2 「消費者裁判手続特例法」による被害回復裁判手続

(1) 手続の概要

ア　平成28年10月1日に施行された「消費者裁判手続特例法」により，適格消費者団体の中から内閣総理大臣が新たに認定した「特定適格消費者団体」が，消費者に代わり，事業者に対して被害の集団的な回復を請求できることになりました。

この請求手続は，①「共通義務確認の訴え」と②「対象債権の確定手続」という2段階の裁判手続からなります。

イ　まず，「共通義務確認の訴え」は，特定適格消費者団体が原告となり，事業者が，相当多数の消費者に対して共通する事実上及び法律上の原因に基づく金銭支払義務を負うことについて，裁判所の確認を求める訴えです（消費者裁判手続特例法2条4号）。この訴えは，後述の簡易確定手続と異なり，特定適格消費者団体が個々の消費者からの授権を受けずに提起することができます。

ウ　次に，特定適格消費者団体が上記共通義務確認の訴えに勝訴して，事業者が共通義務を負うことが確定した後，「対象債権の確定手続」（消費者裁判手続特例法2条7号）に入ります。この「対象債権の確定手続」は，特定適格消費者団体が，個々の消費者から授権を受けて，裁判所に対し債権の届出を行い，事業者が届出債権の内容の全部を認めたときは，届出債権の内容が確定します。

しかし，事業者が届出債権の内容の全部を認めなかったときは，特定適格消費者団体が，裁判所に対し，事業者による認否を争う旨の申出をすることができます（もし，特定適格消費者団体が争う旨の申出をしないときは，事業者の認否の内容により届出債権の内容が確定する。）。そして，特定適格消費者団体が争う旨の申出をした場合，裁判所は，届出債権の存否及び内容について，決定手続で判断します（この手続を「簡易確定手続」（消費者裁判手続特例法２条７号）という。）。

この裁判所の決定に対して，適法な異議の申立てがあった場合には，その債権についての訴訟手続（この訴訟手続を「異議後の訴訟」（消費者裁判手続特例法２条８号）という。）に移行することとなり，裁判所が，届出債権の存否及び内容について，判決手続で判断することとなります。

(2) 共通義務確認の訴えの対象となる請求

ア　共通義務確認の訴えの対象となる請求は，事業者が消費者に対して負う金銭の支払義務（つまり，「消費者契約」に関する金銭支払請求）に限られ，具体的には，①契約上の債務の履行の請求，②不当利得に係る請求，③契約上の債務の不履行による損害賠償の請求，④不法行為に基づく損害賠償の請求（民法の規定によるものに限る。）に限られます（これらに附帯する利息，損害賠償，違約金又は費用の請求を含む。消費者裁判手続特例法３条１項）。

しかし，上記の損害賠償請求（つまり，上記③及び④の損害賠償の請求）については，①拡大損害（消費者契約の目的物以外の財産が滅失・損傷したことによる損害），②逸失利益（消費者契約の目的物の処分・使用により得られるはずだった利益），③人身損害（生命・身体を害されたことによる損害），④慰謝料（精神上の苦痛を受けたことによる損害）は除外されます（消費者裁判手続特例法３条２項１号～６号）。

なお，個々の消費者は，別訴でこれらの損害賠償請求ができることはもちろんです。

イ　令和３年改正消費者裁判手続特例法91条１項（同規定の施行日は，公布日である令和３年６月16日から起算して１年を超えない範囲内において政令で定める日）により，内閣総理大臣は，被害回復裁判に資するために，特定適格消費者団体の求めに応じ，特定商取引法又は預託等取引に関する法律（法律の題名を「特定商品等の預託等取引契約に関する法律」から「預託等取引に関する法律」に変更。以下「預託法」という。）に基づく行政処分に関して作成した書類を提供することができることになります。

なお，消費者裁判手続特例法に基づく特定適格消費者団体が，消費者に代わって提起した共通義務確認の訴えの最初の裁判例を以下に紹介します。

裁判例　東京地判令和２年３月６日（裁判所ウェブサイト）

消費者裁判手続特例法65条１項により内閣総理大臣の認定を受けた特定消費者適格団体である原告が，Ｔ大学を運営する学校法人である被告に対し，平成29年度及び平成30年度のＴ大学の医学部医学科の一般入学試験及びセンター試験利用入学試験において，出願者への事前の説明なく，出願者の属性（女性，浪人生等）を不利に扱う得点調整が行われたことについて，不法行為又は債務不履行に該当すると主張して，当該属性を有する出願者のうち，受験年の４月30日までに合格の判定を受けなかった者を対象消費者として，消費者裁判手続特例法３条１項３号（契約上の債務不履行による損害賠償請求），５号（不法行為に基づく損害賠償請求。なお，平成29年改正民法の施行（施行日令和２年４月１日）により，４号（瑕疵担保責任に基づく損害賠償請求）が削除され，５号が４号に移設された。）に基づく共通義務確認の訴え（消費者裁判手続特例法２条４号）を提起した事案において，受験に要した旅費及び宿泊費に係る共通義務の確認を求める部分を却下したものの，入学検定料，受験票送料，送金手数料及び出願書類郵送料，並びに対象消費者が特定適格消費者団体に支払うべき報酬及び費用の相当額の損害賠償支払義務（個々の消費者の事情によりその金銭の支払請求に理由がない場合を除く。）を認めた。

(3)　仮差押え制度

特定適格消費者団体は，対象債権の実現を保全するため，管轄裁判所に対して，事業者の預金口座や財産について仮差押命令の申立てをすることができます（消費者裁判手続特例法56条～59条）。

【消費者裁判手続特例法による被害回復裁判手続】

	手　続	内　容
①	共通義務確認の訴え（個々の消費者からの授権は不要）	・特定適格消費者団体（原告）が，事業者が相当多数の消費者に対して共通する事実上及び法律上の原因に基づく金銭支払義務を負うことについて，裁判所の確認を求める訴え（2条4号） ・訴えの対象となる請求→事業者が消費者に対して負う金銭の支払義務に限定（①拡大損害，②逸失利益，③人身損害。④慰謝料は除外。3条）
②	対象債権の確定手続（上記訴えの勝訴後に，個々の消費者から授権を受けて行う必要あり）	特定適格消費者団体（以下「団体」という。）が裁判所に対し債権の届出 ↓ 事業者が全部を認める。→ 団体の届出債権の内容が確定 ↓ 事業者が全部を認めない。 団体が裁判所に対し事業者の認否を争う旨の申出をすること可（もし，同申出をしないときは，事業者の認否の内容により届出債権の内容が確定） ↓ 裁判所は，届出債権の存否及び内容について決定手続で判断（簡易確定手続。2条7号） ↓ 適法な異議の申立てがあった場合 届出債権についての訴訟手続（異議後の訴訟。2条8号）に移行し，裁判所が判決手続で判断
③	対象債権実現の保全のための仮差押制度	団体は，対象債権の実現を保全するため事業者の預金口座や財産について仮差押命令の申立てができる（56条～59条）。

第7 会社法429条１項に基づく「取締役の第三者に対する損害賠償責任」の追及

1 会社法429条１項の責任の内容

会社法429条１項は，取締役等の役員（会計参与，監査役，執行役又は会計監査人）がその職務を行うについて悪意又は重大な過失（軽過失は除く。）があったときは，当該役員等は，これによって第三者に生じた損害を賠償する責任を負うことを規定しています。この取締役の責任を「取締役の第三者に対する損害賠償責任」と呼んでいます。なお，他の役員等も当該損害を賠償する責任があるときは，上記の役員とともに連帯債務の責任を負います（会社法430条）。

例えば，投資詐欺の被害者が，株式会社に対し，民法415条（債務不履行責任），民法715条１項（会社の使用者責任）又は会社法350条（代表者の行為についての会社の損害賠償責任）等に基づき損害賠償請求訴訟を提起しても，株式会社が有限責任であることから，同会社が倒産状態にある場合は補償の実効が期待できないことになるので，当該請求訴訟とともに，個々の代表取締役や取締役に対して会社法429条１項に基づき損害賠償請求訴訟を提起することがあり，その活用範囲は広いといわれています。

2 会社法429条1項の責任の性質等について

(1) 責任の性質（判例・通説は法定責任説）

判例・通説は，会社法429条1項の責任の性質を法定責任であると解しています（法定責任説。最判昭和44年11月26日民集23巻11号2150頁等）。

取締役は，株式会社に対して善良な管理者の注意義務（善管注意義務。会社法330条，民法644条）及び忠実義務（会社法355条）を負いますが，この義務は，会社に対して負うものであり，第三者に対しては，不法行為（民法709条）の要件を満たさない限り，損害賠償責任を負わないのが原則です。しかし，株式会社が経済社会において重要な地位を占めており，株式会社の活動はその機関である取締役の職務執行に依存していることから，第三者保護のため，取締役において，会社に対する任務懈怠（善管注意義務違反・忠実義務違反）について悪意又は重大な過失があれば，第三者自身に対する加害についての取締役等の故意・過失を問題にすることなく，取締役等に損害賠償責任を負わせるのが相当です。つまり，本項の責任は，取締役の責任を加重するために法が特に認めた責任です。これが法定責任説の根拠です（なお，取締役以外の役員（会計参与，監査役等）の責任の根拠についても同様である。）。

(2) 法定責任説からの結論

法定責任説から導かれる結論として以下の事項が挙げられます。

①	本項の責任は，不法行為責任（民法709条）とは別個独立の責任であり，不法行為責任と競合する（請求権の競合）。
②	取締役の悪意・重大な過失の対象は会社に対する任務懈怠であり，第三者に対する加害行為について悪意・重大な過失がなくても本項の適用がある。
③	本項による損害賠償請求権の消滅時効は，民法724条（短期消滅時効）の類推適用はなく，一般の債権と同様に民法166条1項1号により短期消滅時効は「5年間」，同項2号により長期消滅時効は「10年間」である（最判昭和49年12月17日民集28巻10号2059頁参照）。

④	取締役の悪意・重大な過失による任務懈怠と第三者の損害との間に相当因果関係がある限り，「直接損害」（取締役の任務懈怠によって直接第三者に生じた損害）のほか，「間接損害」（取締役の任務懈怠によって会社財産が減少した結果，第三者に生じた損害）についても，取締役は会社法429条１項の責任を負う。
⑤	本項の責任は法が特に認めたものであるから，その履行遅滞時期は，「履行の請求を受けた時」であり，その遅延損害金の利率も民事法定利率である年３％（平成29年改正民法404条により民事法定利率は当初「年３％」，その後３年を１期として変動利率を採用）である（最判平成元年９月21日判時1334号223頁）。

(3) 責任の範囲（直接損害と間接損害）

責任の範囲には，直接損害と間接損害とが含まれます。

直接損害は，取締役の悪意・重大な過失による任務懈怠の結果，会社に損害が生じずに，直接第三者に損害が生じる場合です。これに対し，間接損害は，取締役の悪意・重大な過失による任務懈怠から，会社が損害を被り，その結果第三者に損害が生じる場合です。

消費者契約法違反や特定商取引法違反等により，取締役の責任を追及するのは，直接損害であるといえます。

以下，直接損害の事例につき，取締役の監視義務違反，内部統制システムの整備義務違反に関する裁判例を紹介します。

ア　取締役の監視義務と任務懈怠

代表取締役はもとより，一般の取締役（平取締役）も，他の代表取締役・取締役や社員の行為が法令・定款を遵守し，適法かつ適正に行われているか否かを監視する義務があります。また，取締役会設置会社においては，個々の取締役は，取締役会に上程された事項についてのみならず，代表取締役の業務執行の全般についてこれを監視する義務があります。

最判昭和55年３月18日（判時971号101頁）は，会社に常勤せず経営にも深く関与しないことを前提とするいわゆる社外重役として名目的に就任した取締役（名目的取締役）につき，代表取締役Ａが会社を代表して代金支払の見込みもない商品を買い受け，取引先（原告・債権者）に損害を与えたため，債権者

（原告）が名目的取締役（被告）に対して旧商法266条の３（会社法429条１項）に基づき損害賠償を請求した事案において，「株式会社の取締役は，会社に対し，取締役会に上程された事項についてのみならず，代表取締役の業務執行の全般についてこれを監視し，必要があれば代表取締役に対し取締役会を招集することを求め，又は自らそれを招集し，取締役会を通じて業務の執行が適正に行われるようにするべき職責を有するものである」と判示し，名目的取締役に監視義務違反を認め，同条による責任を肯定しています。

その他，取締役の監視義務違反による会社法429条１項（旧商法266条の３）の責任を認めた判例として，最判昭和48年５月22日（民集27巻５号655頁），福岡高宮崎支判平成11年５月14日（判タ1026号254頁）等多数あります。

イ　取締役の内部統制システムの整備義務と任務懈怠

代表取締役及び取締役には，監視義務の一環として，会社の損害を防止するための内部統制システムを整備する義務があります。そして，この不作為が取締役の任務懈怠となる場合があります。

東京地判平成21年２月４日（判時2033号３頁）は，元横綱及びその妻（原告ら）が，出版会社Y_1が発行する週刊誌において原告らの名誉を毀損する内容の記事を掲載されたことにより損害を被ったとして，出版会社Y_1，上記週刊誌編集長Y_2に対し，民法709条等により損害の賠償等を求めたほか，同社の代表取締役Y_3に対して商法266条の３（会社法429条１項）に基づく損害の賠償を求めた事案において，出版を業とする株式会社の代表取締役は，業務の統括責任者として，出版物による名誉毀損等の権利侵害行為を可及的に防止する効果のある仕組み，体制を社内に構築すべき任務があるところ，代表取締役Y_3には，上記任務を少なくとも重大な過失により懈怠したものとして，商法266条の３の任務懈怠責任が認められるとして損害賠償請求の一部を認めています。

なお，その他の内部統制システムの整備義務違反を認めた判例として，①取締役の違法な職務執行につき法令遵守体制の構築義務を認め，代表取締役の責任を肯定した大阪高判平成26年２月27日（判時2243号82頁），東京地判平成19年７月25日（判タ1288号168頁），②不正経理を防止すべきリスク管理体制構築義務の懈怠を認めた東京地判平成19年11月26日（判時1998号141頁）等があります。

3 消費者契約法違反と会社法429条１項の責任の追及の訴状の記載例

消費者契約法による取消し（不実告知。又は詐欺による取消し）の場合における代表取締役の第三者責任追及の訴状の記載例を挙げると，以下のようになります。

書式15 消費者契約法による取消し（又は詐欺による取消し）の場合における代表取締役の第三者責任追及の訴状の記載例

〇〇管理士の国家試験が免除されると嘘を言われて，同管理士受験コースの通信教育講座受講契約の締結し，受講料を支払った事案において，会社及び代表取締役に損害賠償等の請求をした事例

訴　　　　状

令和〇年〇月〇日

東京簡易裁判所　民事部　御中

〒000-0000　東京都〇〇区〇町〇丁目〇番〇号
原　告　　乙野次郎　㊞

〒000-0000　東京都〇〇区〇町〇丁目〇番〇号
被　告　　株式会社〇〇協会
上記代表者代表取締役　甲野一郎

〒000-0000　東京都○○区○町○丁目○番○号

被　告　　甲野一郎

損害賠償等請求事件

訴訟物の価額　　金○万円

貼用印紙額　　金○万円

第1　請求の趣旨

1　被告らは，原告に対し，連帯して金○万円及びこれに対する本訴状送達の日の翌日から支払済みに至るまで年3パーセントの割合(注)による金員を支払え。

2　訴訟費用は，被告らの負担とする。

との判決並びに仮執行の宣言を求める。

第2　請求の原因

1　当事者

(1)　原告は，被告株式会社○○協会（以下「被告会社」という。）の企画・開催する通信教育講座の○○管理士受験コースの申込みをした者である。

(2)　被告会社は，各種通信教育講座の企画・開催をしている株式会社である。被告甲野一郎は，被告会社の代表取締役である。

2　請求原因

(1)　被告会社の責任

ア　原告は，令和○年○月○日，被告会社の従業員丙野三郎から「当協会の通信教育講座の○○管理士受験コースを修了すれば，○○管理士の国家試験が免除される。」などと説明を受け，これを信用して，その場で被告会社との間の当該受験コースの受講契約書に記載をして，同契約を締結し，同年○月□日，○○銀行○○支店の被告会社名義の普通預金口座に受講料（教材込み）合計金○万円を振り込み送金した。

イ　しかし，原告が関係機関に照会したところ，上記○○管理士受験コースを修了したとしても○○管理士の国家試験が免除されることはなく，上記説明が虚偽であることが判明した。これは，消費者契約法第４条第１項第１号に定める不実告知に当たるとともに，民法第96条第１項の詐欺行為に当たる。

ウ　そこで，原告は，本訴状をもって消費者契約法第４条第１項第１号及び民法第96条第１項により上記契約の申込みを取り消す。

エ　よって，原告は，被告会社に対し，民法第703条の不当利得返還請求権又は民法第715条の使用責任による損害賠償請求権により，上記振込金○万円の支払請求権を有する。

⑵　被告甲野一郎の責任

被告甲野一郎は，被告会社の代表取締役として，被告会社の業務全般を統括しているものである。

したがって，被告甲野一郎は，自社の従業員等が民法や消費者契約法等の法令を遵守し，適法かつ適正に業務を行っているか監視する義務や，従業員が上記法令違反をしないような社内の内部統制体制を整備すべき義務があるところ，これらの義務を怠り，従業員に上記のような違法な受講契約の締結の勧誘をさせていたことが認められる。

これは，被告甲野一郎が，被告会社の代表取締役の業務を執行するについて，故意又は重大な過失があったものというべきであり，これにより，原告は上記振込金である金○万円の損害を被ったものである。

⑶　結　論

よって，原告は，被告らに対し，被告会社に対しては民法第703条又は民法第715条により，連帯して金○万円及びこれに対する本訴状送達の日の翌日から支払済みまで民事法定利率である年３パーセントの割合(注)による遅延損害金を各支払うことを求める。

証　拠　方　法

（省略）

添　付　書　類

（省略）

（注）平成29年改正民法の施行（令和２年４月１日）により，商法514条（商事法定利率）の規定は削除され，商事法定利率は廃止されて，商行為によって生じた債権でも，民事法定利率が採用されています。そして，民事法定利率は，平成29年改正民法404条により，当初年３％で，その後３年を１期として変動制が採用されています。

第3章

特定商取引法

第1 特定商取引法の目的及びその成立・改正の概要

1 特定商取引法の目的

特定商取引法は，消費者と事業者との契約の中で，訪問販売，通信販売など，特に消費者とトラブルを生じやすい契約の類型を取り上げ，これらの取引を公正にし，購入者等（消費者）が受けることのある損害の防止を図ることにより，購入者等の利益を保護し，商品等の流通・役務の提供を適正かつ円滑にし，もって国民経済の健全な発展に寄与することを目的としています（１条）。

具体的には，現行特定商取引法は，①訪問販売（３条～10条），②通信販売（11条～15条の４（15条の４は令和３年特商法により新設）），③電話勧誘販売（16条～25条），④連鎖販売取引（マルチ商法。33条～40条の３），⑤特定継続的役務提供（41条～50条。例えば，エステティックサロン，外国語教室，学習塾等），⑥業務提供誘引販売取引（51条～58条の３。例えば，内職商法，モニター商法等），⑦訪問購入（押し買い商法。58条の４～58条の17）の７類型，及び⑧送り付け商法（ネガティブオプション。59条，令和３年改正特商法15条の４）について規制しています。すなわち，特定商取引法は，特に消費者とトラブルを生じやすい契約の類型について，その類型に該当した場合の民事規制，行政規制及び刑事罰を定めています。

2 成立・改正の概要

(1) 成　立

特定商取引法は，平成13年６月（平成12年改正）に施行された法律であり，昭和51年に成立・施行された「訪問販売等に関する法律」を改正したものです。

その後，度重なる改正によって規制される取引の種類が増えたことに伴い，平成12年改正により名称が「特定商取引に関する法律（特定商取引法）」になったものです。

(2) 近時の改正の概要

ア　平成20年６月改正

当時，高齢者等に対し，個別の契約ごとに与信を行う個別クレジットを利用した訪問販売などによる被害が深刻化し，執拗な勧誘を断り切れないまま，大量の購入契約を結ばされる事例や，これらの悪質な勧誘販売行為を助長するクレジット会社の不適正与信あるいは過剰与信の事例が目立ち，また，インターネット通信販売などの新しい分野においては，返品を巡ってのトラブルや，不当請求の手段となる迷惑広告メールの問題，クレジットカード情報の漏えいなど，多くの消費者被害が発生したことから，これに対処するため，平成20年６月改正の特定商取引法（施行は平成21年12月１日）及び同改正の割賦販売法（基本部分の施行は平成21年12月１日）により，違法規制の抜け穴の解消，訪問販売規制，クレジット規制，インターネット取引等の規制の強化等が図られました。

このうち，平成20年６月改正特定商取引法の概要は以下のとおりです（改正割賦販売法の概要は，第４章（割賦販売法）を参照されたい。）。

【平成20年６月改正の主要点】

１　規制からの抜け穴の解消
①　規制の後追いから脱却するため，別法で消費者被害の是正等ができるもの

を除き，原則として，指定商品・指定役務制を廃止し，原則全ての商品・役務を扱う取引（訪問販売，電話勧誘販売，通信販売）を規制対象にした（２条）。 →なお，指定権利性は維持。
②　その上で，クーリング・オフになじまない商品・役務（例：乗用自動車，葬儀，化粧品等及び現金取引で3000円に満たない場合）は，規制対象から除外した（26条）
２　訪問販売規制の強化
①　訪問販売業者に当該契約を締結しない旨の意思を示した消費者に対しては，契約の勧誘をすることを禁止した（再勧誘の禁止。３条の２）。
②(ⅰ)　訪問販売によって通常必要とされる量を著しく超える商品等を販売する契約については，消費者にその契約を結ぶ特別の事情がなければ，契約締結後１年間は契約の解除等を可能にした（ただし，消費者にその契約を結ぶ特別の事情があったことを業者が立証するときは例外とされる。過量販売解除権。９条の２）。 (ⅱ)　９条の２第１項１号は，単独の販売業者による過量販売に関する規定であり，同項２号は，複数の販売業者によって過量販売契約が締結された場合に関する規定（すなわち，既に同種の商品が十分に購入されていることを知りながら，あえて同種の商品を販売するような場合も，契約の解除ができる。）である。
③　訪問販売におけるクーリング・オフがあった場合，仮に商品を使用していた場合でも，事業者はその商品使用利益の返還請求ができない（９条５項）。
３　インターネット取引等の規制の強化
①　返品の可否・条件を広告に表示していない場合は，８日間，送料消費者負担での返品（契約の解除）を可能にする（15条の２）。
②　消費者があらかじめ承諾・請求しない限り，電子メール広告の送信を禁止する（12条の３）。
４　その他（罰則の強化，自主規制の強化）
①　違反事業者に対する罰則の強化（例えば，不実告知，重要事実の不告知の罰則を「２年以下の懲役」から「３年以下の懲役」へ引き上げ等。70条等）
②　訪問販売協会（既存制度）による自主規制の強化（業務停止命令・除名処分を受けた者の訪問販売協会への加入の制限。27条の２）

イ　平成24年８月改正

平成22年度から平成23年度にかけて，貴金属等を中心に，訪問購入（いわゆる押し買い商法）に関し，消費者から各消費者センターに寄せられる相談件数が激増したことから，これに対処するため，訪問購入を規制する改正特定商取引法が平成24年８月に成立し，平成25年２月21日に施行されました。

これらの改正概要は以下のとおりです。

【平成24年８月改正の主要点（訪問購入の規制）】

1　訪問購入に対する規制
訪問購入とは，事業者が営業所等以外の場所で，物品の購入を行う取引契約のことである（いわゆる押し買い商法。58条の４以下）。
①　事業者は，訪問購入の勧誘に先立って，相手方に対し，事業者の氏名（名称），契約締結についての勧誘目的，購入しようとする物品の種類を告知する義務あり（事業者の氏名の明示。58条の５）
②　事業者は，訪問購入の勧誘要請をしていない者に対し，相手方の自宅等で売買契約の締結についての勧誘等を禁止される（不招請勧誘の禁止。58条の６第１項）。
③　事業者は，訪問購入の勧誘に先立って相手方に勧誘を受ける意思があることを確認する義務あり。また，相手方が契約締結の意思がないことを示したときは，勧誘の継続や，再勧誘が禁止される（再勧誘の禁止等。58条の６第２項・３項）。
④　事業者は，契約の申込みや契約締結の際，物品の種類・購入価格，契約の申込みの撤回（契約の解除）に関する事項等を記載した書面を相手方に交付する義務あり（書面交付義務。58条の７，58条の８）
2　訪問購入におけるクーリング・オフ制度
①　訪問購入の際，売買契約の相手方（売主）が契約を申し込んだり，契約を締結した場合でも，法定書面を受領した日から起算して８日間以内であれば，相手方は事業者に対して，書面により申込みの撤回や契約の解除ができる（クーリング・オフ。58条の14第１項）。 ②　なお，相手方（売主）は，転売等による第三者（転売先）に対してもクーリング・オフによる契約解除をもって当該物品の所有権を主張できる（第三

者が善意無過失の場合は除く。58条の14第３項)。
③　そのため，事業者は，クーリング・オフ期間内に第三者（転売先）に当該物品を引き渡すときは，相手方（売主）に対し，第三者（転売先）に物品を引き渡したことなどの事項を通知し（58条の11)，また，当該第三者（転売先）に対し，当該物品がクーリング・オフされる可能性があることなどの事項を書面にて通知する義務あり（58条の11の２）

ウ　平成28年５月改正

平成20年６月改正後も高齢者への訪問販売や電話勧誘販売の被害が減らず，増加傾向にある状況下で，CO_2排出権，社債等の「権利」に関する取引の被害が増大したため，平成28年５月改正では，従来の指定権利性を見直し，特定権利性を導入し，また，訪問販売に加えて，新たに電話勧誘販売における過量販売規制を導入しました。さらに，通信販売におけるファクシミリ広告への規制の導入や事業者の悪質化傾向に対処するため行政監督制度を強化する改正を行いました。

平成28年５月改正法は，平成29年12月１日から施行されています。また，同改正に伴い，改正された平成29年改正特定商取引法施行令，同年改正特定商取引法施行規則もいずれも，同じく平成29年12月１日に施行されています。

平成28年５月改正法では，スマートフォン等の普及により通販トラブルが増加傾向にあることから，通信販売における虚偽・誇大広告による契約の取消権も検討されましたが，取消権まで認めるのは行き過ぎではないかとする意見等があり，この導入は見送られました。

なお，改正の概要は以下のとおりです。

【平成28年５月改正の主要点】

１　指定権利性の見直し（特定権利性の導入）
訪問販売，通信販売，電話勧誘販売において，規制対象となる権利の範囲が拡大され（規制のすき間をふさぐ目的)，名称が「指定権利」から「特定権利」に改められた（２条４項)。

［改正法の「特定権利」とは］

① 施設を利用し又は役務の提供を受ける権利のうち国民の日常生活に係る取引において販売されるものであって政令で定めるもの
② 社債その他の金銭債権
③ 株式会社の株式，合同会社，合名会社若しくは合資会社の社員の持分若しくはその他の社団法人の社員権又は外国法人の社員権でこれらの権利の性質を有するもの

※ 特定権利性の導入により，金融商品取引法による登録業者（証券会社等）以外の業者との社債，未公開株式の取引も訪問販売等の規制の対象となる。

2　電話勧誘販売における過量販売規制を導入

訪問販売において規定されていた過量販売規制が，電話勧誘販売にも拡充された（24条の２第１項）。

3　通信販売におけるファクシミリ広告への規制の導入

事業者は，通信販売をする場合の商品・特定権利の販売条件又は役務の提供条件について，消費者の承諾を得ないでファクシミリ広告をしてはならない（12条の５第１項）。

4　取消権の行使期間の伸長

訪問販売，電話勧誘販売，連鎖販売取引，特定継続的役務提供，業務提供誘引販売取引における短期取消権の行使期間について，「６か月」から「１年」に伸長された（９条の３第４項，24条の３第２項，40条の３第２項，49条の２第２項，58条の２第２項）。

5　悪質事業者への対応強化

① 業務停止命令制度の強化
業務停止命令の期間の上限が現行の「１年」から「２年」に伸長された（８条等）。

② 業務禁止命令制度の創設（次々と法人を設立して違反行為を行う事業者への対処）
・ 業務停止命令を受けた法人の役員やこれと同等の支配力を有すると認め

られる者等に対して，停止の範囲内の業務を新たに開始することを禁止する（8条の2等）。

・　上記違反に対しては罰則（個人は3年以下の懲役又は300万円以下の罰金，又はその併科，法人は3億円以下の罰金）で対処する（70条2号，74条1号）。

③　行政調査に関する権限の強化

・　改正前特定商取引法では，行政調査において事業者からの報告徴収，物件提出及び立入検査が認められているが，その実効性を強化するため，新たに「質問」の権限が追加された（66条）。

・　執行当局の質問に対し陳述せず又は虚偽の陳述をした場合は，罰則（個人は6か月以下の懲役又は100万円以下の罰金，又はその併科，法人は100万円以下の罰金）で対処する（71条3号）。

④　指示制度の整備

改正前特定商取引法では主務大臣（内閣総理大臣（消費者庁長官に委任））が「必要な措置をとるべきことを指示することができる」とのみ規定されているが，平成28年5月改正法では，必要な措置の例示として，①違反及び行為の是正のための措置，②購入者等の利益の保護を図るための措置（購入者等への計画的な返金の実施等が想定），③その他の必要な措置が明示された（7条，14条等）。

⑤　悪質事業者のへの刑事罰の強化

主な改正点は，①不実告知等に対する法人重課（1億円以下の罰金）の新設（74条2号），②業務停止命令違反に対する懲役刑の引上げ（2年以下から3年以下へ。70条），③訪問販売，電話勧誘販売，特定継続的役務提供及び訪問購入における書面不交付等に対する懲役刑（6か月以下）の追加（71条），④指示違反，検査忌避に対する懲役刑（6か月以下）の追加（71条）等である。

⑥　所在不明の違反事業者に対する公示送達による処分

バーチャルオフィスの普及等により所在不明の違反事業者への行政処分の実施に対応するため，公示送達（処分書を交付する旨を一定期間掲示すること）による処分が可能とされる（66条の5）。

エ　令和3年6月改正（特定商取引法）

令和3年の改正特商法は，消費者の脆弱性につけ込む悪質商法に対する抜本的な対策強化，新たな日常における社会経済情勢等（デジタル社会化等）の変化への対応のため，特定商取引法等の改正による制度改革によって，消費者被害の防止・取引の公正を図っています。

令和３年改正は，「消費者被害の防止及びその回復の促進を図るための特定商取引に関する法律等の一部を改正する法律」（令和３年法律第72号。公布日は令和３月６月16日）として行われており，その中に，特定商取引法の改正のほか，預託法，消費者裁判手続特例法等の改正も入っています。なお，預託法も，消費者被害の防止の見地から改正が行われていますが，その改正概要については，後記オで説明します。

また，これらの改正に伴い，改正消費者裁判手続特例法91条１項は，内閣総理大臣は，被害回復裁判に資するために，特定適格消費者団体の求めに応じ，特定商取引法又は預託法に基づく行政処分に関して作成した書類を提供することができることを規定しました。

なお，これらの改正法は，原則として，上記公布日（令和３月６月16日）から起算して１年を超えない範囲内において，政令で定める日から施行されます。

ただし，①売買契約に基づかないで送付された商品に係る改正規定（送り付け商法。特定商取引法59条，59条の２）は，令和３年７月６日から施行済みですし，また，②事業者が交付しなければならない契約書面等について，消費者の承諾を得て，電磁的方法（電子メールの送付等）により提供することができるものとすることに係る改正規定（特定商取引法４条２項・３項，５条３項等（下記表の３②の項目）。預託法３条３項・４項）等は，上記公布日（令和３月６月16日）から起算して２年を超えない範囲内において，政令で定める日から施行されます。

【令和３年６月改正の主要点】

１　通信販売の「詐欺的な定期購入商法」対策
①　定期購入でないと誤認させる表示等に対する直罰化（個人は３年以下の懲

役か300万円以下の罰金，法人は１億円以下の罰金を科すことが可。12条の６，70条２号，74条１項２号）

② 定期購入でないと誤認させる表示によって申込みをした場合に，申込みの取消しを認める制度の創設（15条の４）

③ 通信販売の契約の解除の妨害に当たる行為の禁止（13条の２）

④ 定期購入でないと誤認させる表示や解除の妨害等を適格消費者団体の差止請求の対象に追加（58条の19）

２　送り付け商法対策

売買契約に基づかないで一方的に送付された商品について，送付した事業者が返還請求できない規定の整備等（現行では，消費者が14日間保管後，処分等が可能であるが，改正後は直ちに処分等を可能。59条，59条の２）

３　消費者利益の擁護増進のための規定の整備

① 消費者からのクーリング・オフの通知方法について，電磁的方法（電子メールの送付等）で行うことを可能にする（９条１項・２項，24条１項・２項等。預託法も同様）。

② 事業者が交付しなければならない契約書面等について，消費者の承諾を得て，電磁的方法（電子メールの送付等）で行うことを可能にする（４条２項，５条３項等。預託法も同様）。→契約書の電子化

③ 外国執行当局に対する情報提供制度の創設（69条の３。預託法も同様）

④ 行政処分の強化等（８条の２，66条等。預託法も同様）

オ　令和３年６月改正（預託法関係）

いわゆる販売預託商法（オーナー商法）とは，預託等取引業者が消費者に対して，３か月以上の期間，販売した商品を消費者から預かり，これを第三者にレンタル（貸与）するなどして得た運用益を配当すると約束する取引のことですが，悪質な事業者では，消費者から預かったとされる商品が当初から存在せず，かつ，商品のレンタルの実績や運用等の事実もなく，多額な消費者被害が生じさせています。このような問題は，1980年代から発生しており，例えば，豊田商事事件，安愚楽牧場事件，ジャパンライフ事件など大規模な

消費者被害を繰り返してきています。

そこで，令和3年改正では，販売を伴う預託等取引を原則禁止し，罰則を規定するなどしました。その概要は，以下のとおりです。

なお，預託法は，上記のとおり，原則として，公布日（令和3月6月16日）から起算して1年を超えない範囲内において，政令で定める日から施行されます。ただし，預託等取引業者が交付しなければならない契約書面等について，預託者等の承諾を得て，電磁的方法により提供することができるものとすることに係る改正規定（預託法3条3項・4項（下記表の3②の項目））は，公布の日から起算して2年を超えない範囲内において，政令で定める日から施行されます。

【令和3年6月改正の主要点】

1　販売預託の原則禁止
①　販売を伴う預託等取引を原則禁止とし，罰則を規定（個人は5年以下の懲役か500万円以下の罰金，法人は5億円以下の罰金を科すことが可。9条，14条，32条，38条1項1号） ※　預託等取引：3か月以上の期間にわたり物品の預託を受けること及び当該預託に関し財産上の利益の供与を約するもの ※　例外的に認める場合には，厳格な手続の下，消費者庁が個別に確認→消費者庁が2段階で事前審査をする仕組み。①勧誘時は物品ごとに事業内容の妥当性や事業者の財務状況等を審査し，②契約時も消費者が契約内容を理解しているかなどを審査する（10条～13条，15条～16条等）。
②　原則禁止の対象となる契約を民事的に無効とする制度の創設（14条等）
2　預託法の対象範囲の拡大
現行の預託法の対象の限定列挙の廃止→全ての物品等を対象に（2条）
3　消費者利益の擁護増進のための規定の整備
①　預託者からのクーリング・オフの通知方法について，電磁的方法（電子メールの送付等）で行うことを可能にする（7条）。
②　預託等取引業者が交付しなければならない契約書面等について，預託者等

の承諾を得て，電磁的方法（電子メールの送付等）で行うことを可能にする（３条３項・４項)。→契約書の電子化
③　外国執行当局に対する情報提供制度の創設（26条）
④　行政処分の強化等（18条～21条等）

第2 特定商取引法上の規制

1 特定商取引法の規制の概要（行政規制と民事規制）

特定商取引法には，①取引の適正化を図るための行政規制（取締規制）と，②消費者被害を解決する民事規制があります。

(1) 行政規制（取締規制）の概要

特定商取引法には，開業規制がなく(注)，誰でも事業活動ができますが，事業者に対して，消費者への適正な情報提供等の観点から，各取引類型の特性に応じて，下表のような行政規制を行い，同法違反の行為に対しては，業務改善の指示や業務停止命令の行政処分，又は刑事罰の対象となります。

(注) 滋賀県野洲市では，訪問販売による被害を防ぐため，条例（野洲市くらし支えあい条例）で同市内で訪問販売をする全ての事業者に登録を義務付けることにしました（平成28年10月１日施行）。訪問販売の登録制は全国で初めてのようです。

【特定商取引法における行政規制の概略】

行政規制の種類	行政規制の内容
①　氏名等の明示の義務付け（３条，16条等）	事業者は，勧誘開始前に事業者名，勧誘目的，勧誘に係る商品等を消費者に明示する義務あり
②　不当な勧誘行為の禁止（６条，21条，44条，52条	価格・支払条件等についての不実告知又は故意による事実不告知を禁止したり，消費者を威迫して困惑

等）	させたりする勧誘行為を禁止する。
③　広告規制（11条，12条，35条，36条等）	事業者が広告をする際には，重要事項を表示することを義務付け，また，虚偽・誇大な広告を禁止する。
④　書面交付義務（４条，５条，18条，19条等）	事業者は，契約締結時等に重要事項を記載した書面の交付義務あり なお，令和３年改正により，当該書面の交付に代えて，消費者の承諾を得て，電磁的方法（電子メールの送付等）で行うことが可能となる（４条２項・３項，５条３項，18条２項・３項，19条３項等）。
⑤　行政処分・罰則（７条～８条の２等）	・　内閣総理大臣（権限は消費者庁長官に委任）及び経済産業大臣等は，事業者に対して，以下の行政処分権限を有する（なお，都道府県知事にも同様の権限が付与される（68条）。）。 ①　報告徴収・立入調査・質問権（66条） ②　改善指示（７条等） ③　業務停止命令及び事業者名の公表（８条等） ④　業務禁止命令（８条の２等） ・　書面交付義務違反と禁止行為違反に対しては直接の罰則規定（70条１号，71条１号等）があるが，その他の行為規制については，改善指示や業務禁止・停止命令に違反した場合にのみ罰則の対象となる（70条２号，71条２号等）。法人処罰（両罰）規定もあり（74条）

(2)　民事規制の概要

主な民事上の規制としては，①クーリング・オフ，②過量販売解除権（訪問販売と電話勧誘販売のみ），③不実告知等の取消権，④中途解約権（連鎖販売契約と特定継続的役務提供契約のみ），⑤適格消費者団体による事業者の行為の差止請求が認められています。

【特定商取引法上の主な民事規制等】

１　クーリング・オフ
①訪問販売，②電話勧誘販売，③連鎖販売取引，④特定継続的役務提供，⑤業務提供誘引販売取引，⑥訪問購入については，契約の申込みや契約締結後においても，一定期間内（８日間又は20日間）であれば，無条件で書面により事業者との間の契約の申込みの撤回又は解除ができる（９条，24条，40条，48条，58条，58条の14）。 なお，令和３年改正により，クーリング・オフの通知方法について，書面のほか，電磁的方法（電子メールの送付等）で行うことが可能となる（９条１項・２項，24条１項・２項等。預託法も同様）。 ちなみに，通信販売にはクーリング・オフ制度はない（ただし，類似の制度あり）。
２　過量販売解除権（訪問販売と電話勧誘販売のみ）
訪問販売又は電話勧誘販売により通常必要とする分量を著しく超える商品等の契約を締結したときは，購入者は販売契約を解除できる（９条の２，24条の２）。
３　不実告知等の取消権
①訪問販売，②電話勧誘販売，③連鎖販売取引，④特定継続的役務提供，⑤業務提供誘引販売取引においては，クーリング・オフのほかに，事業者が，勧誘の際に，(a)不実のことを告げ（不実告知），又は(b)不利な内容をわざと説明しないこと（故意による事実不告知）により，消費者が誤認して契約をしたときは，当該契約を取り消すことができる（９条の３，24条の３，40条の３，49条の２，58条の２）。 なお，通信販売についても，令和３年改正により，定期購入でないと誤認させる表示等によって申込みをした者に，当該申込みの取消しを認める制度を新設している（15条の４）。
４　中途解約権（連鎖販売契約と特定継続的役務提供契約のみ）
消費者はクーリング・オフ期間の経過後も将来に向かって連鎖販売契約又は特定継続的役務提供契約を，理由を問わず解除（中途解約）できる（40条の２，49条）。

5　適格消費者団体による差止請求
「適格消費者団体」による事業者の行為の差止請求（58条の18～58条の25）

2 クーリング・オフ

(1) 概　要

ア　クーリング・オフとは，消費者保護のために，契約の申込みや契約締結後においても，一定期間内（８日間又は20日間）であれば，無条件で書面（令和３年改正特商法により電磁的方法（電子メールの送付等）も可能となる。）により事業者との間の契約の申込みの撤回又は解除ができる制度です。

クーリング・オフの対象となる契約は，①訪問販売，②電話勧誘販売，③連鎖販売取引，④特定継続的役務提供，⑤業務提供誘引販売取引，⑥訪問購入の６類型の取引です（①につき特商法９条，②につき24条，③につき40条，④につき48条，⑤につき58条，⑥につき58条の14。なお，クーリング・オフの概要は後掲の表参照）。

なお，連鎖販売取引，特定継続的役務提供及び業務提供誘引販売取引の３類型には，「申込みの撤回」は認められていません（特商法40条１項，48条１項，58条１項）。

イ　特定継続的役務提供においては，クーリング・オフにより，役務提供契約だけでなく関連商品（特商令14条１項別表第５の商品）の売買契約についても一括して無条件解除ができます（特商法48条２項）。ただし，政令で指定した消耗品を使用・消費した場合にはクーリング・オフができません（同項ただし書，特商令14条２項）。

ウ　クーリング・オフの規定は，これに反する特約で申込者等に不利なものは無効です（強行規定。特商法９条８項，24条８項，40条４項，48条８項，58条４項，58条の14第６項）。

エ　通信販売は，消費者から通信手段で契約の申込みを受ける形態であることから，クーリング・オフの適用がありませんが，これと類似の制度があります（後記3参照）。

【クーリング・オフの概要
（⑦～⑫は特定商取引法以外でクーリング・オフが認められる主な例）】

取引内容	適用対象の契約	クーリング・オフ期間
①　訪問販売（9条）	営業所等以外の場所で商品，特定権利の販売又は役務（サービス）の提供を行う取引契約（キャッチセールス，アポイントメントセールス等を含む。） （ただし，①自動車及び自動車のリース，②政令で指定した消耗品（健康食品・化粧品・毛髪用品・配置薬等），③契約締結時に代金支払と商品の引渡しを完了する3000円未満の現金取引，④飲食店での飲食，マッサージ，葬式等は除く。）	・　法定書面の受領日（令和3年改正特商法により，当該法定書面の交付に代えて，消費者の承諾を得て，電磁的方法（電子メールの送付等）で行うことが可能となり，この場合の到達日は，消費者の電子ファイルへの記録時）から8日間（受領日又は上記電子メール等の到達日を含む。同改正の施行日は公布日（令和3月6月16日）から起算して2年を超えない範囲内において政令で定める日。以下，②～⑥まで，電磁的方法で行うことが可能な点は同じ） ・　発信主義（書面発出時（令和3年改正特商法により，当該書面のほか，電磁的方法（電子メールの

		送付等）で行うことが可能となり，この場合は，電磁的方法による通知の発出時）に効力が生じる。同改正の施行日は上記公布日から起算して1年を超えない範囲内において政令で定める日。以下，②～⑥まで同じ）
②　電話勧誘販売（24条）	電話勧誘により商品，特定権利の販売又は役務（サービス）の提供を行う取引契約（ただし，①自動車及び自動車のリース，②政令で指定した消耗品（健康食品・化粧品・毛髪用品・配置薬等），③契約締結時に代金支払と商品の引渡しを完了する3000円未満の現金取引，④飲食店での飲食，マッサージ，葬式等は除く。）	・　法定書面の受領日から8日間（受領日を含む。） ・　発信主義
③　連鎖販売取引（マルチ商法）（40条）	連鎖的な販売による全ての商品・権利・役務提供（サービス）の取引契約（店舗契約を含む。）。商品等の制限なし なお，この取引は，購入者が販売員にもなって新たな購入者を増やしていく販売手法で，購入者を獲得できれば手数料がもらえるシステムになっている。	・　法定書面の受領日から20日間（商品再販売の場合は，法定書面受領日か最初の商品受領日の遅い日から20日間。いずれも受領日を含む。） ・　発信主義
④　特定継続的役務提供（48条）	エステティック，美容医療，外国語教室，家庭教師，学習塾，パソコン教室，結婚相手紹介サービスに関し，継続的にサービスを提供する契約（店舗契約を含む。）	・　法定書面の受領日から8日間（受領日を含む。） ・　発信主義

	なお，役務契約だけでなく，関連商品の売買契約についてもクーリング・オフ可（ただし，５万円以上の契約で，期間は２か月（エステティック及び美容医療は１か月）を超える場合に限る。また，政令で指定した消耗品（(a)エステティックにおける①健康食品，②化粧品，石けん（医薬品を除く。）及び浴用剤，(b)美容医療における①動物及び植物の加工品（一般の飲食の用に供されないものに限る。）であって，人が摂取するもの，②化粧品，③マウスピース（歯牙の漂白のために用いられるものに限る。）及び歯牙の漂白剤，④医薬品及び医薬部外品であって，美容を目的とするもの）を使用・消費した場合は除く。）	
⑤　業務提供誘引販売取引（内職・モニター商法。58条）	パソコンを購入して講習を受ければ，入力業務の仕事をあっせんするなど，業務提供利益が得られると誘引し，商品や役務の取引契約をする場合（店舗契約を含む。）。商品や役務の制限なし	・　法定書面の受領日から20日間（受領日を含む。） ・　発信主義
⑥　訪問購入（いわゆる押し買い商法。58条の14）	営業所等以外の場所で，物品の購入を行う取引契約（ただし，①自動車（二輪のものは除く。），②家庭用電気機械器具（携行が容易なものを除く。），③家具，④書籍，⑤有価証券，⑥レコードプレーヤー用レコード及び磁気的方法又は光学的方法により音，影像又はプログラムを記録した物（例えば，コンパクトディスク，ＤＶＤ等）は除く。）	・　法定書面の受領日から８日間（受領日を含む。） ・　発信主義
⑦　個別信用購入あっせ	訪問販売，電話勧誘販売，特定連鎖販売個人契約，特定継続的役務提供等契約，	・　①訪問販売，電話勧誘販売，特定継続

ん関係受領契約（個別クレジット契約。割販法35条の3の10，35条の3の11）	業務提供誘引販売個人契約の形態で個別信用購入あっせん関係受領契約（個別クレジット契約）を締結したときは，販売契約とともに個別クレジット契約もクーリング・オフすることができる。 なお，個別信用購入あっせん関係受領契約（個別クレジット契約）とは，クレジットカードを使わず，車や宝石など商品ごとに個別に分割払いなどを決める契約のこと	的役務提供等契約の場合は，法定書面の受領日から8日間（受領日を含む。），②特定連鎖販売個人契約，業務提供誘引販売個人契約の場合は，法定書面の受領日から20日間（受領日を含む。） ・　発信主義（書面発出時に効力が生じる。）
⑧　宅地建物取引契約（宅地建物取引業法37条の2）	事務所等以外の場所での宅地建物の取引。宅地建物取引業者が売主となる場合に限る。	・　法定書面によるクーリング・オフ制度の告知の日から8日間（告知日を含む。） ・　発信主義（書面発出時に効力が生じる。）
⑨　ゴルフ会員権契約（ゴルフ場等に係る会員契約の適正化に関する法律12条）	50万円以上のゴルフ会員権の新規販売契約（店舗契約を含む。）	・　法定書面の受領日から8日間（受領日を含む。） ・　発信主義（書面発出時に効力が生じる。）
⑩　保険契約（保険業法309条）	生命保険，損害保険，自動車保険等で保険期間が1年を超える保険契約（一部の例外を除き店舗契約を含む。）	・　法定書面受領日か契約申込日のいずれか遅い日から8日間（受領日，申込日を含

		む。） ・　発信主義（書面発出時に効力が生じる。）
⑪　投資顧問契約（金融商品取引法37条の６，同法施行令16条の３）	投資顧問業者が投資家に対して株式等の価値や投資判断について助言を行い，それに対して投資家が報酬を支払う契約（店舗契約を含む。）	・　法定書面の受領日から10日間（受領日を含む。） ・　発信主義（書面発出時に効力が生じる。）

(2)　クーリング・オフが可能な対象商品等

ア　訪問販売と電話勧誘販売は，原則として，全ての商品・役務及び特定権利（特商法２条４項，特商令３条別表第１）がクーリング・オフが可能な対象商品等となります（特商法２条１項・３項，９条１項，24条１項。なお，平成28年改正特商法により「指定権利」から「特定権利」へ変更）。

【特定権利（特商法２条４項，特商令３条別表第１）】

１　施設を利用し又は役務の提供を受ける権利のうち国民の日常生活に係る取引において販売されるものであって特定商取引法施行令３条別表第１で定めるもの（①保養のための施設又はスポーツ施設を利用する権利，②映画，演劇，音楽，スポーツ，写真又は絵画，彫刻その他の美術工芸品を鑑賞し，又は観覧する権利，③語学の教授を受ける権利）
２　社債その他の金銭債権
３　株式会社の株式，合同会社，合名会社若しくは合資会社の社員の持分若しくはその他の社団法人の社員権又は外国法人の社員権でこれらの権利の性質を有するもの

イ　特定継続的役務提供は，平成29年改正特定商取引法施行令12条別表第４第１欄で指定された下表の７業種であって，下表の指定期間及び指定金額を超えるもの（特商法41条，特商令11条別表４）のみがクーリング・オフの対象

となります（特商法48条）。

なお，医療脱毛等の「美容医療」についても継続的役務のトラブルが問題となっていることから，平成29年改正特定商取引法施行令12条別表４第１欄の２に「美容医療」が特定継続的役務に追加されました。

【特定商取引法施行令12条別表第４で指定されている特定継続的役務の内容】

特定継続的役務	指定期間	指定金額
①　エステティック 人の皮膚を清潔にし若しくは美化し，体型を整え，又は体重を減ずるための施術を行うこと。下記②に掲げるものは除く。	１か月超	いずれも５万円超
②　美容医療 人の皮膚を清潔にし若しくは美化し，体型を整え，体重を減じ，又は歯牙を漂白するための医学的処置，手術及びその他の治療を行うこと（美容を目的とするものであって，特定商取引法施行規則31条の４で定める方法によるものに限る。） ※　特定商取引法施行規則31条の４で定める方法 １　脱毛――光の照射又は針を通じて電気を流すことによる方法 ２　にきび，しみ，そばかす，ほくろ，入れ墨その他の皮膚に付着しているものの除去又は皮膚の活性化――光若しくは音波の照射，薬剤の使用又は機器を用いた刺激による方法 ３　皮膚のしわ又はたるみの症状の軽減――薬剤の使用又は糸の挿入による方法 ４　脂肪の減少――光若しくは音波の照射，薬剤の使用又は機器を用いた刺激による方法 ５　歯牙の漂白――歯牙の漂白剤の塗布による方法	１か月超	
③　外国語教室	２か月超	

語学の教授（ただし，入学試験に備えるため又は大学以外の学校における教育の補習のための学力の教授に該当するものを除く。）		
④　家庭教師 中学校，高校，大学，専修学校，各種学校の入学試験に備えるため，又は小・中・高校の補習のための学力の教授（事業者が用意する場所以外の場所において提供されるものに限る。）	２か月超	
⑤　学習塾 中学校，高校，大学，専修学校，各種学校の入学試験に備えるため，又は学校教育の補習のための学校（大学及び幼稚園を除く。）の児童・生徒・学生を対象とした学力の教授（事業者が用意する場所において提供されるものに限る。）	２か月超	
⑥　パソコン教室 電子計算機・ワードプロセッサーの操作に関する知識・技術の教授	２か月超	
⑦　結婚相手紹介サービス 結婚を希望する者への異性の紹介	２か月超	

ウ　連鎖販売取引と業務提供誘引販売取引では，①物品（施設を利用し又は役務の提供を受ける権利を含む。）及び②有償で行う役務の提供がクーリング・オフの対象となります（特商法33条，40条１項，51条，58条）。

エ　訪問購入は，物品（有体物たる動産）のみがクーリング・オフの対象となります（特商法58条の４，58条の14）。

(3) クーリング・オフの適用除外

ア　訪問販売，電話勧誘販売の場合

訪問販売，電話勧誘販売のクーリング・オフの適用除外については，特定商取引法26条１項から７項までに規定されています(注)。

（注）特定商取引法26条８項から10項は，訪問販売・電話勧誘販売・通信販売が割賦販売等によって行われた場合には，①訪問販売・電話勧誘販売につき損害賠償等の額の制限の規定（10条，25条）が適用除外となり（26条８項），②通信販売につき広告の規定（11条），承諾等の通知規定（13条）が適用除外となり（26条９項），③電話勧誘販売につき承諾等の通知（20条）が適用除外となる（26条10項）ことを定めており，クーリング・オフ規定の適用除外ではありません。

なお，①訪問販売，②電話勧誘販売，③特定連鎖販売個人契約，④特定継続的役務提供等契約，⑤業務提供誘引販売個人契約（特定商取引法に規定する５類型）の形態で個別信用購入あっせん関係受領契約（個別クレジット契約）を締結したときは，購入者等は，販売契約等とともに個別クレジット契約もクーリング・オフすることができます（割販法35条の３の10，35条の３の11。この点は第４章第３，２の解説参照）。

(ア)　26条１項関係（訪問販売・電話勧誘販売規定が全て適用除外）

(a)　特定商取引法26条１項は，訪問販売・電話勧誘販売に関する規定が全て適用除外とされる取引を定めています（同項は通信販売にも適用される。）。その概要は以下の表のとおりです。

【特定商取引法26条１項により訪問販売・電話勧誘販売（通信販売）規定が全て適用除外される取引】

①　申込みをした者が営業のために若しくは営業として締結する取引（１号）
②　外国にある者に対する取引（２号）
③　国又は地方公共団体が行う取引（３号）
④　特別の法律に基づく組合・連合会等，国家公務員共済組合等，労働組合がその構成員に対して行う取引（４号）
⑤　事業者がその従業者に対して行う取引（５号）
⑥　株式会社以外の者が発行する新聞紙の販売（６号）
⑦　弁護士，弁護士法人等が行う業務（役務の提供。７号）
⑧　金融商品取引業者等，宅地建物取引業者等，旅行業者等が行う一定の取引（８号イ～ハ）
⑨　⑧に掲げるもののほか，特定商取引法施行令に委任して適用除外とされる取引（８号ニ。特定商取引法施行令５条別表第２）――例えば，銀行，保険会

社，金融商品取引業者等の行う取引，公認会計士・税理士等の法律に基づく国家資格を得て行う業務（役務提供）等

(b)　なお，申込者が事業者であっても，特定商取引法26条１項１号にいう「営業のために若しくは営業として」に当たらないとして，訪問販売のクーリング・オフを認めた裁判例として，以下のものがあります。

裁判例　大阪高判平成15年７月30日（消費者法ニュース57号155頁）

訪問勧誘を受けて自動車販売等を業とする株式会社が消火器の充填薬剤を購入した事案において，業種が異なることを理由に，営業のため若しくは営業としての購入に当たらないとして，特定商取引法26条１項１号の適用除外の適用はないと判示した上で，同法４条及び５条の法定書面の交付がないことを理由に，購入契約から約40日後のクーリング・オフの行使を認めた原審（神戸地判平成15年３月４日金商1178号48頁）の判断を相当として，控訴を棄却した。

裁判例　名古屋高判平成19年11月19日（判時2010号74頁）

印刷画工業を営んでいた個人が訪問販売業者から勧誘を受けて電話機のリース契約を締結したことについて，同契約が営業のためになされたものではないとして，特定商取引法26条１項１号の適用除外の適用はないと判示した上で，同法５条の契約書面の交付がないことを理由に，リース契約から約２年８か月後におけるクーリング・オフの行使を認めた（同旨：東京地判平成27年10月27日判時2300号67頁）。

(イ)　26条２項関係（株式の引受け等の特定権利の販売の適用除外）

特定商取引法26条２項は，会社法等により詐欺・強迫を理由として取消しすることができないものとされている株式・出資の引受け又は基金の拠出としてされた特定権利の販売で訪問販売，電話勧誘販売又は通信販売に該当するものについては，クーリング・オフの規定（９条，24条），過量販売解除権の規定（９条の２，24条の２），不実告知等の取消権の規定（９条の３，24条の３），通信販売における解除の規定（15条の３）が適用除外となることを定めています。

(ウ)　26条３項関係（書面交付義務とクーリング・オフが適用除外）

特定商取引法26条３項は，①その全部の履行が契約の締結後直ちに行われることが通例である役務の提供として政令（特商令６条）で定めるものであって，②訪問販売又は電話勧誘販売に該当するものの全部又は一部が，契約の締結後直ちに履行された場合（特商規23条の４で定める場合に限る。）については，法定書面の交付義務の規定（特商法４条，５条，18条，19条。令和３年改正特商法により，当該法定書面に代えて，消費者の承諾を得て，電磁的方法（電子メールの送付等）で行うことが可能となる。）及びクーリング・オフの規定（特商法９条，24条）が適用除外となることを定めています。

特定商取引法施行令６条及び特定商取引法施行規則23条の４で定める場合は，以下のとおりです。

【特定商取引法施行令６条で定める役務の提供】

①　海上運送法19条の６の２又は20条２項に規定する事業として行う役務の提供（いわゆる海上タクシー等による運送サービス）
②　飲食店において飲食させること
③　あん摩，マッサージ又は指圧を行うこと
④　カラオケボックスにおいてその施設又は設備を使用させること

【特定商取引法施行規則23条の４で定める場合（契約締結後直ちに履行された場合）】

①　当該役務提供契約締結後，直ちにその全部が履行された場合
②　当該役務提供契約締結後，直ちにその全部が履行されることとなっている場合であって，役務の提供を受ける者の申出によって，その一部のみが履行された場合

(エ)　26条４項及び５項関係（クーリング・オフの規定の適用除外）

特定商取引法26条４項及び５項は，訪問販売又は電話勧誘販売においてクーリング・オフの規定が適用除外とされるものを定めており，以下の五つの場合です（特商令６条の２～７条）。

(a)　販売条件の交渉等が相当の期間にわたり行われることが通常の取

引の態様である商品等で特定商取引法施行令6条の2で定めるもの（特商法26条4項1号）

【特定商取引法施行令6条の2で定める適用除外】

①　自動車（二輪のものを除く。）
②　自動車の貸与（当該貸与を受ける者が自家用自動車の使用車として当該自動車を使用する場合に限る。）――いわゆるレンタカーは含まない。

(b)　法定書面（特商法4条，5条又は18条，19条の契約書面等。令和3年改正特商法により，当該法定の契約書面等に代えて，消費者の承諾を得て，電磁的方法（電子メールの送付等）で行うことが可能となる。後記(c)も同じ）を受領した場合において，契約の締結後速やかに提供されない場合には，その提供を受ける者の利益を著しく害するおそれがある役務として特定商取引法施行令6条の3で定める役務の提供（特商法26条4項2号）

【特定商取引法施行令6条の3で定める適用除外】

①　電気事業法2条1項8号イ又はロに規定する役務の提供
②　ガス事業法2条5項に規定する役務の提供
③　熱供給事業法2条2項に規定する役務の提供
④　葬式のための祭壇の貸与その他の便益の提供

(c)　法定書面（特商法4条，5条又は18条，19条の契約書面等）を受領した場合において，使用又は全部・一部の消費により価額が著しく減少するおそれがある商品として特定商取引法施行令6条の4で定めるものを使用し又はその全部・一部を消費した場合（特商法26条5項1号。ただし，販売業者が申込者等に当該商品を使用又は全部・一部を消費させた場合は除く。）

【特定商取引法施行令６条の４で定める適用除外】

①　動物及び植物の加工品（一般の飲食の用に供されないものに限る。）であって，人が摂取するもの（医薬品（医薬品医療機器等法２条１項の「医薬品」をいう。以下同じ）を除く。）
②　不織布及び幅が13㎝以上の織物
③　コンドーム及び生理用品
④　防虫剤，殺虫剤，防臭剤及び脱臭剤（医薬品を除く。）
⑤　化粧品，毛髪用剤及び石けん（医療品を除く。），浴用剤，合成洗剤，洗浄剤，つや出し剤，ワックス，靴クリーム並びに歯ブラシ
⑥　履物
⑦　壁紙
⑧　医薬品医療機器等法31条に規定する配置販売業者が配置した医薬品（薬事法の一部を改正する法律附則10条に規定する既存配置販売業者が配置したものを含む。）

(d)　相当の期間品質を保持することが難しく，品質の低下により価額が著しく減少するおそれがある商品として政令で定めるものを引き渡されたとき（特商法26条５項２号）

なお，現時点では，政令で規定されていない。

(e)　現金取引（特商法５条２項，19条２項）において，代金・役務の対価が総額3000円未満の場合（特商法26条５項３号，特商令７条）

(オ)　26条６項関係（訪問販売規定の一部の規定（クーリング・オフを含む。）の適用除外）

特定商取引法26条６項は，訪問販売につき４条から10条（書面交付義務，禁止行為，合理的な根拠を示す資料の提出，指示対象行為，業務停止命令，業務禁止命令，クーリング・オフ，過量販売解除権，不実告知等の取消権，損害賠償等の額の制限の規定）が適用除外となるものを定めています。

その概要は以下のとおりです。

(a)　購入者からの請求に応じて行われる訪問販売（特商法26条６項１号）

なお，通達では，「商品等についての単なる問合せ又は資料の郵送の依頼等を行った際に，販売業者等より訪問して説明をしたい旨の申出があり，これを消費者が承諾した場合は，消費者から『請求』を行ったとは言えないため，本号には該当しない。」「また，販売業者等の方から電話をかけ，事前にアポイントメントを取って訪問する場合も同様に本号には該当しない。」「また，例えば，消費者が台所の水漏れの修理を要請し，その修理のために販売業者等が来訪した際に，台所のリフォームを勧誘された場合については適用除外に当たらないと考えられる。」としています（特商法運用通達第２章第５節１⑽）。

(b)　営業所等以外の場所で契約の申込みを受け又は契約の締結することが通例であり，かつ，通常，消費者の利益を損なうおそれがないと認められる取引の態様で，特定商取引法施行令８条で定めるもの（下表参照。特商法26条６項２号）

【特定商取引法施行令８条で定める適用除外】

①　店舗販売業者・店舗役務提供事業者が定期的に住居を巡回訪問し，勧誘を行わず，単に契約の申込み・締結を行う取引――いわゆる御用聞き取引
②　店舗販売業者・店舗役務提供事業者が過去１年以内に当該事業に関して１回以上の取引があった顧客に対する契約――継続的取引関係にある顧客との取引
③　無店舗販売業者・無店舗役務提供事業者が過去１年以内に当該事業に関して２回以上の取引があった顧客に対する契約――継続的取引関係にある顧客との取引
④　事業所の管理者の書面による承認を受けて，他人の事業所においてその事業所に所属する者に対して行う取引――いわゆる職場販売

(カ)　26条７項関係（電話勧誘販売の一部の規定（クーリング・オフを含む。）の適用除外）

特定商取引法26条７項は，電話勧誘販売につき18条，19条，21条から25条（書面交付義務，禁止行為，合理的な根拠を示す資料の提出，指示対象行為，業務停止命令，業務禁止命令，クーリング・オフ，過量販売解除権，不実告知等の取消権，損害賠償等の額の制限の規定）が適用除外となるものを定めています。

その概要は以下のとおりです。

(a)　購入者からの請求に応じて行われる電話勧誘販売（特商法26条７項１号。ただし，同号括弧書きにより，電話勧誘行為又は特商令９条で定める行為（電話，郵便，ファクシミリ等により電話勧誘販売に係る売買契約等の締結について勧誘をするためのものであることを告げずに電話をかけることを請求させる行為）によりこれを請求した者（顧客）は除く。）

(b)　電話勧誘行為により契約の申込みを郵便等により受け又はその契約を郵便等により締結することが通例であり，かつ，通常，消費者の利益を損なうおそれがないと認められる取引の態様で，特定商取引法施行令10条で定める電話勧誘販売（下表参照。特商法26条７項２号）

【特定商取引法施行令10条で定める適用除外】

電話勧誘販売業者が過去１年以内に当該事業に関して２回以上の取引があった顧客に対する取引――継続的取引関係にある顧客との取引

イ　連鎖販売取引の場合

連鎖販売取引では，クーリング・オフの適用除外の規定はありません。

ただし，クーリング・オフができる主体は，連鎖販売業に係る商品の販売若しくはそのあっせん又は役務の提供若しくはそのあっせんを店舗等によらないで行う個人に限定されている（特商法40条１項括弧書き。この個人を「連鎖販売加入者」という。）ので，店舗等によって連鎖販売取引を行う者は，クーリング・オフはできません。

ウ　特定継続的役務提供の場合

特定継続的役務提供のクーリング・オフの適用除外については，特定商取引法48条２項ただし書，50条１項に規定されています。

以下，その概要を説明します。

(ア)　48条２項ただし書関係（クーリング・オフができない消耗品）

特定商取引法施行令14条別表第５で指定されている「関連商品」のうち，

(a)　エステティックにおける，①動物及び植物の加工品（一般の飲食の用に供されないものに限る。）であって，人が摂取するもの（医薬品を除く。）（いわゆる「健康食品」のこと），②化粧品，石けん（医薬品を除く。）及び浴用剤

(b)　美容医療における，①動物及び植物の加工品（一般の飲食の用に供されないものに限る。）であって，人が摂取するもの，②化粧品，③マウスピース（歯牙の漂白のために用いられるものに限る。）及び歯牙の漂白剤，④医薬品及び医薬部外品（医薬品医療機器等法2条2項の医薬部外品をいう。）であって，美容を目的とするものについては，使用し又は全部若しくは一部を消費したときはクーリング・オフができません（特商法48条2項ただし書，特商令14条2項）。

しかし，役務提供事業者や販売業者が特定継続的役務提供受領者等（消費者）に当該商品を使用させ，又はその全部若しくは一部を消費させた場合は，適用除外とならず，クーリング・オフができます。

また，これらを使用・消費した場合でも，その商品を使用し又はその全部若しくは一部を消費したときはその売買契約の解除を行うことができなくなることを契約書面に記載しておく必要があり（特商規34条2項，36条2項），もしこの記載がなければクーリング・オフが可能です（『条解消費者三法』1030頁）。

(イ)　50条1項関係（規定の全てが適用除外）(注)

特定継続的役務提供に関する規定が全て適用除外とされる役務提供は，以下のとおりです（特商法50条1項）。

【特定商取引法50条1項により特定継続的役務提供規定が全て適用除外される役務提供】

①　特定継続的役務提供受領者等が営業のために又は営業として締結するものに係る特定継続的役務提供（1号）
②　外国にある者に対する特定継続的役務提供（2号）
③　国又は地方公共団体が行う特定継続的役務提供（3号）
④　特別の法律に基づく組合・連合会等，国家公務員共済組合等，労働組合がその構成員に対して行う特定継続的役務提供（4号）
⑤　事業者がその従業者に対して行う特定継続的役務提供（5号）

（注）特商法50条２項は，特定継続的役務や関連商品の販売が割賦販売法に定める割賦販売（割販法２条１項）により提供・販売されたときは，特定継続的役務提供契約の中途解約における違約金等の制限を定める特商法49条２項・４項及び６項の規定を適用しないことを定めており，クーリング・オフとは関係ありません。

エ　業務提供誘引販売取引の場合

業務提供誘引販売取引では，クーリング・オフの適用除外の規定はありません。

オ　訪問購入の場合

訪問購入のクーリング・オフの適用除外については，特定商取引法58条の４括弧書き及び58条の17に規定されています。

以下，その概要を説明します。

㈠　58条の４括弧書き関係

相手方の利益を損なうおそれがないと認められる物品又は流通が著しく害されるおそれがあると認められる物品であって，特定商取引法施行令16条の２で定めるものは，訪問購入に関する規定全部が適用除外となります（特商法58条の４括弧書き，特商法運用通達第５章の２・１⑶・別添８。下表参照）。

【特定商取引法施行令16条の２に定める適用除外物品（上記通達別添８）】

番号	物　品	具体例
1	自動車（二輪のものは除く。）	
2	家庭用電気機械器具（携行が容易なものを除く。）	電気温水器（給湯機），電気食器洗い機，浴室乾燥機，テレビ受像機（付加機能付きのものを含む。），ステレオ，電気ヒーター・ストーブ，電気こたつ，電子レンジ，衣類乾燥機（業務用は除く。），電気冷蔵庫（冷凍庫と一体のものを含む。），エアコン，電気洗濯機（業務用を除く。），電気カーペット，電気マッサージチェア，電動式健康機器（エクササイズマシーン），コンロ，照明，換気扇，プリンター，シュレッダー，電気掃除機，空気清浄機，除湿機，扇風機，冷風機，精米機，ワインセラー・ワインクーラー，ビデオディスクプレーヤー，ＤＶＤプレーヤー，青紫色レーザー用ディスクを内蔵したビデオプレイヤー，電気がま及び

		電気ジャー，ミシン，ホットプレート，ホームベーカリー，液晶ディスプレイ，プロジェクター
3	家具	たんす，机，いす及び腰掛け，鏡台，ソファー，ベッド，マットレス，テーブル，レンジ台，テレビ台，たな，サイドボード，げた箱，衣類整理箱，金庫
4	書籍	事典，全集物，写真集，問題集，雑誌，単行本
5	有価証券	
6	レコードプレーヤー用レコード及び磁気的方法又は光学的方法により音，影像又はプログラムを記録した物	レコードプレーヤー用レコード，レーザーディスク，テープレコーダー用テープ，ビデオテープレコーダー用テープ，コンパクトディスク，ＤＶＤ，青紫色レーザー用ディスク，コンピューター用ソフト（家庭用コンピュータゲームに用いられるプログラムを記録した物を含む。）

⑴　58条の17関係

(a)　58条の17第１項（規定の全てが適用除外となる訪問購入）

訪問購入に関する規定が全て適用除外とされる取引は，以下のとおりです（特商法58条の17第１項）。

【特定商取引法58条の17第１項により訪問購入規定が全て適用除外される取引】

①　申込みをした者が営業のために若しくは営業として締結する訪問購入（１号）
②　外国にある者に対する訪問購入（２号）
③　国又は地方公共団体が行う訪問購入（３号）
④　特別の法律に基づく組合・連合会等，国家公務員共済組合等，労働組合がその構成員に対して行う訪問購入（４号）
⑤　事業者がその従業者に対して行う訪問購入（５号）

(b)　58条の17第２項（一部の規定（クーリング・オフを含む。）が適用除外となる訪問購入）

特定商取引法58条の17第２項は，以下の(ⅰ)及び(ⅱ)の訪問購入につき，58条の6第1項（不招請勧誘の禁止）及び58条の7から58条の16までの規定が適用除外（クーリング・オフの規定の適用除外を含む。）であることを定めています。逆に言いますと，58条の5（氏名等の明示義務），58条の6第2項（勧誘受諾意思の確認義務），58条の6第3項（拒絶者に対する勧誘禁止）の規定のみが以下の取引に適用されることになります。

(i)　売買契約の相手方（売主）からの請求に応じて行われる訪問購入（特商法58条の17項第2項1号）

(ii)　購入業者が営業所等以外の場所で契約の申込みを受け又は契約の締結することが通例であり，かつ，通常，消費者の利益を損なうおそれがないと認められる取引の態様で，特定商取引法施行令16条の3で定めるもの（下表参照。特商法58条の17第2項2号）

【特定商取引法施行令16条の3で定める適用除外】

①　店舗購入業者が定期的に住居を巡回訪問し，勧誘を行わず，単に契約の申込み・締結を行う訪問購入――いわゆる御用聞き取引
②　店舗購入業者が過去1年以内に当該事業に関して1回以上の取引があった顧客に対する訪問購入――継続的取引関係にある顧客との取引
③　無店舗購入業者が過去1年以内に当該事業に関して2回以上の取引あった顧客に対する訪問購入――継続的取引関係にある顧客との取引
④　売買契約の相手方（売主）がその住居から退去することとしている場合の訪問購入（例えば，引越し等による不要品の処分。特商規56条）――売主の処分意思が認められる場合

(4)　クーリング・オフの行使期間と始期等

ア　行使期間と始期

クーリング・オフの行使期間は，

①　訪問販売，電話勧誘販売，特定継続的役務提供，訪問購入では，法定の契約書面の受領日（なお，訪問販売，電話勧誘販売，訪問購入については，その日前に法定の申込書面を受領した場合には，その受領日）から8日間（現行特商法9条1項，24条1項，48条1項，58条の14第1項）

②　連鎖販売取引と業務提供誘引販売取引は，法定の契約書面の受領日から20日間（現行特商法40条1項，58条1項。なお，連鎖販売取引で転売する商品の購入が特定負担（商品の購入・役務の対価の支払又は取引料の提供をいう。）となる場合（再販売型）には，法定の契約書面の受領日と再販売する商品を購入して最初の引渡しを受けた日を比較して，遅い日から20日間）となります。

なお，令和3年改正特定商取引法により，上記法定の契約書面等に代えて，購入者等の承諾を得て，電磁的方法（電子メールの送付等）で行うことが可能となり，この場合の到達日は，購入者等の電子ファイルへの記録時となります（4条2項・3項，5条3項，18条2項・3項，19条3項，37条3項・4項，42条4項・5項，55条3項・4項，58条の7第2項・3項，58条の8第3項。各条項の施行日は，公布日（令和3年6月16日）から起算して2年を超えない範囲内において政令で定める日である。)。

また，令和3年改正特定商取引法により，クーリング・オフの行使方法についても，書面のほか，電磁的方法（電子メールの送付等）で行うことが可能となり，この場合は，電子メール等の発送時に効力が生じることになります（書面の場合は当該書面の発送時である。9条1項・2項，24条1項・2項，40条1項・2項，48条1項～3項，58条1項・2項，58条の14第1項・2項。これら各条項の施行日は上記公布日から起算して1年を超えない範囲内において政令で定める日である。)。

したがって，これらの行使期間の起算日は，法定書面等の受領日又は購入者等の電子ファイルへの記録時（到達日）を1日目として算入（初日算入）されることなります。例えば，行使期間が8日間の場合には，4月1日に法定の契約書面を受領したときは4月8日までクーリング・オフができることになります。

なお，②の連鎖販売取引と業務提供誘引販売取引は，高収益を誘引文句にする幻惑的な取引形態であることから，行使期間が20日間とされています。

イ　法定書面等の不交付・不送信等やクーリング・オフ行使の妨害の場合

㈠　法定書面等の不交付・不送信等の場合

法定の契約書面・申込書面の交付がない場合又は電磁的方法（電子メール等）による送信・送付がない場合，当該各書面の記載事項又は電磁的方法

（電子メール等）の記録事項に不備や不実・虚偽がある場合（例えば，商品の訪問販売において，商品の商標，製造者名，種類，数量，販売担当者等の記載・記録が欠けた場合，クーリング・オフの記載・記録がない場合，連鎖販売取引について特定負担の記載・記録がない場合等）は，法定の契約書面等を交付・送信（送付）したことにはならないので，クーリング・オフの期間は進行しません。したがって，行使期間経過後でも，新たに不備等のない法定書面又は電子メール等が交付・送信（送付）されない限り，いつまでもクーリング・オフができます。

この点に関する主な裁判例として，以下のものがあります。

①　クーリング・オフを認めた裁判例

裁判例　大阪地判平成24年6月29日（ウエストロー・ジャパン）

控訴人（消費者）が訪問販売業者から購入した商品の代金を立替払したとして，被控訴人（信販会社）が，控訴人に対し立替金残元金の支払を求めた事案において，特定商取引法5条1項所定の法定書面には，商品の販売価格については複数の商品が対象とされた場合には商品ごとの販売価格の記載が，商品名・種類等については契約目的が客観的に特定できる記載がそれぞれ必要であるところ，総額表示のみで商品名の記載も欠く訴外会社（販売会社）の書面は特定商取引法所定の書面とはいえないとして，販売後約2年9か月後の契約解除（クーリング・オフ）を認めた上，割賦販売法30条の4の抗弁の接続を認めて原判決を取り消し，被控訴人（信販会社）の立替金残元金の支払請求を棄却した。

裁判例　東京地判平成27年4月28日（ウエストロー・ジャパン）

原告（消費者）は，被告（書籍の出版・販売会社）から電話で勧誘を受けて原告の書道作品を美術雑誌に掲載する契約を締結したが，特定商取引法18条（電話勧誘販売における書面の交付）に基づく法定書面の交付を受けていないため，同法24条1項（クーリング・オフ）により契約を解除したとして既払いの雑誌掲載料相当額の支払を求めた事案において，本件契約は同法2条3項の電話勧誘販売に当たるところ，被告から交付された書面には各支払日や各支払日における支払金額及び提供されるべき役務の対象となる作品の種類や内容が具体的に特定されておらず同法18条3号及び1号所定の事項が記載されていないから，本件契約につきクーリング・オフに係る権利行使期間は進行したとはいえず，契約後約１年２か月後における原告の本件解除は有効であるとして，被告に受領済みの上記雑誌掲載料相当額の返還義務（不当利得返還債務）を認めた。

裁判例　大津地判令和２年５月26日（判時2474号131頁）

原告（消費者）は，被告（ハウスクリーニング事業会社）との間で，ハウスクリーニング事業を行うことを内容とするフランチャイズ加盟店契約（以下「本件契約」という。）を締結し，研修費・工具機材等の開業初期費用として219万8000円を被告に支払ったが，当該取引は特定商取引法51条の業務提供誘引販売取引に当たるので，同法58条１項に基づいて同契約を書面で解除したとして，上記既払金である219万8000円の不当利得返還請求等をした事案において，①本件契約は，原告が被告から提供・あっせんされた「業務」を自宅で行うこととしており，「事業所その他これに類似する施設によらないで行う個人との契約」に該当し，上記業務提供誘引販売取引に該当するし，また，②被告が原告に対し，同法所定の契約の解除（クーリング・オフ）に関する事項が記載されていない書面を交付したことが認められることから，同法58条１項に基づく解除は有効であるとして，上記219万8000円の返還義務を認めた。

②　クーリング・オフを認めなかった裁判例

裁判例　福岡地判令和元年７月25日（判タ1479号208頁）

特定商取引法41条１項１号に定める特定継続的役務提供契約であるエステティックサービス契約の締結に際して販売された化粧品類及び健康食品が，同法48条２項に定める「関連商品」に該当するか争われた事案において，関連商品とは，形式的に同項でいう「政令で定める商品」に該当するのみならず，役務と商品の関連性や勧誘の実態に照らして，当該商品を購入しなければ役務の提供を受けられないものをいうと解されるところ，上記化粧品類及び健康食品は，控訴人（エステ経営会社）が，被控訴人（エステ客）に対し，顧客が自宅で使用するものとして販売しており，本件エステサービスを受けるために必要な条件であるなどとは説明していないことなどを認定し，本件エステ契約書面等の記載事項に不備はなく，被控訴人の同法48条１項に基づく本件エステ契約の解除（クーリング・オフ）を認めることはできず，また，同法48条2項に基づく上記商品の売買契約の解除（クーリング・オフ）も認められないとした（なお，被控訴人の中途解約は認めた。）。

(イ)　クーリング・オフ行使の妨害の場合

事業者が不実告知や威迫行為によりクーリング・オフの行使を妨害した場合には，その時点でクーリング・オフ期間の進行が止まります。そして，この場合のクーリング・オフ期間は，事業者が消費者に契約解除ができることを記載した書面又は電子メール等を改めて交付・送付等をし（再交付書面・再送付電子メール等），かつその際，クーリング・オフができることなどを説明した日から再進行し，同日から8日間又は20日間となります（初日算入。令和3年改正特商法9条1項ただし書，24条1項ただし書，40条1項，48条1項，58条1項，58条の14第1項ただし書，特商規7条の4等）。

(5)　行使方法（法文上書面又は電磁的方法に限定）

ア　クーリング・オフの行使方法（口頭でも可の場合あり）

クーリング・オフは，書面（令和3年改正特商法により電子メールの送付等も可能となる。）で行う必要があります（令和3年改正特商法9条1項，24条1項，40条1項，49条1項，58条1項，58条の14第1項）。書面による場合，内容証明郵便によることは要件ではありませんが，証拠を残すためには配達証明付内容証明郵便が最適だと思われます。ただし，はがきに書いて両面コピーした上で，郵便局で配達証明か簡易書留で出すことも考えられます。

通常，通知や意思表示は，一般に到達した時に効力が生じますが，クーリング・オフの場合は，解除等の書面又は電子メール等を発送した時に効力が生じます（発信主義。令和3年改正特商法9条2項等）。

なお，口頭によるクーリング・オフ（ファクシミリ，面談，電話等）であっても，それが録音や証言，資料等により証明できる場合には，クーリング・オフの行使と認めてよいと解する見解が有力です（通説的見解。『条解消費者三法』469頁以下。なお，口頭によるクーリング・オフを認めた判例として，後記イの大阪地判平成17年3月29日等参照）。しかし，クーリング・オフは，極力，法文どおり書面によるべきです。

イ　口頭によるクーリング・オフを認めた裁判例

裁判例　大阪地判平成17年3月29日（消費者法ニュース64号201頁）

訪問販売により太陽光発電装置の購入及び設置をする契約をしたが，契約後6日目に，携帯電話で契約を解除（クーリング・オフ）をする旨告げた事案において，特定商取引法9条1項で「書面により」解除を行うことができると規定されているのは，クーリング・オフが期間内になされたかどうか後日紛争が生じないように明確にしておく趣旨であると解されるから，書面によらない期間内のクーリング・オフも，これが証拠上，明確であれば有効であると解するのが相当であるとして，携帯電話の通話記録を証拠に口頭によるクーリング・オフを認めた。

裁判例　広島高松江支判平成8年4月24日（消費者法ニュース29号60頁）

訪問販売により展示会大賞の大鉢をクレジット購入する契約をしたが，契約後電話で契約を解除（クーリング・オフ）をする旨の意思表示をし，契約の6日目に事業者が上記大鉢の返還を受けていた事実関係の下で，クレジット会社が顧客に立替金の支払請求をした事案において，クーリング・オフが口頭でなされた場合でも，そのことにつき書面に代わる明確な証拠があるときは，訪問販売法のクーリング・オフ規定の適用若しくは類推適用により口頭の解除も有効であるとした上で，クレジット会社に対して，割賦販売法30条の4により当該解除を支払拒絶事由として立替金の支払請求を拒むことができるとした。

裁判例　福岡高判平成6年8月31日（判時1530号64頁）

割賦販売法30条の6，4条の3第1項（当時のクリーング・オフ規定）が「書面により」と規定しているのは，申込みの撤回等について後日紛争が生じないよう明確にしておく趣旨であって，書面によらない場合の申込みの撤回等の効力がないと明文で定めている訳ではなく，書面と同等の明確な証拠がある場合には保護を与えるのが相当であるとして，口頭によるクーリング・オフを認めた。

コラム

内容証明郵便の作成方法及び郵便局での手続等

1　内容証明郵便の作成方法

⑴　用　紙

用紙の種類や大きさに制限はありません，Ａ４判，Ｂ４判，Ｂ５判のいずれでもよいですが，通常はＡ４判が使用される場合が多いようです。

⑵　字数・行数の制限

横書きの場合は，「１行13字以内で１枚40行以内」，「１行20字以内で１枚26行以内」又は「１行26字以内で１枚20行以内」で作成する必要があります。

縦書きの場合は，「１行20字以内で１枚26行以内」です。

なお，句読点や記号は１個を１字と数えるのが原則です（ただし，㎡，kgなどは２文字分と扱われます。）。

⑶　使用文字

仮名（平仮名，片仮名），漢字及び固有名詞の英字に限られます。

⑷　字句の訂正

訂正，挿入，削除をする場合には，間違えた箇所を二本線で消して，正しい文字を書き加えた上で，欄外の余白部分に「○字削除○字加入」，「○字削除」，「○字加入」などと記載します。

なお，訂正や削除をした元の文字は，明確に読みとれるようにしておく必要があります。したがって，内容証明郵便は，パソコン等で字数及び行数を設定し（その際，全ての文字の禁則処理を解除する。），誤りがないことを確認した上でプリントアウトすべきです。

⑸　差出人及び受取人の住所・氏名の記載等

書面中に差出人及び受取人の住所・氏名を記載し，差出人の氏名の後に押印するのが通例のようです。使用印鑑は実印でなくても構いません。

なお，その記載場所は，「文章の最初の部分」又は「文章の最後の部分」となりますが，本文書式では，文章の最初の部分に書くことにします。

本文と封筒表面の記載は全く同一の記載でなければなりません。

⑹　契　印

用紙が数枚にわたるときは，ホッチキスで留めた上で，全てのページに契印をします。使用印鑑は実印でなくても構いません。

2　郵便局での手続

(1)　郵便の種類

「内容証明郵便」又は「配達証明付内容証明郵便」（配達証明を付ける場合）で出します。

(2)　提出する通数

①　相手方が１名の場合

「相手方郵送用１通」と「謄本２通（郵便局保管用と差出人保管用)」の合計３通が必要です。なお，添付資料を同封することはできません（後記②の場合も同様です。)。

②　相手方が２名以上の場合

・　文書内容が同一で受取人名も連記の場合は，「相手方（受取人）の数だけの郵送用文書」と「謄本２通」が必要です。

・　受取人名が個別に記載されているときは，「郵送用文書各１通」と「それぞれの謄本２通」が必要です。

(3)　料　金

内容証明郵便にかかる費用は，以下のとおりですが，書面（謄本）の枚数により，料金が異なります（2021年９月現在)。

定形郵便（封書の基本料金）	84円（25ｇまで）又は94円（50ｇまで）
一般書留 （内容証明は書留扱いとする必要あり）	435円
内容証明	手紙１枚の場合は440円， １枚増すごとに260円増
配達証明	320円

（注）例えば，内容証明の封書（25ｇまで）１通で，配達証明付きの場合は，84円＋435円＋440円＋320円＝1279円となります。

3　電子内容証明サービス（ｅ内容証明）

電子内容証明サービスとは現行の内容証明郵便を電子化し，インターネットを通じて24時間受付を行うサービスです。

このサービスは，差出人から送信された文書を新東京郵便局の電子内容証明システムにて受け付け，その後，電子内容証明の証明文，日付印を文書内に挿入し，受取人宛て正本，差出人宛て謄本を自動印刷し，印刷時に文書が確実にプリントアウトされていることを再電子化してオリジナル電子内容証明文書と照合することにより確認し，自動封入封かんを行い電子内容証明郵便物として発送するというものです。

差出人としては，郵便局に行く手間が省けます。

詳細は，電子内容証明ホームページ（http://www.e-naiyo.post.japanpost.jp/service/enaiyo/）を参照してください。

4　参　考

第２章（消費者契約法）の書式（通知書）についても，証拠を残すためには配達証明付内容証明郵便が最適だと思われます（第４章（割賦販売法）の書式も同じ）。

(6)　クーリング・オフの効果

クーリング・オフの行使により，①契約の申込みの撤回の場合（申込みの撤回を規定しているのは，訪問販売，電話勧誘販売及び訪問購入のみである。）は，その意思表示の効力がなくなり，仮に事業者が承諾をしても契約は成立しないし，また，②契約の解除の場合は，継続的契約以外では契約の成立時に遡って効力が消滅します（継続的契約では，将来に向かって効力がなくなると考えられる。）。

以下，各類型に応じて説明します。

ア　訪問販売，電話勧誘販売の場合

①　販売業者は，受け取った商品・権利の代金全額を速やかに返還する義務があります（民法545条１項）。また，役務供給契約（継続的契約）においても，役務提供事業者は受領済みの金銭を速やかに返還する義務を負います（特商法９条６項，24条６項。これは，既に役務提供があったとしても，クーリング・オフの無条件解除の趣旨から事業者に受領済みの金銭全額の返還義務を課したものである。）。

②　販売業者は消費者に対し損害賠償又は違約金を一切請求できません

（特商法９条３項，24条３項）。

③　消費者も引渡しを受けた商品や移転を受けた権利を返還しなければなりませんが（民法545条１項），その商品・権利の引取費用や返還費用は販売業者の負担となります（特商法９条４項，24条４項）。

④　販売業者は，消費者に対し，消費者が提供を受けた商品・権利の使用利益や役務の対価を請求できません（特商法９条５項，24条５項）。

⑤　役務提供契約又は特定権利の売買契約により工作物の現状に変更が行われた場合，販売業者の費用負担で原状回復を行うよう請求できます（特商法９条７項，24条７項）。

イ　連鎖販売取引の場合

㈠　効　果

①　クーリング・オフ解除された場合，連鎖販売加入者（消費者）は，引渡しを受けている物品・権利を連鎖販売業を行う者に返還する義務を負い，また，連鎖販売業者は，商品代金，権利・役務の対価を受領しているときは，これを連鎖販売加入者に返還する義務があります（民法545条１項）。

なお，連鎖販売取引では，訪問販売・電話勧誘販売のように事業者による商品・権利の使用利益や役務の対価の請求不許の規定（特商法９条５項，24条５項）がないので，消費者は，提供済みの使用利益や役務の対価の返還を要するとするのが立法担当者の見解のようですが，連鎖販売取引の勧誘の不当性が高い場合には，上記の特定商取引法９条５項，24条５項を類推適用し，また，例えば，役務提供の内容が不実告知や故意による事実不告知に及ぶような場合には，役務の客観的価値がないとして，消費者の返還を不要とすべきとする見解が有力です（『条解消費者三法』939頁）。

②　連鎖販売業を行う者は，解除に伴う損害賠償又は違約金の支払を請求できません（特商法40条１項後段）。

③　既に引渡済みの商品の引取費用（送料等）は，連鎖販売業を行う者の負担となります（特商法40条３項）。

(イ)　参考裁判例

裁判例　東京地判平成23年12月19日（判タ1372号143頁）

連鎖販売契約の加入者（原告）がビルベリー飲料の連鎖販売契約につき，特定商取引法律40条1項（クーリング・オフ）に基づく解除を原因とする原状回復請求等として，支払済みの金額から商品の客観的価値を引いた額の返還等を求めた事案において，①加入者が商品を消費していたときでも，他の会員に支払う報酬や連鎖販売業統括者（被告）の利益に相当する額を除いた商品の客観的な価値相当額については，解除権を有する者が自己の行為によって契約の目的物を返還することができなくなったものとして民法548条1項により解除権が消滅するが，残りの部分の解除権は消滅せず，原状回復請求として商品の客観的な価値相当額を超える部分の代金（つまり，契約1口当たり，商品代金26万円から商品の客観的価値相当額1万5000円を差し引いた24万5000円）の返還請求ができると判示し，また，②連鎖販売契約後に新規加入者を勧誘したことを原因として加入者（原告）が統括者（被告）から得た報酬は，連鎖販売契約ではなく新規加入者の勧誘を直接の原因とするものであって，報酬支払の原因となる契約の性質は委任契約に当たり，民法652条により準用される民法620条（解除の将来効）により委任契約の解除は将来に向かってのみその効力を生ずるから，新規加入者の勧誘という委任事務の履行により得た報酬については解除（クーリング・オフ）によっても，統括者（被告）への返還義務は生じないと判示した。

ウ　特定継続的役務提供の場合

(ア)　効　果

① 消費者が受領済みの特定権利や関連商品がある場合には，その返還義務を負う一方，②役務提供事業者，販売業者は受領した代金の返還義務を負います（民法545条1項）。

② 役務提供事業者，販売業者又は関連商品の販売業者は，クーリング・オフに伴う損害賠償又は違約金の支払を請求できません（特商法48条4項）。

③ 特定権利販売契約により移転した権利又は関連商品販売契約により引き渡された関連商品の返還・引取費用は，特定権利や関連商品の販売業

者の負担となります（特商法48条５項）。

④　クーリング・オフの行使時に，既に特定継続的役務提供が行われていたとしても，特定継続的役務提供受領者等に対し，役務提供事業者又は販売業者は，特定継続的役務の対価その他の金銭の支払を請求できず（特商法48条６項），また，役務提供事業者は，当該特定継続的役務提供契約に関連して金銭を受領しているときは，特定継続的役務提供受領者に対し，速やかにこれを返還しなければなりません（特商法48条７項）。

(イ)　参考裁判例

裁判例　東京地判平成26年11月21日（ウエストロー・ジャパン）

原告が，被告（学習塾経営会社）に対し，被告経営の学習塾における授業を原告の娘に受けさせることを内容とする特定継続的役務提供契約につき，特定商取引法48条１項（クーリング・オフ）の規定による解除をしたとして授業料等の返還を求めた事案において，被告は同法42条２項所定の契約書面を原告に交付しておらず，また，原告の娘が実際に数か月間授業を受けていたとしても，原告の請求が信義則違反又は権利の濫用に当たるとはいえないから，同法48条７項の規定により，被告に受領済みの授業料等の返還義務を認めた。なお，同判決は，①被告の授業料返還の際の遅延損害金の利率につき，原告の本件返還請求権は，法律の規定によって発生する債権であって，商行為によって生じた債権又はこれに準ずる債権ではないので，その遅延損害金の利率については，民法所定の年５分となり，また，②被告の本件返還義務が遅滞に陥るのは，役務提供事業者（被告）に対し解除の意思表示が到達した後（遅延損害金の起算日は到達日の翌日）であると解するのが相当であると判示した。

裁判例　東京地判平成21年６月16日（ウエストロー・ジャパン）

控訴人の経営する語学学校の授業料を支払った被控訴人（消費者）が，特定商取引法42条２項に定める法定書面の交付がなかったとして，同法48条１項（クーリング・オフ）により契約を解除したとして支払済み授業料の返還を求めるなどした事案において，本件契約は特定継続的役務提供契約に該当し，同法42条２項の法定書面の交付がないので解除は有効であり，また，被控訴人（消費者）において作成した授業料の返還を求めない旨の誓約書は，同法48条７項に反し，かつ，同法48条８項（クーリング・オフ規定が強行規定であること）により無効であるなどとして，控訴人の支払済み授業料の返還義務を認め，控訴人の控訴を棄却した。

エ　業務提供誘引販売取引の場合

① 業務提供誘引販売契約主体と商品販売契約・役務提供契約の主体が異なる場合（つまり，業務提供誘引販売業者によるあっせんの場合）でも，業務提供誘引販売契約のクーリング・オフによる解除効果は，商品販売契約・役務提供契約（特定負担契約）にも及びます。したがって，消費者（顧客）は商品の売主や役務提供者に対し受領した商品・役務の提供の対価を返還する義務を負い，また，商品の売主や役務提供者は消費者に対し受領済みの代金・対価の返還義務を負います（民法545条１項）。

なお，消費者の提供済みの商品の使用利益や役務の対価の返還については，訪問販売・電話勧誘販売のように事業者による商品の使用利益や役務の対価の請求不許の規定（特商法９条５項，24条５項）がないので問題となりますが，具体的ケースによっては（例えば，勧誘の不当性が高い場合には），特定商取引法９条５項，24条５項を類推適用して，事業者による商品の使用利益や役務の対価の請求は認められない場合も考えられ，また，返還を要する場合でも同法58条の３（業務提供誘引販売契約の解除等に伴う損害賠償等の額の制限）により消費者の負う損害賠償等の金額は制限されると解されます（『条解消費者三法』1166頁②参照）。

② 業務提供誘引販売業者は，クーリング・オフに伴う損害賠償又は違約金の支払を請求できません（特商法58条１項後段）。

③ 既に引き渡された商品の引取費用は，その業務提供誘引販売業者の負担となります（特商法58条３項）。

オ　訪問購入の場合

① 売買契約の相手方（売主）は，転売等による第三者（転売先）が善意無過失である場合を除き，クーリング・オフによる契約の解除をもって，当該第三者に物品の所有権を対抗・主張できます（特商法58条の14第３項）。

なお，第三者が物品を毀損・滅失させた場合（返還の履行不能の場合）は，相手方（売主）は，購入業者に損害賠償を請求することになります（特商法運用通達第5章の2・10(2)(ロ)）。

② 相手方（売主）は，クーリング・オフ期間内は債務不履行に陥ることなく，事業者に対して契約対象である物品の引渡しを拒むことができます（売主の物品引渡拒絶権。特商法58条の15）。

③ 購入業者は，クーリング・オフに伴う損害賠償又は違約金の支払を請求できません（特商法58条の14第4項）。

④ 購入業者が相手方（売主）に代金支払済みである場合において，その代金の返還費用及び利息は，購入業者の負担となります（特商法58条の14第5項）。また，物品が相手方（売主）から既に購入業者（更に対抗できる第三者（転売先））に引き渡されていた場合には，相手方（売主）は購入業者の負担の下に物品の返還を請求できます（『条解消費者三法』1249②頁。特商法運用通達第5章の2・10(3)）。

(7) クーリング・オフが利用できない場合の対処法

無条件の申込みの撤回又は契約の解除制度であるクーリング・オフがその行使期間の経過のため利用できない場合において，他の法的手段を用いて訪問販売等の契約の効力を失わせることなどを考える必要があります。

その場合の主な対処法としては，下表のような方法が考えられます。

【クーリング・オフが利用できない場合の対処法】

① 特定商取引法による①訪問販売，②電話勧誘販売，③連鎖販売取引，④特定継続的役務提供，⑤業務提供誘引販売取引についての不実告知等の取消権の行使（特商法9条の3，24条の3，40条の3，49条の2，58条の2） なお，通信販売と訪問購入には当該取消制度はない。ただし，通信販売について，令和3年改正特定商取引法により，定期購入でないと誤認させる表示等によって申込みをした者に，当該申込みの取消しを認める制度を新設している（15条の4。同規定の施行日は，公布日である令和3月6月16日から起算して1年を超えない範囲内において政令で定める日）。詳細は後記6参照

②　特定商取引法による訪問販売又は電話勧誘販売についての過量販売解除権の行使（特商法９条の２，24条の２。なお，電話勧誘販売による過量販売解除権は平成28年改正により導入された。）。詳細は後記４参照
③　消費者契約法による不実告知等の取消権（消契法４条１項～３項）又は過量販売の取消権（消契法４条４項）の行使
④　消費者契約法による①事業者の損害賠償の責任を免除する条項等の無効（消契法８条），②消費者の解除権を放棄させる条項等の無効（消契法８条の２），③事業者に対し消費者の後見開始の審判等による解除権を付与する条項の無効（８条の３），④消費者が支払う損害賠償の額を予定する条項等の無効（消契法９条），⑤消費者の利益を一方的に害する条項の無効（消契法10条）の主張
⑤　民法95条の錯誤による取消し，民法96条の詐欺・強迫の主張による取消し
⑥　特定商取引法の連鎖販売契約と特定継続的役務提供契約における中途解約権の行使（特商法40条の２，49条）
⑦・　特定商取引法に関する訪問販売等の販売契約に個別クレジット契約を利用している場合，販売契約とともにする個別クレジット契約の過量販売の解除権（割販法35条の３の12） ・　個別クレジット契約の不実告知等の取消権（割販法35条の３の13～35条の３の16）の行使（クレジット代金の既払金の返還請求も可） ・　包括クレジット契約や個別クレジット契約について抗弁の対抗（抗弁の接続）権（割販法30条の４，35条の３の19）の行使

書式16　訪問販売（自宅での勧誘）のクーリング・オフ（契約解除）の通知書の記載例

自宅に来訪した営業社員から磁気治療器の購入を勧誘され，購入契約を締結した事例

東京都○○区○町○丁目○番○号
　○○株式会社

代表取締役　甲野一郎　殿

令和○年○月○日
東京都○○区○町○丁目○番○号
乙野次郎　㊞

通知書

私は，令和○年○月○日，私宅に来た貴社の営業社員の丙野三郎氏に勧められ，貴社との間で磁気治療器１台（価格○万円）を購入する契約を締結しましたが，本日，特定商取引に関する法律第９条第１項に基づき同契約を解除しますので，通知します。

つきましては，当該契約に基づいて貴社に支払った金○万円は，直ちに○○銀行○○支店の乙野次郎名義の普通預金口座（口座番号○○○○○）に振り込むか，上記住所の私宛に送金して返還されるよう請求します。

なお，磁気治療器は，営業社員の丙野三郎氏が私方に置いていかれましたので，早急に貴社の費用負担の下でお引き取りください。(注)

（注）営業社員が置いていった商品は，販売会社の費用負担の下で，その引取りを請求することができます（特商法９条４項）。

書式17　**訪問販売（キャッチセールス）のクーリング・オフ（申込みの撤回）の通知書の記載例**

路上で営業社員から勧誘され，付近の営業所に連れて行かれ，真珠ネックレスの購入契約の申込みをした事例

東京都○○区○町○丁目○番○号
○○株式会社
代表取締役　甲野一郎　殿

令和○年○月○日
東京都○○区○町○丁目○番○号
乙野次郎　㊞

通知書

私は，令和○年○月○日，○○駅前路上で貴社の営業社員の丙野三郎氏に声を掛けられて勧誘され，近くの営業所に連れて行かれ，貴社との間で「真珠ネックレス」（価格○万円）を購入する申込書に記入・署名しました。

同申込書は，丙野三郎氏が持ち帰られましたが，本日，特定商取引に関する法律第９条第１項に基づき申込みを撤回しますので，通知します。

つきましては，上記申込書を速やかに返還されるよう請求します。

書式18　電話勧誘販売のクーリング・オフ（申込みの撤回）の通知書の記載例

電話により健康食品の購入の勧誘を受け，同商品の購入契約の申込みをした事例

東京都○○区○町○丁目○番○号
○○株式会社
代表取締役　甲野一郎　殿

令和○年○月○日
東京都○○区○町○丁目○番○号
乙野次郎　㊞

通知書

私は，令和○年○月○日，電話で貴社の社員丙野三郎氏から健康食品の購入の勧誘を受け，郵送により送付されてきた同商品（代金○万円）購入の申込書に記入・署名し，同月□日に貴社宛に郵送しました。

しかし，私は，本日，特定商取引に関する法律第24条第１項に基づき申込みを撤回しますので，通知します。

つきましては，上記申込書を速やかに返還されるよう請求します。

書式19 連鎖販売取引（マルチ商法）のクーリング・オフ（契約解除）の通知書の記載例

従業員から勧誘を受け，「○○健康食品」の販売員となることを契約し，商品を購入し，保証金を支払った事例

東京都○○区○町○丁目○番○号

○○株式会社

代表取締役　甲野一郎　殿

令和○年○月○日

東京都○○区○町○丁目○番○号

乙野次郎　㊞

通知書

私は，令和○年○月○日，貴社従業員の丙野三郎氏に勧められ，貴社の販売する「○○健康食品」の販売員となることを契約し，同商品500個（代金５万円）を購入し，保証金20万円を支払いました。その際の丙野氏の説明や同氏から交付を受けた貴社の書面によれば，新たに販売員を獲得すれば，当該販売員が支払う保証金の30％がもらえる上に，同販

売員が購入する商品代金の30％をもらえる仕組みになっています。
　これは，連鎖販売取引契約に該当しますので，特定商取引に関する法律第40条第１項に基づき同契約を解除しますので，通知します。
　つきましては，当該契約に基づいて貴社に支払った上記代金全額及び保証金計25万円は，直ちに○○銀行○○支店の乙野次郎名義の普通預金口座（口座番号○○○○○）に振り込むか，上記住所の私宛に送金して返還されるよう請求します。
　なお，引渡しを受けました上記商品は，私宅に保管していますので，速やかに貴社の費用負担の下でお引き取りください。(注)

（注）引渡しを受けた商品は，販売会社の費用負担の下で，その引取りを請求することができます（特商法40条３項）。

書式20　特定継続的役務提供のクーリング・オフ（契約解除）の通知書の記載例

従業員から勧誘され，エステティックサービスを受ける契約を締結した事例

東京都○○区○町○丁目○番○号
　○○株式会社
　代表取締役　甲野一郎　殿

令和○年○月○日
東京都○○区○町○丁目○番○号
乙野春子　㊞

通知書

　私は，令和○年○月○日，貴社従業員の丙野三郎氏に勧められ，貴社との間でエステティックサービスの３か月コースを代金○万円で受ける

契約を締結しましたが，本日，特定商取引に関する法律第48条第１項に基づき同契約を解除しますので，通知します。
　つきましては，当該契約に基づいて貴社に支払った代金○万円は，直ちに○○銀行○○支店の乙野春子名義の普通預金口座（口座番号○○○○○）に振り込むか，上記住所の私宛に送金して返還されるよう請求します。

書式21　業務提供誘引販売取引のクーリング・オフ（契約解除）の通知書の記載例

従業員から勧誘を受け，ホームページ作成のためのパソコン講座を受講すれば，当社がホームページ作成の内職を紹介すると勧誘され，受講契約を締結した事例

東京都○○区○町○丁目○番○号
　○○株式会社
　代表取締役　甲野一郎　殿

令和○年○月○日
東京都○○区○町○丁目○番○号
乙野次郎　㊞

通知書

　私は，令和○年○月○日，貴社従業員の丙野三郎氏から「当社のホームページ作成のためのパソコン講座を受講すれば，当社がホームページ作成の内職を紹介するので，毎月５万円以上の収入を得られるのは確実です。受講料はパソコン購入代金を含めて35万円です。」と勧誘を受け，その場で申込書に記載して同受講の契約を締結し，同年○月□日，貴社

の銀行口座に受講料金35万円を振り込み送金しました。
　しかし，この契約は，特定商取引に関する法律第51条第１項の「業務提供誘引販売取引」に該当しますので，同法律第58条第１項により同契約を解除しますので，通知します。
　つきましては，貴社に支払った上記受講料は，直ちに○○銀行○○支店の乙野次郎名義の普通預金口座（口座番号○○○○○）に振り込むか，上記住所の私宛に送金して返還されるよう請求します。
　なお，引渡しを受けました商品であるパソコン１台は，私宅に保管していますので，速やかに貴社の費用負担の下でお引き取りください。

（注）引渡しを受けた商品は，販売会社の費用負担の下で，その引取りを請求することができます（特商法58条３項）。

書式22 訪問購入のクーリング・オフ（契約解除）の通知書の記載例

自宅に来訪した従業員に貴金属買取りの勧誘を受けて指輪３個を売却した事例

東京都○○区○町○丁目○番○号
　○○株式会社
　代表取締役　甲野一郎　殿

令和○年○月○日
東京都○○区○町○丁目○番○号
乙野次郎　㊞

通知書

　私は，令和○年○月○日，自宅に来た貴社従業員の丙野三郎氏から「貴金属がありましたら，高額で買い取ります。」と勧誘を受け，貴社との間で純金の指輪３個を代金○万円で売却する契約を締結しました。

　しかし，この契約は，特定商取引に関する法律第58条の４第１項の「訪問購入」に該当しますので，同法律第58条の14第１項に基づき同契約を解除しますので，通知します。
　つきましては，私が引渡しをした指輪３個は，速やかに貴社の費用負担の下で返還されるよう請求します。
　また，お支払を受けた代金○万円については，上記指輪３個の返還があり次第，貴社の費用負担の下で貴社の指定口座に振り込み送金してご返還いたします。(注)

(注) 購入業者が相手方（売主）に代金支払済みである場合において，その代金の返還費用及び利息は，購入業者の負担となります（特商法58条の14第５項）。同様に，既に引渡済みの物品の返還費用も，その返還義務を負う購入業者の負担となります。

書式23　最低限の要件を記載した販売会社宛てのクーリング・オフ（契約解除）のはがきの記載例（訪問購入を除く。）

通知書

次の契約を解除します。

契約年月日　令和○年○月○日
商品名　○○○○
契約金額　○○○○円
販売会社　株式会社○○　□□営業所
担当者　○○○○

なお，支払済みの代金○○○○円は直ちに返金してください。また，引渡しを受けた商品は速やかに引き取ってください。

令和○年○月○日

東京都○○区○町○丁目○番○号
氏名　○○○○　㊞

書式24 最低限の要件を記載した買取業者宛てのクーリング・オフ（契約解除）のはがきの記載例（訪問購入の場合）

通知書

次の契約を解除します。

契約年月日　令和○年○月○日
商品名　○○○○
契約金額　○○○○円
買取業者　株式会社○○　□□営業所
担当者　○○○○

なお，私が引き渡した商品を返還してください。また，お支払いを受けた代金は，上記商品の返還があり次第，返金いたします。

令和○年○月○日

東京都○○区○町○丁目○番○号
氏名　○○○○　㊞

3 通信販売における法定返品権と送り付け商法（ネガティブオプション）の場合

(1) 通信販売における法定返品権（クーリング・オフの類似制度）

通信販売は，事業者が新聞，雑誌，インターネット等で広告し，商品，特定権利の販売又は役務の提供を行う取引のことをいいますが，クーリング・オフ制度はありません。しかし，特定商取引法は，消費者に対して，商品引渡し又は特定権利の移転を受けた日から８日間は申込みの撤回又は売買契約の解除ができるという法定返品権を認めています（特商法15条の３第１項。なお，役務には返品制度はない。）。この場合，返品に関する費用は，売主ではなく，購入者の負担となります（特商法15条の３第２項）。

ただし，事業者が通信販売に関する広告等において，これと異なる特約をしている場合，当該特約（例えば，返品を認めない特約）に従うことになります（特商法15条の３第１項ただし書）。通信販売においては，購入前に現物での確認ができないので，特に指輪・ブレスレット等の貴金属類や衣服などは，必ず広告等で返品可能かどうかの確認をする必要があります。

書式25 通信販売における契約解除の通知書の記載例

テレビショッピングで指輪１個を購入した事例

東京都○○区○町○丁目○番○号
　○○株式会社
　代表取締役　甲野一郎　殿

令和○年○月○日
東京都○○区○町○丁目○番○号
乙野次郎　㊞

通知書

> 私は，令和○年○月○日，テレビショッピングにより貴社から指輪1個を代金○万円で購入しましたが，特定商取引法第15条の3第1項により当該購入契約を解除しますので，通知します。
>
> つきましては，貴社に支払った上記購入代金は，直ちに○○銀行○○支店の乙野次郎名義の普通預金口座（口座番号○○○○○）に振り込むか，上記住所の私宛に送金して返還されるよう請求します。
>
> なお，引渡しを受けました指輪は，返金があり次第，当方の送料負担で返還いたします。(注)

（注）返品に関する費用は，購入者の負担となります（特商法15条の3第2項）。

(2) 送り付け商法（ネガティブオプション）

送り付け商法（ネガティブオプション。注文していないのに一方的に商品を送り付ける商法）については，その性質上クーリング・オフはありません。この点につき，旧特定商取引法59条1項では，商品の受領日から14日間の保管後は処分等が可能である旨規定していましたが，令和3年改正特定商取引法59条1項では，送付した事業者は返還請求をすることができないことに改正されたため，消費者が直ちに処分すること等が可能になりました（改正同条は令和3年7月6日から施行済み）。

また，令和3年改正特定商取引法59条の2は，販売業者が，売買契約の成立を偽ってその売買契約に係る商品を送付した場合には，その送付した商品の返還を請求することができないことを規定しています。これは，宅配を利用した代引きを悪用するケース等に対応するためのものです（改正同条も令和3年7月6日から施行済み）。

4　過量販売解除権（訪問販売と電話勧誘販売のみ）

(1) 概　要

ア　訪問販売又は電話勧誘販売により通常必要とする分量を著しく超える

商品・権利の売買契約等を締結したときは，購入者は，個別の勧誘方法の違法性を証明することなく売買契約等を解除できます（特商法９条の２，24条の２）。なお，電話勧誘販売による過量販売解除権は，平成28年改正により認められたものです。

イ　販売者の過量性の認識については，①１回の取引で過量となる場合（単一契約型）は不要ですが（特商法９条の２第１項１号，24条の２第１項１号），②申込者の過去の取引の累積を前提にして過量になる場合や過去の取引の累積が既に過量になっている場合（複数契約型）には，今回の販売者には過量の認識が必要です（特商法９条の２第１項２号，24条の２第１項２号。この場合の過量性の認識の立証責任は購入者側にある。）。複数契約型の場合において，今回の販売者に過量の認識がないときは，購入者は過量販売の解除権の行使が認められないことになります。

ウ　過量販売の解除権の行使期間は，契約の締結の時から１年（除斥期間）です（特商法９条の２第２項，24条の２第２項）。

解除権を行使した場合において，既に商品の引渡しや権利の移転がなされている場合には，その引取り又は返還に要する費用は販売業者の負担となります（特商法９条の２第３項，24条の２第３項）。

(2) 個別クレジット契約の取消しとの連動性

過量販売に該当する訪問販売契約又は電話勧誘販売契約に利用した個別クレジット契約についても，同時に申込みの撤回又は解除をすることができます（割販法35条の３の12）。なお，電話勧誘販売契約に利用した個別クレジット契約の解除権は，平成28年改正の割賦販売法によって認められたものです。

割賦販売法の過量販売の解除権の行使期間は，契約の締結の時から１年（除斥期間）です（割販法35条の３の12第２項）。

(3) 消費者契約法による過量契約の取消し

また，消費者契約法４条４項により，過量契約一般について取消しが認められています。消費者契約法の過量契約の取消権の行使期間は，追認をすることができる時から１年間（短期時効），契約の締結の時から５年（長期時効）です（消契法７条）。

なお，消費者契約法，特定商取引法及び割賦販売法による過量販売契約についての比較については，第２章第４，２(3)を参照してください。

5 訪問販売等における不実告知及び故意による事実不告知による取消権

(1) 概　要

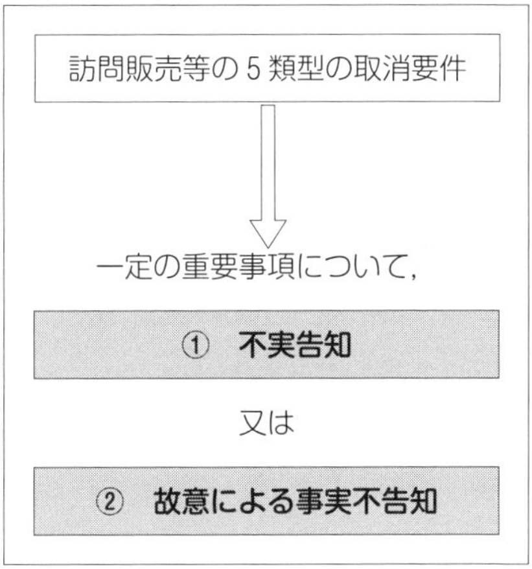

①訪問販売，②電話勧誘販売，③連鎖販売取引，④特定継続的役務提供，⑤業務提供誘引販売取引（５類型）においては，上記のクーリング・オフのほかに，事業者が，勧誘の際に，一定の重要事項について，(a)不実のことを告げ（不実告知），又は(b)不利な内容をわざと説明しないこと（故意による事実不告知）により，消費者が誤認して契約をしたときは，当該契約を取り消すことができます（①につき特商法９条の３，②につき24条の３，③につき40条の３，④につき49条の２，⑤につき58条の２）。

なお，通信販売について，令和３年改正特定商取引法により，定期購入でないと誤認させる表示等によって申込みをした者に，当該申込みの取消しを認める制度を新設しています（15条の４。この点は後記６参照）。

訪問購入には，このような取消制度はありません。

(2) 消費者契約法４条２項の「不利益事実の不告知」による取消権との違い

消費者契約法４条１項から３項までにも同様な取消制度がありますが，同法４条２項の「不利益事実の不告知」と上記(b)の「故意による事実不告知」

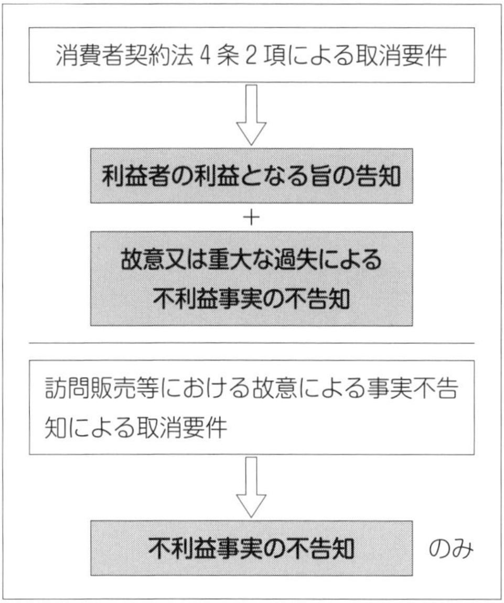

とは要件が異なります。前者の「不利益事実の不告知」は，不利益事実を故意又は重大な過失によって告知しなかったという要件のほか，「消費者の利益」となる旨の告知が要件となりますが，上記(b)の「故意による事実不告知」では，不利益事実の不告知で足ります（第2章第4，2(1)ウ参照）。

(3) 特定商取引法上の不実告知又は故意による事実不告知の対象事由

ア　5類型の各対象事由

(ア)　①訪問販売，②電話勧誘販売，③連鎖販売取引，④特定継続的役務提供，⑤業務提供誘引販売取引における不実告知又は故意による事実不告知の対象事由は，次の表のとおりです。

【訪問販売，電話勧誘販売における不実告知又は故意による事実不告知の対象事由（特商法6条1項・2項，21条1項・2項）】（注）

①　商品の種類・性能・品質又は権利・役務の種類及びこれらの内容その他特定商取引法施行規則6条の2又は同規則22条の2で定める事項（商品の効能・商標・製造者名・販売数量等。各1項1号）
②　商品・権利の販売価格又は役務の対価（各1項2号）
③　商品若しくは権利の代金又は役務の対価の支払の時期及び方法（各1項3号）
④　商品の引渡時期，権利の移転時期，役務の提供時期（各1項4号）
⑤　当該売買契約・当該役務提供契約の申込みの撤回又は当該売買契約・当該役務提供契約の解除に関する事項（クーリング・オフについての9条1項～7

項又は24条１項～７項までの規定に関する事項（26条２項・４項・５項の規定の適用がある場合にあっては，当該各項の規定に関する事項を含む。各１項５号）
⑥　顧客が当該売買契約・当該役務提供契約の締結を必要とする事情に関する事項（各１項６号）→ただし，故意による事実不告知については，取消しの対象事由とはならない（各２項）。
⑦　前各号に掲げるもののほか，当該売買契約・当該役務提供契約に関する事項であって，顧客・購入者・役務の提供を受ける者の判断に影響を及ぼすこととなる重要なもの（包括条項。各１項７号）→ただし，故意による事実不告知については，取消しの対象事由とはならない（各２項）。

(注) 不実告知については，当該表の全事由が取消しの対象となりますが（特商法９条の３第１項１号，６条１項，24条の３第１項１号，21条１項），故意による事実不告知については，当該表の①～⑤の事由のみが取消しの対象となります（特商法９条の３第１項２号，６条２項，24条の３第１項２号，21条２項）。

【連鎖販売取引における不実告知又は故意による事実不告知の対象事由（特商法34条１項・２項）】(注)

①　商品（施設を利用し及び役務の提供を受ける権利を除く。）の種類・性能・品質，施設を利用し又は役務の提供を受ける権利，役務の種類及びこれらの内容その他特定商取引法施行規則24条の２で定める事項（商品の効能・商標・製造者名・販売数量等。１項１号）
②　当該連鎖販売取引に伴う特定負担に関する事項（１項２号）
③　当該契約の解除に関する事項（クーリング・オフについての40条１項～３項まで及び中途解約についての40条の２第１項～５項までの規定に関する事項を含む。１項３号）
④　その連鎖販売業に係る特定利益に関する事項（１項４号）
⑤　前各号に掲げるもののほか，その連鎖販売業に関する事項であって，連鎖販売取引の相手方の判断に影響を及ぼすこととなる重要なもの（包括条項。１項５号）

(注) ⒜統括者及び勧誘者は，当該表の全事由につき不実告知及び故意による事実不告知の双方が取消しの対象となりますが（特商法40条の３第１項１号・２号，34条１項），⒝一般連鎖販売業者は，当該表の全事由につき不実告知のみが取消しの対象となります

（特商法40条の3第1項3号，34条2項）。

【特定継続的役務提供における不実告知又は故意による事実不告知の対象事由（特商法44条1項・2項）】（注）

①　役務・役務の提供を受ける権利の種類及びこれらの内容又は効果（権利の場合にあっては，当該権利に係る役務の効果）その他これらに類するものとして主務省令で定める事項（1項1号）――現在，省令の規定はない。
②　役務の提供・権利の行使による役務の提供に際し，当該役務の提供を受ける者又は当該権利の購入者が購入する必要のある商品（関連商品）がある場合には，その商品の種類・性能・品質その他特定商取引法施行規則37条の2で定める事項（商品の効能・商標・製造者名・販売数量等。1項2号）
③　役務の対価・権利の販売価格その他の役務の提供を受ける者又は役務の提供を受ける権利の購入者が支払わなければならない金銭の額（1項3号）
④　前号に掲げる金銭の支払の時期及び方法（1項4号）
⑤　役務の提供期間又は権利の行使により受けることができる役務の提供期間（1項5号）
⑥　当該特定継続的役務提供等契約の解除に関する事項（クーリング・オフについての48条1項～7項まで及び中途解約についての49条1項～6項までの規定に関する事項を含む。1項6号）
⑦　顧客が当該特定継続的役務提供等契約の締結を必要とする事情に関する事項（1項7号）→ただし，故意による事実不告知については，取消しの対象事由とはならない（2項）。
⑧　前各号に掲げるもののほか，当該特定継続的役務提供等契約に関する事項であって，顧客・特定継続的役務の提供を受ける者・特定継続的役務の提供を受ける権利の購入者の判断に影響を及ぼすこととなる重要なもの（包括条項。1項8号）→ただし，故意による事実不告知については，取消しの対象事由とはならない（2項）。

（注）不実告知については，当該表の全事由が取消しの対象となりますが（特商法49条の2第1項1号，44条1項），故意による事実不告知については，当該表の①～⑥の事由のみが取消しの対象となります（特商法49条の2第1項2号，44条2項）。

【業務提供誘引販売取引における不実告知又は故意による事実不告知の対象事由（特商法52条１項）】(注)

①　商品（施設を利用し及び役務の提供を受ける権利を除く。）の種類・性能・品質又は施設を利用し若しくは役務の提供を受ける権利若しくは役務の種類及びこれらの内容その他特定商取引法施行規則39条の３で定める事項（商品の効能・商標・製造者名・販売数量等。１号）
②　当該業務提供誘引販売取引に伴う特定負担に関する事項（２号）
③　当該契約の解除に関する事項（クーリング・オフに関する特商法58条１項～３項までの規定に関する事項を含む。３号）
④　その業務提供誘引販売業に係る業務提供利益に関する事項（４号）
⑤　前各号に掲げるもののほか，その業務提供誘引販売業に関する事項であって，業務提供誘引販売取引の相手方の判断に影響を及ぼすこととなる重要なもの（包括条項。５号）

（注）当該表の①～⑤までの全事項が不実告知又は故意による事実不告知の対象事由となり，取消しが可能です（特商法58条の２第１項，52条１項）。

(イ)　このように訪問販売と電話勧誘販売の対象事由は同じですが，連鎖販売取引，特定継続的役務提供及び業務提供誘引販売取引の対象事由は，これらの取引の性質の違いから異なります。

ただし，いずれの取引も，基本的には，①消費者の購入又は提供を受ける商品の種類・性能・品質又は権利・役務の種類，②商品・権利の販売価格又は役務の対価，その支払の時期・方法，商品の引渡時期・権利の移転時期・役務の提供時期（連鎖販売取引及び業務提供誘引販売取引では特定負担に関する事項），③クーリング・オフに関する事項ほか，④当該販売・取引契約に関して購入者等の判断に影響を及ぼすこととなる重要事項（契約内容等についての動機に関する重要事項を含む。）が対象事由となります。

したがって，例えば，「市場流通性が全くない山林について，売却可能であるなどと不実のことを言い，これを信用して誤認した消費者に当該山林を購入させた」という事案の場合には，消費者の購入動機の判断を誤らせたという点で，「購入者等の判断に影響を及ぼすこととなる重要事項の不実告知」として取消しの対象となります。

なお，訪問販売，電話勧誘販売及び特定継続的役務提供については，上記④の事項（当該売買契約・提供契約に関して購入者等の判断に影響を及ぼすこととなる重要事項）及び契約の締結を必要とする事情に関する事項は，故意による事実不告知の対象事由とはされていません（特商法９条の３第１項２号，24条の３第１項２号，49条の２第１項２号）。

イ　連鎖販売取引の特殊性

連鎖販売取引では，①統括者（一連の連鎖販売業を実質的に統括する者）及び勧誘者（統括者がその統括する一連の連鎖販売業に係る連鎖販売取引について勧誘を行わせる者（つまり，統括者から委託や指示を受けて連鎖販売取引の勧誘を行う者））は，特定商取引法34条１項の重要事項につき不実告知及び故意による事実不告知の双方が取消しの対象となりますが（特商法40条の３第１項１号・２号），②一般連鎖販売業者（統括者又は勧誘者以外の者であって，連鎖販売業を行う者）は，34条１項の重要事項につき不実告知のみが取消しの対象となります（特商法40条の３第１項３号）。

ただし，連鎖販売加入者（消費者）と連鎖販売契約を締結した相手方（統括者，勧誘者又は一般連鎖販売業者）が，当該連鎖販売契約の締結の当時，他の統括者，勧誘者又は一般連鎖販売業者が不実告知や故意による事実不告知により勧誘した事実を善意かつ無過失により知らなかったときは，連鎖販売加入者（消費者）には，不実告知等による取消しは認められません（特商法40条の３第１項柱書きのただし書。なお，同ただし書は，「知らなかったとき」とあるが，立法担当者はこの趣旨は善意かつ無過失であるとする（特商法運用通達第３章13(3))。）。この規定は，民法96条２項の第三者詐欺の規定（他の統括者等が第三者）と平仄を合わせたものと解されますが，要件の厳格性等から実際に適用される場面はほとんどないと考えられます（『条解消費者三法』957頁以下）。

(4) 平成28年改正消費者契約法における「重要事項」の改正

平成28年改正消費者契約法は，４条５項（４項から５項に移行）中に３号を新設し，「物品，権利，役務その他の当該消費者契約の目的となるものが当該消費者の生命，身体，財産その他の重要な利益についての損害又は危険を回避するために通常必要であると判断される事情」が，不実告知についての「重要事項」に付加され，動機に関する事項（契約締結時に前提とした事項）も「重要事項」に含まれることになったので，特定商取引法の取消制度とほぼ同程度の消費者保護が図られるようになったと考えられます（第２章第４，１(4)参照）。

(5) 特定商取引法上の取消権の行使期間と行使方法

この取消権は，誤認に気付いた時から１年間行使しないときは時効消滅し，また，契約締結の時から５年を経過したときは行使できなくなります（特商法９条の３第４項，24条の３第２項，40条の３第２項，49条の２第２項，58条の２第２項）。

取消権の行使方法については，クーリング・オフと異なり，書面による必要はありませんが，発信主義ではなく，事業者に到達しなければ取消しの効力がありません（民法97条１項）。

(6) 特定商取引法上の取消権の効果

取消権を行使したときは，販売契約等は最初から無効であったことになり（民法121条），契約当事者である消費者及び事業者は，相互に既に履行を受けたものを不当利得（民法703条）として返還する義務があります。

そして，取消権を行使した消費者の返還義務は平成29年改正前民法の規定によれば，給付の時に取消原因があることを知らなかった消費者は，現存利益の範囲で返還義務を負うことになります（民法703条）。

しかし，平成29年改正民法121条の２第１項によれば，双方の当事者が原則として原状回復義務を負うことになります。そのため，例えば，消費者が受領した商品を費消した場合，取り消した場合にも費消した分の客観的価値を返還しなければならなくなり，その分の代金を支払ったのと同じ結果になり，不当勧誘行為の結果を容認することになりかねません。

そこで，平成28年改正特定商取引法は，その特則として，給付を受けた消費者が契約を取り消した場合において，給付の時に取消原因があることを知らなかったときは，当該契約による現存利益の限度で返還の義務を負うことを規定しています（特商法９条の３第５項，24条の３第２項，40条の３第２項，49条の２第２項，58条の２第２項。なお，これらの施行日は令和２年４月１日）。

(7) 善意かつ無過失の第三者保護規定

特定商取引法上の取消しは，これをもって善意でかつ無過失の第三者に対抗することができません（特商法９条の３第２項，24条の３第２項，40条の３第２項，49条の２第２項，58条の２第２項）。この第三者保護規定は，消費者契約法４条６項（消費者契約の取消しにおける善意・無過失の第三者の保護規定）と同趣旨です。

(8) 民法96条と特定商取引法上の取消権の関係

特定商取引法上の取消権は，民法96条の規定（詐欺・強迫による意思表示）の適用を排除するものではなく，消費者は，特定商取引法上の取消権の行使もできるし，また，民法96条によりその取消しを主張することもできます（特商法９条の３第３項，24条の３第２項，40条の３第２項，49条の２第２項，58条の２第２項）。なお，消費者契約法６条にも同趣旨の規定があります。

書式26　特定商取引法に基づく「不実告知」による取消しの通知書の記載例

自宅に来た従業員から，法律上の設置義務があると不実告知を受けて消火器を購入した後，不実告知を理由に購入契約の取消しの通知をした事例

東京都○○区○町○丁目○番○号
　○○株式会社
　代表取締役　甲野一郎　殿

令和○年○月○日
東京都○○区○町○丁目○番○号
乙野次郎　㊞

通知書

私は，令和○年○月○日，私宅に来た貴社従業員の丙野三郎氏から，「法律により各家庭に消火器を設置しなければならなくなったので，１本買ってほしい。」と勧められ，貴社との間で消火器１本（代金○万円）で購入する契約を締結し，代金をその場で支払いました。しかし，その後，関係当局に問い合わせしたところ，家庭において消火器の設置義務はないということでした。

私は，丙野氏の話を信用し，法律上の設置義務があると誤認して消火器を購入したものであり，これは，特定商取引に関する法律第９条の３第１項第１号の不実の告知に当たります。

よって，本書面をもって特定商取引に関する法律第９条の３第１項に基づき，上記購入契約を取り消しますので，通知します。

つきましては，貴社に支払済みの代金○万円は，本書面到達後７日以内に○○銀行○○支店の乙野次郎名義の普通預金口座（口座番号○○○○○）に振り込んで返還されるよう請求します。

6　通信販売における契約の申込みの意思表示の取消し

(1)　通信販売における契約の申込みの取消権

令和３年改正特定商取引法12条の６第１項は，「販売業者又は役務提供事業者は，当該販売業者若しくは当該役務提供事業者若しくはそれらの委託を受けた者が定める様式の書面により顧客が行う通信販売に係る売買契約若しくは役務提供契約の申込み」，又は「当該販売業者若しくは当該役務提供事業者若しくはそれらの委託を受けた者が電子情報処理組織を使用する方法その他の情報通信の技術を利用する方法により顧客の使用に係る電子計算機の映像面に表示する手続に従って顧客が行う通信販売に係る売買契約若しくは役務提供契約の申込み」（以下「特定申込み」と総称する。）を受ける場合には，当該特定申込みに係る書面又は手続が表示される映像面に，①当該売買契約に基づいて販売する商品・特定権利又は当該役務提供契約に基づいて提供する役務の分量（1号），②当該売買契約・当該役務提供契約に係る11条1号から5号までに掲げる事項（2号。なお，11条1号は商品・権利の販売価格又は役務の対価等，2号は商品・権利の代金又は役務の対価の支払の時期・方法，3号は商品の引渡時期・権利の移転時期又は役務の提供時期，4号は商品・特定権利の売買契約又は役務提供契約に係る申込みの期間に関する定めがあるときは，その旨及びその内容，5号は商品・特定権利の売買契約又は役務提供契約の申込みの撤回又は売買契約の解除に関する事項）を表示しなければならないことを規定（新設）し，また，12条の6第2項は，販売業者・役務提供事業者は，特定申込みに係る書面又は手続が表示される映像面において，①当該書面の送付又は当該手続に従った情報の送信が通信販売に係る売買契約又は役務提供契約の申込みとなること（1号），及び②前項各号に掲げる事項（2号）につき，人を誤認させるような表示をしてはならないことを規定（新設）しています。

同条を受けて，令和3年改正特定商取引法15条の4第1項は，通信販売における契約の申込みの意思表示の取消制度を新設しました。すなわち，同条は，特定申込みをした者は，次表のとおり，販売業者・役務提供事業者が当該特定申込みを受けるに際し不実の表示をする行為等をしたことにより，当該表示が事実である等との誤認をし，それによって当該特定申込みの意思表示をしたときは，これを取り消すことができることを規定しています。

なお，同条は，主に近年急激に消費生活相談件数が増加していた，通信販売における「詐欺的な定期購入商法」の対策として設けられたものです。例えば，ＳＮＳの広告で，①健康食品や化粧品等の商品を「初回無料」や「お試し」と宣伝しておきながら，実際には定期購入が条件であったとか（その中には，定期購入であることの表示が全くないもの，あるいは，定期購入であることなどの契約条件が非常に小さい文字で表示するなど，定期購入であることに気付きにくい方法で表示して，消費者に定期購入でないと誤認させて定期購入契約の申込みをさせるものがある。），②いつでも解約可能といっておきながら，実際には解約に細かい条件があるといった手口が増加していたため，これを防止するため，申込者に取消権を認めたものです。

【通信販売における特定申込みの意思表示の取消事由（令和３年改正特商法15条の４第１項）】

	販売業者等の表示又は不表示行為	それによる特定申込者の誤認内容
①	令和３年改正特商法12条の６第１項の規定に違反して不実の表示をする行為	当該表示が事実であるとの誤認（１号）
②	同法12条の６第１項の規定に違反して表示をしない行為	当該表示がされていない事項が存在しないとの誤認（２号）
③	同法12条の６第２項１号に掲げる表示をする行為	同号に規定する書面の送付又は手続に従った情報の送信が通信販売に係る売買契約又は役務提供契約の申込みとならないとの誤認（３号）
④	同法12条の６第２項２号に掲げる表示をする行為	同法12条の６第１項各号に掲げる事項についての誤認（４号）

書式27　通信販売における特定申込みの意思表示の取消しの通知書の記載例

ＳＮＳの広告で，健康食品を「初回無料」で提供するという宣伝であり，定期購入ではないものと誤認して，結果的に定期購入の申込みをしたため，当該誤認を理由に定期購入契約の申込みの取消しの通知をした事例

東京都○○区○町○丁目○番○号
　○○株式会社
　代表取締役　甲野一郎　殿

令和○年○月○日
東京都○○区○町○丁目○番○号
乙野次郎　　㊞

通知書

私は，貴社のＳＮＳの広告で，健康食品を「初回無料」で提供すると宣伝していたので，初回だけ無料で提供を受ける意思でおり，その申込みをそのサイト内でしました。私は，この申込みが定期購入契約の申込みになるなどとは全く思っていませんでした。今回，改めて，このサイトを見ますと，申込みが定期購入であると非常に小さな文字で表示されており，定期購入であると気付きにくい方法で表示されているもので，消費者に定期購入契約の申込みとならないとの誤認をさせるものです。

これは，特定商取引に関する法律第15条の４第１項第３号の取消事由に該当します。

よって，本書面をもって特定商取引に関する法律第15条の４第１項に基づき，上記申込みを取り消しますので，通知します。

(2) 特定申込者の取消権についての準用規定等

ア　特定申込者の取消権についての準用規定

令和３年改正特定商取引法15条の４第２項は，前項の規定による特定申込みの意思表示の取消しについて，特定商取引法９条の３第２項から５項までの規定が準用されることを規定しています。これにより，特定申込みの意思表示の取消しについては，①特定申込みの意思表示の取消しは，これをもって善意かつ無過失の第三者に対抗することができないこと（特商法９条の３第２項の準用），②令和３年改正特定商取引法15条の４第１項の規定は，特定申込みの意思表示につき，民法96条（詐欺による意思表示の取消し）の規定の適用を妨げるものではないこと（特商法９条の３第３項の準用），③特定申込みの取消権は，追認できる時（つまり，誤認に気付いた時）から１年間で時効消滅し，また，当該売買契約又は当該役務提供契約の締結時から５年を経過したときも，同様とすること（特商法９条の３第４項の準用），④民法121条の２第１項の規定（無効な行為に基づく債務の履行としての給付については，相互に原状回復義務を負う旨の規定）にかかわらず，通信販売に係る売買契約又は役務提供契約に基づく債務の履行として給付を受けた特定申込者が申込みの意思表示を取り消した場合において，給付の時に取消原因があることを知らなかったときは，当該契約による現存利益の限度で返還の義務を負うこと（特商法９条の３第５項の準用）になります。

イ　不実告知の禁止

令和３年改正特定商取引法13条の２は，販売業者等が，通信販売に係る売買契約又は役務提供契約の申込みの撤回等を妨げるため，当該契約の申込みの撤回等に関する事項又は顧客が当該契約の締結を必要とする事情に関する事項につき，不実のことを告げる行為を禁止する規定を新設しています。

ウ　罰　則

令和３年改正特定商取引法では，同法13条の２（不実告知の禁止）の規定に違反したとき（70条１号），同法12条の６第１項の規定に違反して，表示せず，又は不実の表示をしたとき（70条２号）などの場合には，個人に対しては３年以下の懲役か300万円以下の罰金，法人に対しては１億円以下の罰金を科すことにしました（70条１号・２号，74条１項２号）。

(3) 令和３年改正特定商取引法の施行日

上記(1)及び(2)に関する令和３年改正特定商取引法は，公布日（令和３月６月16日）から起算して１年を超えない範囲内において，政令で定める日から施行されます。

7　中途解約権（連鎖販売契約及び特定継続的役務提供契約に限る。）

連鎖販売取引及び特定継続的役務提供においては，連鎖販売加入者（連鎖販売契約の相手方であって，連鎖販売業に係る商品の販売・そのあっせん，役務の提供・

そのあっせんを店舗等によらないで行う個人）又は特定継続的役務の提供を受ける者は，クーリング・オフ期間の経過後も将来に向かって連鎖販売契約又は特定継続的役務提供契約を，理由を問わず解除（中途解約）することができます（特商法40条の２，49条）。

この場合，いずれも事業者には損害賠償額の上限が定められています。

なお，特定継続的役務提供では，関連商品の販売契約も役務提供契約とともに解除（中途解約）できますし（特商法49条５項），また，連鎖販売取引でも，一定の条件の下で特定負担に係る商品の販売契約を解除（中途解約）できます（特商法40条の２第２項・４項，特商令10条の２）。

この中途解約権を認める規定は強行法規であり，消費者に不利な特約は無効です（特商法40条の２第６項，49条７項）。

8　適格消費者団体による差止請求

(1)　差止請求の内容

訪問販売，通信販売，電話勧誘販売，連鎖販売取引，特定継続的役務提供，業務提供誘引販売取引，訪問購入の７類型の取引については，消費者の被害の発生又は拡大を防止するため，適格消費者団体は，事業者が不特定かつ多数の者に対し，①契約を締結のための勧誘をする際に不実を告げ，又は故意に事実を告げない行為，②契約を締結するためやその解除を妨げるために威迫・困惑させる行為，③消費者に不利な特約や契約解除に伴う損害賠償額の制限に反する特約を含む契約の締結行為を，現に行い又は行うおそれがあるときは，事業者に対し，その行為の停止・予防，その他の必要な措置をとることを請求できます（特商法58条の18～58条の25。なお，58条の25は適用除外規定である。）。

なお，令和３年改正特定商取引法58条の19により，通信販売につき，定期購入でないと誤認させる表示や解除の妨害等を適格消費者団体の差止請求の対象に追加しています。

(2) 適格消費者団体への情報提供制度の創設

令和３年改正特定商取引法58条の26は，消費者安全法11条の７第１項に規定する消費生活協力団体及び消費生活協力員は，適格消費者団体が差止請求をする権利を適切に行使するために必要な限度において，当該適格消費者団体に対し，情報を提供することができることを定めています（同改正法の施行日は，公布日（令和３年６月16日）から起算して１年を超えない範囲内において政令で定める日）。

この情報提供制度は，適格消費者団体が差止請求権を適切に行使することを確保するものです。

第4章

割賦販売法

第1 割賦販売法の目的及びその成立・改正の概要

1 割賦販売法の目的

割賦販売法は，割賦販売等に係る取引の公正の確保，購入者等が受けることのある損害の防止及びクレジットカード番号等の適切な管理措置を講ずることにより，割賦販売事業の健全な発達を図るとともに，購入者等の利益を保護することなどを目的とします（割販法１条）。

2 成立・改正の概要

(1) 成　立

同法は，昭和36年12月に施行された法律であり，昭和47年にクーリング・オフ制度が採用され，また，昭和59年に割賦購入あっせんについて抗弁の対抗（接続）規定，契約締結前の契約条件表示義務，契約締結時の書面交付義務，クレジットカード業者の登録制などの規定が追加されました。

(2) 平成20年６月改正

その後，平成20年６月に大改正（基本部分は平成21年12月１日施行，指定信用情報機関の運用開始を前提とする過剰与信防止義務や調査記録作成義務に関する行政規制は平成22年12月17日施行）が行われました。

ア　個別式のクレジットを利用した悪質商法が社会問題化したことを背景

に，規制からの抜け穴を解消し，また，クレジット規制が強化されました。

主要な改正点は，下表のとおりです。

【平成20年６月改正の主要点】

１　規制からの抜け穴の解消
①　包括信用購入あっせん（以下「包括クレジット」という。）及び個別信用購入あっせん（以下「個別クレジット」という。）について，原則として，指定商品・指定役務制を廃止し，原則全ての商品・役務を扱う取引を規制対象にした（２条３項・４項）。
②　その上で，クーリング・オフになじまない商品・役務（例：乗用自動車，葬儀，化粧品等）等は，規制対象から除外した（35条の３の60）。なお，信用購入あっせんについては，不動産の販売契約を規制対象から除外した（35条の３の60第１項６号・２項６号）。
③　信用購入あっせんの適用につき，割賦要件を廃止し，２か月以上後の１回払い，２回払いも規制対象にした（従前は２か月以上かつ３回払い以上）（２条３項・４項）。
２　クレジット規制の強化
①　個別クレジットを行う事業者を登録制の対象とし，行政による監督規定を導入する（35条の３の23等）。
②　個別クレジット業者に訪問販売等を行う加盟店の行為について調査することを義務付け，不適正な勧誘があれば，消費者へ与信することを禁止する（35条の３の５～35条の３の７）。
③　個別クレジット契約を訪問販売，電話勧誘販売，特定連鎖販売個人契約，特定継続的役務提供等契約，業務提供誘引販売個人契約（特定商取引法に規定する５類型）に利用した場合は，販売契約とともに個別クレジット契約もクーリング・オフできる（35条の３の10，35条の３の11）。
④　個別クレジット契約を訪問販売に利用した場合で，販売契約が特定商取引法による過量販売解除となるときは，個別クレジット契約も解除でき，既払金の返還請求もできる（35条の３の12）。
⑤　個別クレジット契約を電話勧誘販売，特定連鎖販売個人契約，特定継続的役務提供等契約，業務提供誘引販売個人契約（特定商取引法に規定する５

類型）に利用した場合で，販売契約が不実告知又は故意による事実不告知により取消しとなるときは，個別クレジット契約も取消しでき，既払金の返還請求もできる（35条の３の13〜35条の３の16）。

⑥　包括・個別クレジット業者に対し，指定信用情報機関を利用した支払能力調査を義務付けるとともに，支払能力を超える与信契約の締結を禁止する（30条の２，30条の２の２，35条の３の３，35条の３の４，35条の３の36〜35条の３の59）。

イ　なお，割賦購入あっせんについて，割賦要件が廃止されたことに伴い，用語も，①「総合割賦購入あっせん」が「包括信用購入あっせん」に，②「個品割賦購入あっせん」が「個別信用購入あっせん」に変更されました（その他，割賦購入あっせんに関する用語例の変更は下表のとおりである。）。

【信用購入あっせんに関する用語例】

	平成20年６月改正前	平成20年６月改正後
①	総合割賦購入あっせん リボルビング式割賦購入あっせん	包括信用購入あっせん （本書では「包括クレジット」とも呼称）
②	個品割賦購入あっせん	個別信用購入あっせん （本書では「個別クレジット」とも呼称）
③	割賦購入あっせん関係販売契約 割賦購入あっせん関係役務提供契約	信用購入あっせん関係販売契約 信用購入あっせん関係役務提供契約 （本書では両者含めて「販売契約」と呼称）
④	割賦購入あっせん関係受領契約	信用購入あっせん関係受領契約 （本書では「クレジット契約」と呼称）
⑤	割賦購入あっせん関係販売業者 割賦購入あっせん関係役務提供業者	信用購入あっせん関係販売業者 信用購入あっせん関係役務提供業者 （本書では両者含めて「販売業者等」と呼称）
⑥	割賦購入あっせん業者	信用購入あっせん業者 （本書では「クレジット業者」と呼称）

(3) 平成28年12月改正

さらに，最近では平成28年12月にも改正（同月２日成立，同月９日公布。基本部分の施行日は平成30年６月１日。ただし，割販法35条の３の12（過量販売に該当する電話勧誘販売に利用した個別クレジット契約の解除権の新設）及び35条の３の13第７項（不実告知等の取消権の行使期間が「６か月」から「１年」に伸長）の改正規定の施行日は，平成29年12月１日）が行われました。なお，平成28年５月にも割賦販売法の改正が行われていますが，微少であるので，以下，単に「平成28年改正割賦販売法」というときは，平成28年12月改正法を指します。

その主要点は以下のようなものです。

【平成28年12月改正の主要点】

1　本改正の趣旨

・　近年，クレジットカードを取り扱う販売業者（加盟店）におけるクレジットカード番号等の漏えい事件や不正使用被害が増加している。また，クレジットカード取引は，カード発行会社が販売業者（加盟店）との契約を別会社に行わせる形態が増加し，これに伴ってクレジットカードを取り扱う販売業者の管理が行き届かないケースも出てきている。

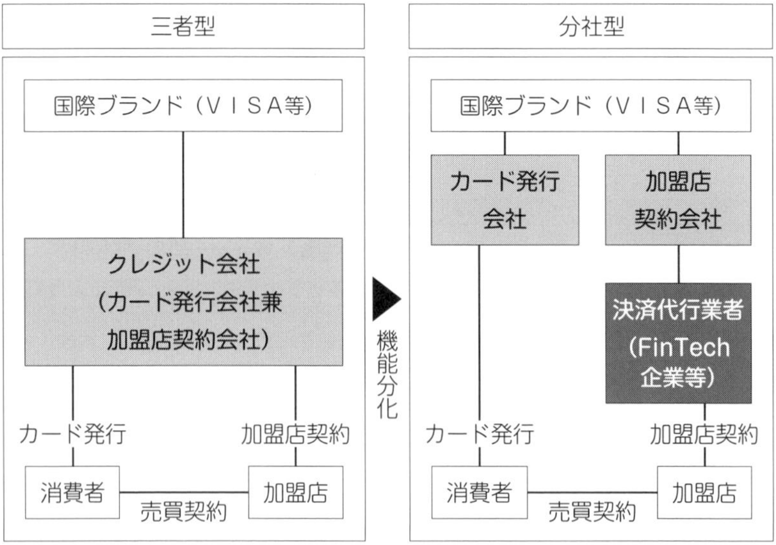

・　こうした状況を踏まえ，革新的な金融サービス事業を行うFinTech（フィンテック）企業の決済代行業への参入を見据えつつ，安全・安心なクレジットカード利用環境を実現するための必要な措置を講ずる。
・　本措置は，2020年の東京オリンピック・パラリンピックに向け，インバウンド需要を取り込むことにも資するものである。

２　本改正の概要

①　クレジットカード情報の適切な管理等（加盟店におけるセキュリティ対策の義務化）

販売業者（加盟店）に対し，クレジットカード番号等の適切な管理及び不正使用の防止（決済端末のＩＣ対応化等）を義務付ける（35条の16，35条の17の15関係）。

②　事業者の販売業者（加盟店）に対する管理強化

加盟店に対し，クレジットカード番号等を取り扱うことを認める契約を締結する事業者（クレジットカード番号等取扱契約締結事業者）について，登録制度を創設し，契約を締結した加盟店に対する調査及び調査結果に基づいた必要な措置を行うこと等を義務付ける（35条の17の２～35条の17の14関係）。

③　FinTechの更なる参入を見据えた環境整備

・　十分な体制を有する決済代行会社（FinTech企業）(注)も上記②の登録を受け，法的位置付けを獲得することを可能とする（35条の17の２関係）。
・　クレジット利用時（分割・リボ払い等２か月超）の販売業者の書面交付義務について，電子メール等による情報提供も可能とする（30条の２の３第４項及び第５項関係）。

④　平成28年改正特定商取引法に対応するための措置（①電話勧誘販売による過量販売解除権の新設，②不実告知等の取消権の行使期間の伸長）

平成28年改正特定商取引法により，①「電話勧誘販売による過量販売」があった場合の消費者からの申込みの撤回又は契約の解除ができるようになったこと，また，②不実告知等不当な勧誘があった場合の消費者からの取消権の行使期間が「６か月」から「１年」に伸長されたことに合わせ，こうした販売契約と並行して締結された個別クレジット契約について，割賦販売法においても同様の措置を講ずる（35条の３の12，35条の３の13第７項関係。なお，両条項の施行日は平成29年12月１日である。）。

⑤　包括クレジットにおける書面交付義務の緩和
　インターネット取引における包括クレジットの利用を可能とするため，販売契約の締結時（クレジットカード利用時）における販売業者（加盟店）の書面交付義務を緩和し，購入者等から書面の交付を求められた場合を除き，電磁的方法（電子メール等）によるクレジット利用明細等の情報提供を原則とする（30条の2の3第4項及び5項関係）。

（注）FinTech（フィンテック）とは，ファイナンス（Finance）とテクノロジー（Technology）の二つを合わせた造語であり，金融テクノロジーそのものを指す場合もあれば，その分野の企業のことを指す場合もある。FinTechの代表例は，スマートフォン等によるモバイル決済がある。

（経済産業省の資料を参考にした。）

(4)　令和2年6月改正

最近の改正は，令和2年6月に行われており（令和2年法律第64号。改正法の施行日は令和3年4月1日），近年，情報技術の進展を背景に，「認定包括信用購入あっせん業者」の創設や「登録少額包括信用購入あっせん業者」の創設等をしています。

その主要点は以下の表のようなものです。

【令和2年6月改正の主要点】

1　本改正の背景
・　近年，情報技術の進展を背景に，カード会社（包括信用購入あっせん業者）が利用者の支払実績等の膨大なデータに基づいて，各社の創意工夫により与信審査を行うとともに，少額かつ多頻度の決済への後払サービス，異業種企業（SNS系企業，ECモール系企業等）の後払サービスへの参入，インターネットやスマートフォン端末による決済が拡大している反面，決済サービスやその提供主体の多様化により，クレジットカード番号の情報漏えいリスクに対する懸念も高まっている。 ・　このような状況を踏まえ，新しい技術・サービスに対応し，利用者が安全・安心に多様な決済手段を利用できる環境を整備するため，改正を行い，「認定包括信用購入あっせん業者」の創設，「登録少額包括信用購入あっせん業者」の創設をするとともに，クレジットカード番号等の適切管理の義務主体の拡充等を行った。

２　本改正の概要

①　「認定包括信用購入あっせん業者」の創設

カード会社による利用者の支払実績等の膨大なデータに基づく，各社の創意工夫による与信審査に対応するため，包括支払可能見込額調査の特例として認定制度を創設し，当該認定取得により，当該調査によることなく，各カード会社の与信審査手法による与信が可能になる（30条の５の４第１項，30条の５の５第４項・30条の６第１項等）。

②　「登録少額包括信用購入あっせん業者」の創設

極度額10万円を上限とした包括信用購入あっせん業を営む事業者に新たな登録制度を創設するもの（35条の２の３～35条の３）

③　クレジットカード番号等の適切管理の義務主体の拡充

・　クレジットカード取引では，カード会社から機能分化した決済代行業者等の事業者が関与する，いわゆるオフアス取引が一般化し，また，昨今の決済方法の多様化において，QRコードによる後払決済サービスを提供する事業者等の新たな主体も登場している。

・　このように，類型的にカード番号を大量に保有する事業者を適切管理義務の主体に追加するもの（35条の16第１項４号～７号）

④　書面交付の電子化

近年，スマートフォンやパソコンを利用したカード決済の増加に伴い，書面よりも電磁的方法による情報提供の方が利便性が高いことなどから，包括クレジット業者についても，取引条件表示（会員規約等），クレジット利用明細等につき，電子メール等による情報提供を原則とし，購入者等から書面の交付を求められた場合のみ，書面交付義務を負う（30条，30条の２の３，30条の２の４等）。

なお，①カード番号の付与，②加盟店での後払決済による商品購入，③リボ払い債務請求が，スマートフォン・パソコン等の電子媒体の使用のみにより完結するサービス（プラスチックカード等の物を用いない。）については，完全に電子化され，包括クレジット業者及び販売業者（加盟店）は，書面交付義務を負わない（割賦販売法施行規則37条の２第２項１号等）。

⑤　業務停止命令の導入

クレジットカードのセキュリティを確保するため，監督手段として，包括信用購入あっせん業者が改善命令に違反した場合等に，１年以内の期間を定めて，業務の全部又は一部の停止を命ずることができる（34条の２第２項）。

（経済産業省の資料を参考にした。）

第2 割賦販売法の概要

1 はじめに

(1) 対象となる契約

割賦販売法で規定する契約類型には，①割賦販売（2条1項），②ローン提携販売（2条2項），③包括信用購入あっせん（包括クレジット。2条3項），④個別信用購入あっせん（個別クレジット。2条4項），⑤前払式特定取引（2条6項）の5類型です。なお，①の割賦販売は，後払いを要件としないため，「前払式割賦販売」（2条1項1号）を含み，前払式割賦販売の規制は，11条以下に規定しています（『条解消費者三法』1402頁）。

(2) クレジット契約

割賦販売法では，クレジット契約（信用貸しによる販売契約）形態について，あらかじめ与信枠（利用限度額）を設定してカード等を発行し，販売業者にカードを提示させて商品を購入する方式を「包括式」，商品購入の都度クレジット申込書を作成し，支払能力の調査と電話確認により審査し契約を締結する方式を「個別式」と呼称しています。

また，上記契約類型には，取引の主体となる者が二者の場合と三者の場合があります。二者の場合は，販売業者自身による信用供与の方式（自社方式）であり，上記①の「割賦販売」がこれに当たります。これに対し，三者の場合（三者型）は，販売業者以外の与信業者による信用供与であり，上記

②の「ローン提携販売」，③の「包括クレジット」，④の「個別クレジット」がこれに当たります。

なお，消費者被害が多く見られるのは，上記の三者型のうちの「包括クレジット」，「個別クレジット」であり，特に「個別クレジット」が多いといわれています。

【割賦販売法の規定する契約類型（５類型）】

①	割賦販売（２条１項） なお，割賦販売は，後払いを要件としないため，「前払式割賦販売」（２条１項１号）を含み，前払式割賦販売の規制は11条以下に規定
②	ローン提携販売（２条２項）
③	包括信用購入あっせん（包括クレジット。２条３項）
④	個別信用購入あっせん（個別クレジット。２条４項）
⑤	前払式特定取引（２条６項）

2　割賦販売法における指定商品・指定役務・指定権利性の採否

割賦販売法では，「割賦販売」と「ローン提携販売」は指定商品・指定権利・指定役務性が維持されています（割販法２条１項，２項，５項）。これに対し，「包括信用購入あっせん」（包括クレジット）と「個別信用購入あっせん」（個別クレジット）は，原則として指定商品・指定役務制を廃止し，原則全ての商品・役務を扱う取引を規制対象にし（割販法２条３項～５項），指定権利性のみを維持しています。ただし，「包括信用購入あっせん」では，①包括支払可能見込額の調査（割販法30条の２）②包括支払可能見込額を超える場合のカード等の交付等の禁止（割販法30条の２の２），③書面の交付（割販法30条の２の３），④契約の解除等の制限（割販法30条の２の４），⑤契約の解除等に伴う損害賠償等の額の制限（割販法30条の３），⑤包括信用購入あっせん業者に対する抗弁の対抗（割販法30条の４）についてのみ指定権利を対象としています。

「前払式特定取引」は，指定役務性を採用していますが（割販法２条６項），この指定役務は，割賦販売法施行令１条４項別表第２に記載のもの（すなわち，①婚礼（結婚披露を含む。）のための施設の提供，衣服の貸与その他の便益の提供及びこれに付随する物品の給付，②葬式のための祭壇の貸与その他の便益の提供及びこれに付随する物品の給付）であり，割賦販売法２条５項の指定役務（割販令１条３項別表第１の３）とは異なります。

以下，割賦販売法２条５項に基づく割賦販売法施行令１条１項別表第１（指定商品），同条２項別表第１の２（指定権利），同条３項別表第１の３（指定役務）は以下のとおりです。

【割賦販売法における指定商品・指定権利・指定役務（クーリング・オフの対象）】

（割賦販売法施行令１条１項別表第１，同条２項別表第１の２，同条３項別表第１の３）

1　指定商品
1　動物及び植物の加工品（一般の飲食の用に供されないものに限る。）であって，人が摂取するもの（医薬品（医薬品医療機器等法２条１項の医薬品をいう。）を除く。） 2　真珠並びに貴石及び半貴石 3　幅が13センチメートル以上の織物 4　衣服（履物及び身の回り品を除く。） 5　ネクタイ，マフラー，ハンドバッグ，かばん，傘，つえその他の身の回り品及び指輪，ネックレス，カフスボタンその他の装身具 6　履物 7　床敷物，カーテン，寝具，テーブル掛け及びタオルその他の繊維製家庭用品 8　家具及びついたて，びょうぶ，傘立て，金庫，ロッカーその他の装備品並びに家庭用洗濯用具，屋内装飾品その他の家庭用装置品（他の号に掲げるものを除く。） 9　なべ，かま，湯沸かしその他の台所用具及び食卓用ナイフ，食器，魔法瓶その他の食卓用具 10　書籍 11　ビラ，パンフレット，カタログその他これらに類する印刷物

12　シャープペンシル，万年筆，ボールペン，インクスタンド，定規その他これらに類する事務用品

13　印章

14　太陽光発電装置その他の発電装置

15　電気ドリル，空気ハンマその他の動力付き手持ち工具

16　ミシン及び手編み機械

17　農業用機械器具（農業用トラクターを除く。）及び林業用機械器具

18　農業用トラクター及び運搬用トラクター

19　ひょう量２トン以下の台手動はかり，ひょう量150キログラム以下の指示はかり及び皿手動はかり

20　時計（船舶用時計，塔時計その他の特殊用途用の時計を除く。）

21　光学機械器具（写真機械器具，映画機械器具及び電子応用機械器具を除く。）

22　写真機械器具

23　映画機械器具（８ミリ用又は16ミリ用のものに限る。）

24　事務用機械器具（電子応用機械器具を除く。）

25　物品の自動販売機

26　医療用機械器具

27　はさみ，ナイフ，包丁その他の利器，のみ，かんな，のこぎりその他の工匠具及びつるはし，ショベル，スコップその他の手道具

28　浴槽，台所流し，便器その他の衛生器具（家庭用井戸ポンプを含む。）

29　浄水器

30　レンジ，天火，こんろその他の料理用具及び火鉢，こたつ，ストーブその他の暖房用具（電気式のものを除く。）

31　はん用電動機

32　家庭用電気機械器具

33　電球類及び照明器具

34　電話機及びファクシミリ

35　インターホーン，ラジオ受信機，テレビジョン受信機及び録音機械器具，レコードプレーヤーその他の音声周波機械器具

36　レコードプレーヤー用レコード及び磁気的方法又は光学的方法により音，影像又はプログラムを記録した物

37　自動車及び自動二輪車（原動機付き自転車を含む。）

38　自転車

39　運搬車（主として構内又は作業場において走行するものに限る。），人力けん

引車及び畜力車
40　ボート，モーターボート及びヨット（運動用のものに限る。）
41　パーソナルコンピュータ
42　網漁具，釣漁具及び漁網
43　眼鏡及び補聴器
44　家庭用の電気治療器，磁気治療器及び医療用物質生成器
45　コンドーム
46　化粧品
47　囲碁用具，将棋用具その他の室内娯楽用具
48　おもちゃ及び人形
49　運動用具（他の号に掲げるものを除く。）
50　滑り台，ぶらんこ及び子供用車両
51　化粧用ブラシ及び化粧用セット
52　かつら
53　喫煙具
54　楽器

２　指定権利

1　人の皮膚を清潔にし若しくは美化し，体型を整え，又は体重を減ずるための施術を受ける権利（次号に掲げるものを除く。）
2　人の皮膚を清潔にし若しくは美化し，体型を整え，体重を減じ，又は歯牙を漂白するための医学的処置，手術及びその他の治療（美容を目的とするものであって，経済産業省令・内閣府令で定める方法によるものに限る。後記３指定役務（サービス）２号において同じ）を受ける権利
3　保養のための施設又はスポーツ施設を利用する権利
4　語学の教授（学校教育法１条に規定する学校，同法124条に規定する専修学校若しくは同法134条１項に規定する各種学校の入学者を選抜するための学力試験に備えるため又は同法１条に規定する学校（大学を除く。）における教育の補習のための学力の教授に該当するものを除く。）を受ける権利
5　学校教育法１条に規定する学校（幼稚園及び小学校を除く。），同法124条に規定する専修学校若しくは同法134条１項に規定する各種学校の入学者を選抜するための学力試験（義務教育学校にあっては，後期課程に係るものに限る。次号及び後記３指定役務（サービス）において「入学試験」という。）に備えるため又は学校教育（同法１条に規定する学校（幼稚園及び大学を除

く。）における教育をいう。次号及び後記３指定役務（サービス）において同じ）の補習のための学力の教授（次号に規定する場所以外の場所において提供されるものに限る。）を受ける権利

6　入学試験に備えるため又は学校教育の補習のための学校教育法１条に規定する学校（幼稚園及び大学を除く。）の児童，生徒又は学生を対象とした学力の教授（役務提供事業者の事業所その他の役務提供事業者が当該役務提供のために用意する場所において提供されるものに限る。）を受ける権利

7　電子計算機又はワードプロセッサーの操作に関する知識又は技術の教授を受ける権利

8　結婚を希望する者を対象とした異性の紹介を受ける権利

3　指定役務（サービス）

1　人の皮膚を清潔にし若しくは美化し，体型を整え，又は体重を減ずるための施術を行うこと（次号に掲げるものを除く。）

2　人の皮膚を清潔にし若しくは美化し，体型を整え，体重を減じ，又は歯牙を漂白するための医学的処置，手術及びその他の治療を行うこと

3　保養のための施設又はスポーツ施設を利用させること

4　家屋，門又は塀の修繕又は改良

5　語学の教授（学校教育法１条に規定する学校，同法124条に規定する専修学校若しくは同法134条１項に規定する各種学校の入学者を選抜するための学力試験に備えるため又は同法１条に規定する学校（大学を除く。）における教育の補習のための学力の教授に該当するものを除く。）

6　入学試験に備えるため又は学校教育の補習のための学力の教授（次号に規定する場所以外の場所において提供されるものに限る。）

7　入学試験に備えるため又は学校教育の補習のための学校教育法１条に規定する学校（幼稚園及び大学を除く。）の児童，生徒又は学生を対象とした学力の教授（役務提供事業者の事業所その他の役務提供事業者が当該役務提供のために用意する場所において提供されるものに限る。）

8　電子計算機又はワードプロセッサーの操作に関する知識又は技術の教授

9　結婚を希望する者を対象とした異性の紹介

10　家屋における有害動物又は有害植物の防除

11　技芸又は知識の教授（５号から８号までに掲げるものを除く。）

3 各契約類型の概要

割賦販売法が規定する契約類型については，上記の①割賦販売，②ローン提携販売，③包括信用購入あっせん（包括クレジット），④個別信用購入あっせん（個別クレジット），⑤前払式特定取引の５類型ですが，便宜上，割賦販売法11条以下で規制する前払式割賦販売を含めて，その概要を説明します。

なお，翌月一括払いのいわゆる「マンスリークリア」方式では，上記契約類型に該当しないため，割賦販売法の適用がないことになります。

(1) 割賦販売

ア 「割賦販売」は，販売業者等が購入者等に対し，指定商品等の代金等を２か月以上の期間にわたり，かつ３回以上に分割して受領すること（販売業者等があらかじめ購入者等に交付したカード等の提示等によって行う「リボルビング方式」による返済を含む(注)。）を条件として，指定商品，指定権利又は指定役務を販売することをいいます（後払式の割賦販売。割販法２条１項）。割賦販売は，販売業者等が購入者等に対して販売契約に伴って代金の後払いを認める二者間の合意であり，２個の契約でなく，代金を分割払いにする割賦販売契約１個のみが存在するものです。なお，割賦販売法２条１項１号は，包括式，個別式を含んだ規定であり，同項２号はリボルビング方式（包括式）を規定しています。

イ　また，この割賦販売には，販売業者等が，購入者等に販売業者等の指定する銀行等に２か月以上の期間にわたり３回以上の預金をさせた後，その預金の中から指定商品等の代金等を受領することを条件として指定商品，指定権利又は指定役務を販売することも含みます（前払式の割賦販売。割販法２条１項１号括弧書き）。この前払式の割賦販売の規制は割賦販売法11条以下に規定しています。

(注) リボルビング方式とは，購入した商品の代金合計額を基礎としてあらかじめ定められた方法により算定した金額を支払う方法であり，一般に「リボ払い」といわれています（割販法２条１項２号）。この方式には，定率リボルビングや定額リボルビングなどがあります。

【割賦販売（後払い又は前払い）の関係図】

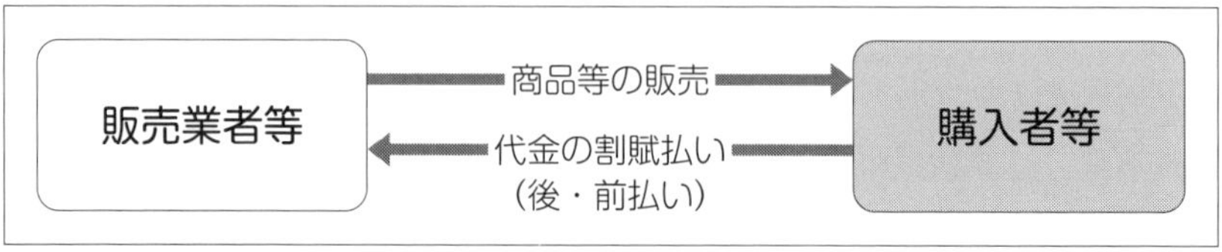

(2) ローン提携販売

ローン提携販売は，カード等を利用者（購入者等）に交付し，カード等を提示することで指定商品，指定権利又は指定役務の代金について購入者等がローン会社から融資を受け，借入金については購入者等が2か月以上にわたり，かつ3回以上に分割して返済する（リボルビング方式での返済を含む。）もので，販売業者等が購入者等のローン会社に対する借入債務を保証する形態の販売をいいます（割販法2条2項）。近年，このような販売形態の利用は，ごく僅かであるといわれています。

【ローン提携販売の関係図】

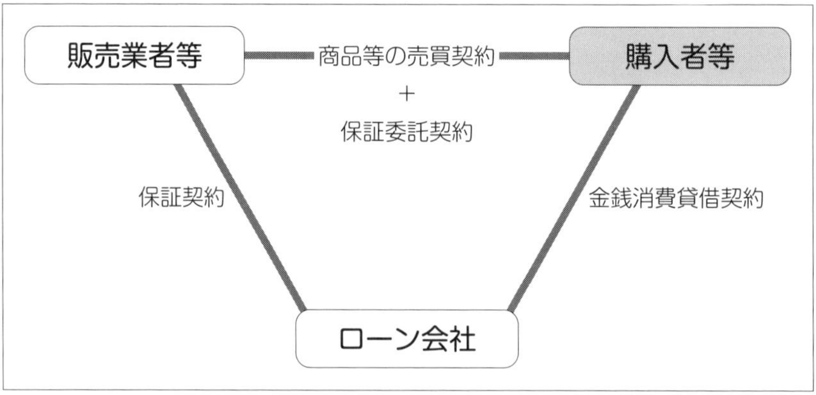

(3) 包括信用購入あっせん（包括クレジット）

ア　三者型

「包括信用購入あっせん」（包括クレジット）は，あらかじめカード等を利用者（購入者等）に交付し（クレジット基本契約の締結あり），カードの提示を受けて商品，役務，指定権利(注)を販売（提供）し，その代金又は対価は販売業者等がクレジット業者から立替払を受けることで商品，権利，役務を販売（提供）し，立替代金はクレジット業者が購入者等から２か月以上の後払い（リボルビング方式での返済を含む。）で受ける形態の販売をいいます（割販法２条３項）。

したがって，この場合，後記(4)の個別クレジットとともに，割賦の要件はなく，「２か月以上の後払い」が適用対象となり，「ボーナス一括払い」や「２回払い」も規制の対象となります。しかし，翌月一括払いのいわゆる「マンスリークリア」方式は決済手段の性格が強いという理由から，割賦販売法の適用がありません。

(注) 包括信用購入あっせん及び後記の個別信用購入あっせんは，平成20年６月改正により，指定商品・指定役務制を廃止し（原則として全ての商品・役務について適用），指定権利のみ維持しています。

【包括信用購入あっせん（包括クレジット）の関係図】

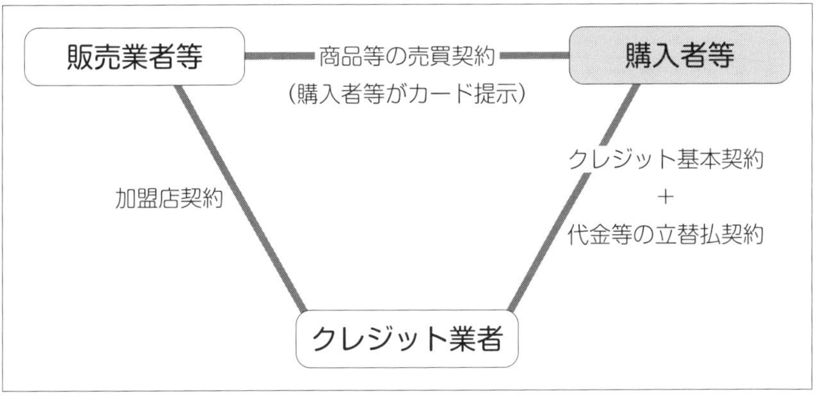

イ　国際提携カード（四者型以上）

国際提携カードとは，国際ブランド会社の介在により，購入者等が利用できる販売業者等（加盟店）はカード発行会社が直接的に加盟店契約を締結した販売業者等に限らず，提携関係のある別のカード会社（アクワイアラー）との間で加盟店契約を締結した販売業者等におけるクレジット取引を受け入れる形態をいいます。

さらに，後掲の図のように決済代行業者（FinTech企業。例えば，FinTech企業によるスマートフォン等によるモバイル決済）が加盟店契約会社（アクワイアラー）と販売業者との間に介在するケースが拡大しています。

この場合，購入者等はカード発行会社（イシュアー）との間でカード発行契約を締結していますが，カード発行会社が販売業者と直接の加盟店契約を締結し立替金を直接支払う場合（オンアス方式）に限らず，他の加盟店提携会社等（当該加盟店提携会社等は，令和２年改正割販法30条の２の３第５項の「包括信用購入あっせん関係立替払取次業者」に当たる（同改正前は同条４項）。）を通じた販売業者等に対して立替払を行う場合（オフアス方式）も，「包括信用購入あっせん」に該当します。すなわち，四者型又はそれ以上の多数当事者型であっても，「包括信用購入あっせん」に該当します（『消費者法講義』186頁以下）。

したがって，この場合，購入者等は，販売業者等（加盟店）との販売契約について，解除や取消し等の抗弁事由があれば，カード発行会社に支払拒絶の抗弁の対抗ができることになります（割販法30条の４。後記第３，５参照）。

なお，平成28年改正割賦販売法では，①販売業者等（加盟店）に対し加盟店契約業務を行うアクワイアラー（加盟店契約会社）について「登録制」とし，また，②アクワイアラーと同等の機能（すなわち，販売業者等（加盟店）との契約締結についてアクワイアラーから授権され，実質的な最終決定権限を有し，加盟店管理を行う場合）を有する決済代行業者についても「登録制」の対象としています（割販法35条の17の２～35条の17の14）。

このようなアクワイアラーと決済代行業者を，「クレジットカード番号等取扱契約締結事業者」といい（割販法35条の17の２），当該事業者は，加盟店契約を締結した販売業者等（加盟店）に対し，クレジットカード番号等の適切な管理・不正使用の防止に関する事項の調査を行い，当該調査結果に基づいた必要な措置を行うこと等を義務付けられています（割販法35条の17の８，35条の17の９）。

【国際提携カードの関係図（四者型以上）】

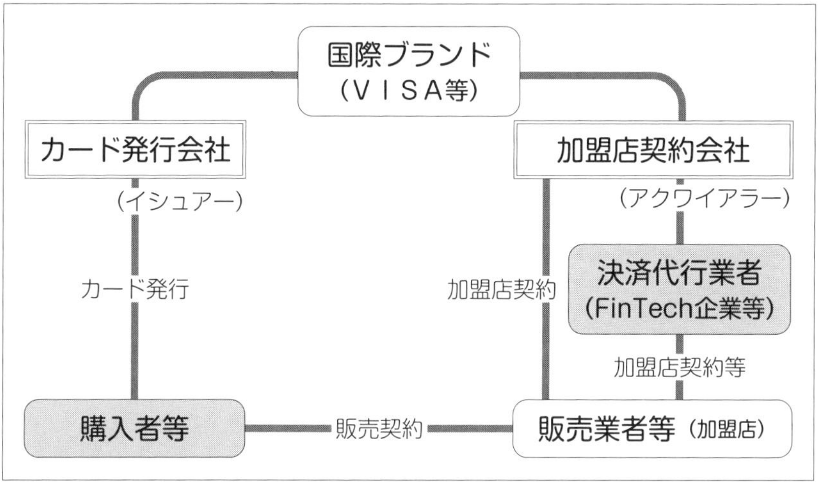

(4) 個別信用購入あっせん（個別クレジット）

個別信用購入あっせん（個別クレジット）は，カード等を利用することなく，特定の販売業者等が購入者等に商品，指定権利，役務を販売（提供）することを条件として，その代金等をクレジット業者が販売業者等に立替払をし，代金は購入者から２か月以上の後払いで受ける形態の販売をいいます（割販法２条４項）。

【個別信用購入あっせん（個別クレジット）の関係図】

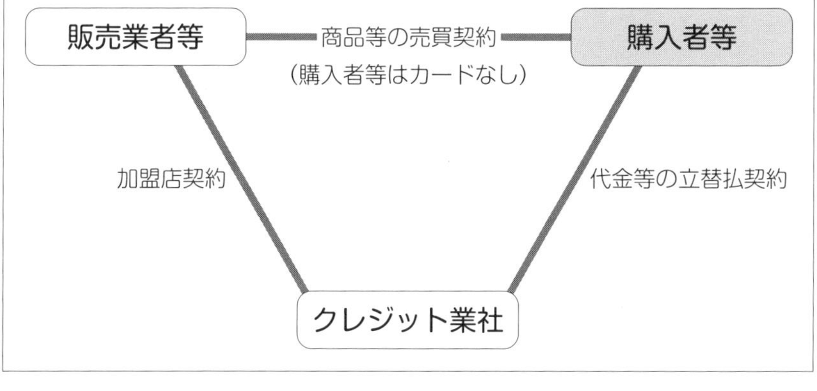

(5) 前払式特定取引

「前払式特定取引」とは，販売業者以外の者が商品売買の取次ぎ（例えば，デパートの「友の会」など）又は指定役務提供の取次ぎ（例えば，冠婚葬祭互助会など）を行う取引で，商品の引渡し又は指定役務の提供に先立って，購入者等からその商品代金又は指定役務の対価の全部又は一部を2か月以上の期間にわたり，かつ3回以上に分割して受領する形態の販売をいいます（割販法2条6項）。なお，この前払式特定取引業は営業許可制になっています（割販法35条の3の61）。

ちなみに，前払式特定取引（割販法2条6項）の指定役務は，割賦販売法施行令1条4項別表第2に記載のもの（すなわち，①婚礼（結婚披露を含む。）のための施設の提供，衣服の貸与その他の便益の提供及びこれに付随する物品の給付，②葬式のための祭壇の貸与その他の便益の提供及びこれに付随する物品の給付）であり，割賦販売法2条5項の指定役務（割販令1条3項別表第1の3）とは異なります。

【前払式特定取引の関係図】

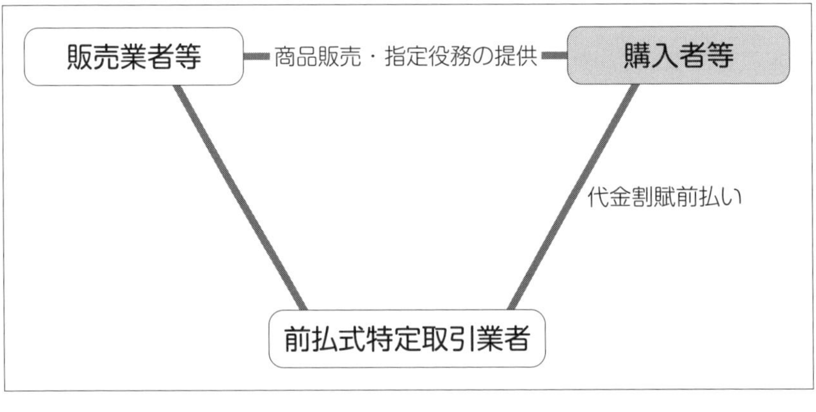

(6) 前払式割賦販売の規制

割賦販売法11条で規制する「前払式割賦販売」は，販売業者が指定商品を引き渡すに先立って購入者から2回以上にわたって，その代金の全部又は一部を受領する販売形態をいいます（割販法11条）。なお，この前払式割賦販売業は営業許可制になっています（同条1項）。

ちなみに，割賦販売（割販法２条１項）は，後払いを要件としないため，前払式割賦販売を含み，その規制を11条以下で規定しています。

【割賦販売法11条で規制する前払式割賦販売の関係図】

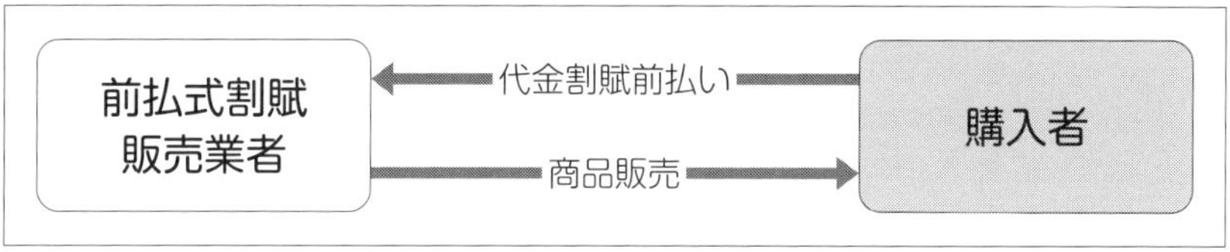

【割賦販売法が規制する契約類型】

契約類型	契約主体	契約方式	支払条件	適用対象品目
割賦販売（２条１項）	二者型（自社方式）	包括・個別式（１号）	割賦払い（１号）	指定商品，指定権利，指定役務
		包括式（２号）	リボルビング方式（２号）	同上
ローン提携販売（２条２項）	三者型	包括式（１号）	割賦払い（１号）	同上
		包括式（２号）	リボルビング方式（２号）	同上
包括信用購入あっせん（２条３項）	三者型	包括式	２か月超後払い（１号）	商品・役務・指定権利
			リボルビング方式（２号）	商品・役務・指定権利
個別信用購入あっせん（２条４項）	三者型	個別式	２か月超後払い	商品・役務・指定権利
前払式特定取引（２条６項）	三者型	——	割賦・前払い	商品・指定役務
前払式割賦販売（２条１項，11条）	二者型	包括・個別式	割賦・前払い	指定商品

（『条解消費者三法』1402頁の一覧表を参考にした。）

4 包括信用購入あっせん（包括クレジット）及び個別信用購入あっせん（個別クレジット）に関する規定の適用除外

(1) 全面的適用除外

包括・個別クレジットに係る販売・提供の方法による販売・提供については，下表のとおり，事業者間の取引や団体内部の取引等には，割賦販売法第３章（信用購入あっせん）の規定は全面的に適用されません（割販法35条の３の60第１項・２項）。

なお，割賦販売については割賦販売法８条，ローン提携販売については29条の４第１項（８条を準用）において，いずれも同様の適用除外規定があります。

【包括・個別クレジットに関する規定の全面的適用除外（35条の３の60第１項・２項）】

①　商品・指定権利を販売する契約又は役務を提供する契約であって，購入者等が営業のために若しくは営業として締結するもの（営業行為。ただし，連鎖販売個人契約及び業務提供誘引販売個人契約(注)に係るものを除く。１項・２項各１号）
②　日本国外にある者に対して行うもの（両項各２号）
③　国又は地方公共団体が行うもの（両項各３号）
④　次の団体がその構成員に対して行うもの（両項各４号） (a)　特別の法律に基づいて設立された組合並びにその連合会及び中央会 (b)　国家公務員法又は地方公務員法上の団体 (c)　労働組合
⑤　事業者がその従業員に対して行うもの（両項各５号）
⑥　不動産販売契約に係るもの（両項各６号）

(注)「連鎖販売個人契約」とは，連鎖販売取引についての契約のうち，その連鎖販売業に係る商品販売等を店舗等によらないで行う個人との契約をいい，「業務提供誘引販売個人契約」とは，業務提供誘引販売取引についての契約のうち，その業務提供誘引販売業に関して提供等をされる業務を事業所等によらないで行う個人との契約をいいます。

(2) 個別クレジットに関する規定の一部適用除外

個別クレジットに関する規定のうち，①個別クレジット契約のクーリング・オフ（割販法35条の3の10），②過量販売契約に係る個別クレジット（同法35条の3の12），③個別クレジット契約の不実告知等の取消し（同法35条の3の13），④個別クレジット業者の適正与信調査義務（同法35条の3の5），⑤不適正与信の契約締結禁止（同法35条の3の7），⑥個別クレジット業者の書面交付義務（同法35条の3の9）の規定は，下表の個別クレジット及び個別クレジットに係る販売・提供の方法による販売・提供には適用されません（同法35条の3の60第3項）。

【個別クレジットに関する規定の一部適用除外（35条の3の60第3項）】

①　特定商取引法26条1項6号～8号までの販売又は役務に関する訪問販売又は電話勧誘販売に係る個別クレジット及び個別クレジットに係る販売・提供の方法による販売・提供（1号） （具体例：①株式会社以外の者が発行する新聞紙の販売，②弁護士，弁護士法人等が行う業務，③金融商品取引業者等，宅地建物取引業者等，旅行業者等が行う一定の取引，④特商令5条別表第2に定める種類の役務（例えば，銀行，保険会社等の行う取引，公認会計士・税理士等の業務等））
②　特定商取引法26条6項各号の訪問販売及び同条7項各号の電話勧誘販売に係る個別クレジット及び個別クレジットに係る販売・提供の方法による販売・提供（2号） （具体例：①購入者からの請求に応じて行われる訪問販売・電話勧誘販売，②店舗販売業者の巡回訪問販売，③無店舗販売業者の年間3回目以降の得意先に対する訪問販売，④年間3回目以降の得意先に対する電話勧誘販売等）

(3) 個別クレジットのクーリング・オフ規定の適用除外

下表の訪問販売及び電話勧誘販売に係る個別クレジット契約は，クーリング・オフの規定（割販法35条の3の10）の適用が除外されます。

【個別クレジットのクーリング・オフ規定の適用除外（35条の3の60第4項）】

①　特定商取引法26条3項で定める即時給付型役務として特定商取引法施行令6条で定める役務を即時に履行した場合（1号）

（具体例：①いわゆる海上タクシー等による運送サービス，②飲食店での飲食，③あん摩，マッサージ又は指圧，④カラオケボックス）
②　特定商取引法26条４項１号で定める継続的販売条件を要する商品・役務として特定商取引法施行令６条の２で定めるもの，及び同法26条４項２号で定める即時給付型役務として特定商取引法施行令６条の３で定めるもの（２号） （具体例：⑴４項１号関係：①自動車（二輪のものを除く。），②自動車の貸与（レンタカーは含まない），⑵４項２号関係：①電気の供給，②ガスの供給，③熱の供給，④葬式のため祭壇の貸与その他の便益の提供）
③　特定商取引法26条５項１号（又は２号）で定める指定消耗品として特定商取引法施行令６条の４で定めるもの（３号。なお，特商法26条５項２号に定める価額減少品は，現時点で政令で規定されていない。） （具体例：①動物及び植物の加工品，②不織布等，③コンドーム及び生理用品，④防虫剤，殺虫剤等，⑤化粧品，毛髪用剤等，⑥履物，⑦壁紙，⑧配置医薬品）

第3 割賦販売法上の規制

1 割賦販売法における民事規制の概要

消費者被害が多く見られるのは，包括クレジットと個別クレジットであり，特に個別クレジットが多いことから，平成20年改正により，主に訪問販売等に利用される個別クレジットについて，規制が強化されています。

以下，主な民事上の規制内容を挙げます。

【割賦販売法における民事上の規制】

1　クーリング・オフ（個別クレジットに限る。）
・　①訪問販売，②電話勧誘販売，③特定連鎖販売個人契約，④特定継続的役務提供等契約，⑤業務提供誘引販売個人契約（特定商取引法に規定する５類型）の形態で個別クレジット契約を締結したときは，購入者等は，販売契約等とともに個別クレジット契約もクーリング・オフ（無条件での解除）することができる（35条の３の10，35条の３の11）。 ・　クーリング・オフの日数は，①訪問販売，電話勧誘販売及び特定継続的役務提供等契約は８日間（35条の３の10，35条の３の11第１項２号），②特定連鎖販売個人契約，業務提供誘引販売個人契約は20日間（35条の３の11第１項１号及び３号）
2　過量販売解除権（訪問販売と電話勧誘販売のみ。個別クレジットに限る。）
・　過量販売に該当する訪問販売契約又は電話勧誘販売契約に利用した個別クレジット契約についても，購入者等は，訪問販売契約等と同時に解除す

ることができる（35条の３の12。なお，電話勧誘販売に利用した個別クレジット契約の解除権は平成28年改正により新設）。→個別クレジット業者の過量性の認識は不要 ・　個別クレジット契約の解除権の行使期間は，販売契約と同様に契約締結の日から１年以内（35条の３の12第２項）
3　不実告知又は故意による事実不告知の取消権（個別クレジットに限る。）
・　個別クレジット契約を利用した特定商取引法の上記５類型（①訪問販売，②電話勧誘販売，③特定連鎖販売個人契約，④特定継続的役務提供等契約，⑤業務提供誘引販売個人契約）の契約締結に際し，販売業者等（加盟店）の「不実告知」又は「故意による事実不告知」により誤認して契約したときは，購入者等は，販売契約とともに個別クレジット契約を取り消すことができる（35条の３の13～35条の３の16）。 ・　個別クレジット契約の取消権は，販売契約等と同様に誤認に気付いた時から１年間行使しないときは時効消滅し，また，契約締結の時から５年を経過したときは行使不可（35条の３の13第７項等）
4　抗弁の対抗（抗弁の接続）（包括・個別クレジット）
購入者等が包括クレジット又は個別クレジットを利用して商品，指定権利，役務を購入又は受領した場合，購入者等は当該販売契約等につき販売業者等に対して生じている抗弁事由（契約の無効・取消・解除等）をもって包括・個別クレジット業者の支払請求に対抗（支払拒絶）することができる（30条の４，35条の３の19）。

2　個別クレジット契約のクーリング・オフ

(1) 概要等

①訪問販売，②電話勧誘販売，③特定連鎖販売個人契約，④特定継続的役務提供等契約，⑤業務提供誘引販売個人契約（特定商取引法に規定する５類型）の形態で個別クレジット契約を締結したときは，購入者等は，販売契約等とともに個別クレジット契約をもクーリング・オフ（無条件で契約の申込みの撤回又は契約の解除）することができます（上記①及び②について割販法35条の３の10，

上記③～⑤について割販法35条の３の11)。

ここで，③の「特定連鎖販売個人契約」とは，特定商取引法33条１項に規定する連鎖販売取引において店舗等によらないで行う個人との契約（連鎖販売個人契約）のうち，特定商品販売等契約を除いたものをいい（割販法８条１号イ，35条の３の５第１項３号），結局，「特定負担（再販売等のための商品の購入，その役務の対価の支払又は取引料の提供をいう。）に係る商品等の販売契約」を指します（『条解消費者三法』1709頁）。

④の「特定継続的役務提供等契約」とは，特定商取引法41条１項に規定する特定継続的役務提供契約と特定権利販売契約をいいます（割販法35条の３の５第１項４号）。

⑤の「業務提供誘引販売個人契約」とは，特定商取引法51条１項に規定する業務提供誘引販売取引についての契約のうち業務を事業所等によらないで行う個人との契約をいいます（割販法８条１号ロ）。

また，①の「訪問販売」には，(a)販売業者等が営業所等以外の場所で個別クレジット契約を利用した販売契約の申込みを受け又はその契約を締結した場合（割販法35条の３の10第１項１号）のほか，(b)販売業者等がキャッチセールス等の方法により営業所等に誘引した特定顧客から個別クレジット契約を利用した販売契約の申込みを受け又はその契約を締結した場合（同項２号）を含みます。

なお，通信販売及び店舗取引には，特定商取引法においてもクーリング・オフ制度がないので，個別クレジット契約についてもクーリング・オフの適用がありません。

クーリング・オフの規定は，これに反する特約で申込者に不利なものは無効です（強行規定。割販法35条の３の10第15項，35条の３の11第15項）。

(2) クーリング・オフの起算日と日数

クーリング・オフの起算日は，個別クレジット契約の契約書面又は申込書面の受領日のいずれか早い方であり（割販法35条の３の10第１項本文），クーリング・オフの日数は，特定商取引法と同じく，①訪問販売，電話勧誘販売及び特定継続的役務提供等契約は８日間（割販法35条の３の10，35条の３の11第１項２号），②特定連鎖販売個人契約，業務提供誘引販売個人契約は20日間です（35条の３の11第１項１号及び３号）。

法定書面の受領日を１日目として算入（初日算入）されることは，特定商取引法の取扱いと同じです。

また，クーリング・オフに対する妨害行為があった場合は，改めてクーリング・オフができる旨の書面（告知書面）を受領した日が起算日となります（割販法35条の３の10第１項ただし書括弧書き，35条の３の11第１項各号ただし書括弧書き）。

以上の取扱いは，特定商取引法の取扱いとほぼ同様です。

(3) クーリング・オフの行使方法

ア　クーリング・オフの行使方法は，法文上書面によることが要件とされており（割販法35条の３の10第１項柱書き，35条の３の11第１項柱書き），販売契約及び個別クレジット契約について，それぞれ販売業者と個別クレジット業者に申込みの撤回通知書又は各契約の解除通知書を送付することが基本です。

しかし，個別クレジット業者にだけ撤回通知書又は解除通知書を送付した場合でも，申込者・解除者が当該書面で反対の意思を表示しない限り，販売契約の申込みも撤回され，又は販売契約も解除されたものとみなされます（個別クレジット契約の解除効力の連動性。割販法35条の３の10第５項，35条の３の11第７項）。

イ　これに対し，販売業者等にのみクーリング・オフの通知をした場合には，個別クレジット契約も解除されるなどとする規定が存在しないので，この場合は，販売契約の解除による代金債権の消滅等を理由に，クレジット業者に抗弁の対抗（抗弁の接続）をすることになると解されます（割販法35条の３の19）。

ウ　クーリング・オフは，上記のとおり，法文上書面で行う必要がありますが，内容証明郵便によることは要件ではありません。しかし，証拠を残すためには配達証明付内容証明郵便が最適だと思われます（内容証明郵便の作成方法等については，第３章第２，２(5)のコラム参照）。ただし，はがきに書いて両面コピーした上で，郵便局で配達証明か簡易書留で出すことも考えられます。

通常，通知や意思表示は，一般に到達した時に効力が生じますが，クーリング・オフの場合は，解除等の書面を発送した時に効力が生じます（発信主義。割販法35条の３の10第２項，35条の３の11第４項）。

なお，口頭によるクーリング・オフ（電子メール，ファクシミリ，面談，電話等）であっても，それが録音や証言，資料等により証明できる場合には，クーリング・オフの行使と認めてよいと解する見解が有力です（通説的見解。『条解消費者三法』1695頁。なお，口頭によるクーリング・オフを認めた判例として，福岡高判平成６年８月31日判時1530号64頁等（第３章第２，２(5)イ参照））。しかし，クーリング・オフは，極力，法文どおり書面によるべきです。

(4) クーリング・オフの効果

ア　購入者等と個別クレジット業者の関係

両者の関係は下表のようになります。

【購入者等と個別クレジット業者の関係】

①　購入者等は個別クレジット業者に対して既払金の返還を請求できる（35条の３の10第９項，35条の３の11第11項）。
②　個別クレジット業者は，購入者等に解除に伴う損害賠償を請求できない（35条の３の10第３項，35条の３の11第５項）。
③　個別クレジット業者は販売業者への立替金相当額の損失を購入者等に請求できない（35条の３の10第７項，35条の３の11第９項）。

イ　販売業者等と購入者等の関係

両者の関係は下表のようになります。

【販売業者等と購入者等の関係】

①　販売業者等は，購入者等に対し，当該契約の解除等に伴う損害賠償請求又は違約金の支払を請求できない（35条の３の10第６項，35条の３の11第８項）。

②　購入者等の販売業者に対する商品返還の費用は販売業者が負担する（35条の３の10第10項，35条の３の11第12項）。
③　購入者等が，訪問販売等により既に商品を使用し又は施設の利用・役務の提供を受けていた場合でも，販売業者等は購入者等に対して，使用利益・役務の対価等を請求できない（35条の３の10第11項，35条の３の11第13項）。
④　販売業者等が役務提供契約に関連して金銭を受領している場合，当該金銭を，購入者等に速やかに返還する義務がある（35条の３の10第13項，35条の３の11第14項）。
⑤　個別クレジット契約を利用した役務の提供が工作物関連契約の場合には，購入者等は，販売業者等に対し，無償で原状回復措置を講ずることを請求できる（35条の３の10第14項）。

ウ　販売業者等と個別クレジット業者の関係

個別クレジット業者から販売業者等に交付された立替金相当額については，販売業者等が個別クレジット業者にその返還義務を負います（割販法35条の３の10第８項，35条の３の11第10項）。

書式28　訪問販売に伴う個別クレジット契約のクーリング・オフ（契約解除）の通知書の記載例

自宅に来た販売会社の従業員に勧められ，英会話教材を購入し，その際，個別クレジット契約を締結した後，クーリング・オフをした事例

東京都○○区○町○丁目○番○号
　○○株式会社（クレジット会社）
　代表取締役　甲野一郎　殿

令和○年○月○日
東京都○○区○町○丁目○番○号
乙野次郎　㊞

通知書

私は，令和○年○月○日，自宅に来た○○販売株式会社の従業員の丙野三郎氏に勧められ，同社から英会話教材一式（価格30万円）を12回の毎月月末払いの約束で購入する旨の購入契約を締結し，その際，貴社との間で個別クレジット契約を締結しましたが，本日，割賦販売法第35条の３の10に基づき，個別信用購入あっせん関係受領契約（個別クレジット契約）を解除しますので，通知します。

つきましては，貴社に支払済みの割賦代金５万円を直ちに○○銀行○○支店の乙野次郎名義の普通預金口座（口座番号○○○○○）に振り込むか，上記住所の私宛に送金して返還されるよう請求します。

書式29 最低限の要件を記載した信販会社（クレジット会社）宛ての個別クレジット契約解除のはがきの記載例

通知書

次のクレジット契約を解除します。

契約年月日　令和○年○月○日
商品名　○○○○
契約金額　○○○○円
販売会社　株式会社○○　□□営業所
担当者　○○○○
クレジット会社　○○株式会社

なお，支払済みの代金○○○○円は直ちに返金してください。

令和○年○月○日

東京都○○区○町○丁目○番○号
氏名　○○○○　㊞

3 個別クレジット契約における過量販売解除権（訪問販売と電話勧誘販売のみ）

(1) 概　要

ア　特定商取引法により，訪問販売又は電話勧誘販売により通常必要とする分量を著しく超える商品等の契約を締結したときは，購入者は，個別の勧誘方法の違法性を証明することなく販売契約の申込みの撤回又は同契約の解除ができます（特商法９条の２，24条の２）。

この場合，過量販売に該当する訪問販売契約又は電話勧誘販売契約に利用した個別クレジット契約についても，同時に申込みの撤回又は解除をすることができます（割販法35条の３の12）。

なお，消費者契約法４条４項にも，同様な趣旨の過量契約の取消権が認められています。

イ　過量販売に該当するために，訪問販売又は電話勧誘販売により，通常必要とされる分量を著しく超える商品販売契約又は役務提供契約であることが必要ですが（ただし，申込者等に当該契約の締結を必要とする特別の事情があったときは除く。），その過量性の有無の判断については，第２章第４，２(3)を参照してください。

(2) 個別クレジット業者の過量性の認識

ア　特定商取引法では，①１回の取引で過量となる場合（単一契約型）は販売者の過量性の認識は不要ですが（特商法９条の２第１項１号，24条の２第１項１号），②申込者の過去の取引の累積を前提にして過量になる場合や過去の取引の累積が既に過量になっている場合（複数契約型）には，今回の販売者には過量の認識が必要です（特商法９条の２第１項２号，24条の２第１項２号。この場合の過量性の認識の立証責任は購入者側にある。）。複数契約型の場合において，今回の販売者に過量の認識がないときは，購入者は過量販売の解除権の行使が認められないことになります。

イ　これに対し，割賦販売法では，個別クレジット業者の過量性の認識については，単一契約型及び複数契約型のいずれも要件とはされておらず，過量性の認識は不要です。

これは，個別クレジット業者は与信審査特定信用情報を調査する義務を負っており（割販法35条の３の３第３項），信用情報に過去の購入商品の種類・数量が登録されていること（割販規118条２項２号）から，過量販売を認識できるし，また，過去の販売が現金販売であっても，個別クレジット業者には，当該販売契約の与信審査を行う際，販売方法の適正についての調査義務を負い（割販法35条の３の５），過量販売に該当するおそれがある契約を締結することを禁止されている（割販法35条の３の７，割販規93条）ことから，過量性の認識を不要とされています（『条解消費者三法』1719頁）。

(3) 過量販売解除権の行使方法と期間

ア　購入者は，個別クレジット業者及び販売業者に対して同時に解除等の通知をする必要があります。

なお，上記２のクーリング・オフの場合は，個別クレジット業者にだけ申込みの撤回又は解除の通知書を送付しても，販売契約の申込みの撤回又は解除がされたものとみなされますが（みなし規定。割販法35条の３の10第５項等），過量販売の場合は，このみなし規定がないので，両者に同時に解除等の通知をする必要があります。

イ　販売契約及び個別クレジット契約の解除権の行使期間は，いずれも契約締結の日から１年以内です（特商法９条の２第２項，24条の２第２項，割販法35条の３の12第２項）。

(4) 過量販売解除の効果

ア　購入者等と個別クレジット業者の関係

両者の関係は下表のようになります。

【購入者等と個別クレジット業者の関係】

①　購入者等は個別クレジット業者に対して既払金の返還を請求できる（35条の３の12第６項）。
②　個別クレジット業者は，購入者等に解除に伴う損害賠償又は違約金を請求できない（35条の３の12第３項）。
③　個別クレジット業者は販売業者等への立替金相当額の損失を購入者等に請求できない（35条の３の12第４項）。

イ　販売業者等と購入者等の関係

両者の関係は下表のようになります。

【販売業者等と購入者等の関係】

①　購入者は引渡しを受けた商品の返還義務を負うが（民法545条１項の原状回復義務），その商品返還の費用は販売業者が負担する(注)。
②　購入者は提供済みの商品の使用利益又は役務の対価等の支払義務を負わない(注)。

（注）上記①及び②の点は，割賦販売法に規定がなく，特定商取引法の規定によることになる（特商法９条の２第３項，９条４項・５項）。

ウ　販売業者等と個別クレジット業者の関係

両者の関係は下表のようになります。

個別クレジット業者から販売業者等に交付された立替金相当額については，販売業者が個別クレジット業者にその返還義務を負う（割販法35条の３の12第５項）。

書式30　割賦販売法に基づく過量販売解除の通知書の記載例

自宅に来た販売会社の従業員に勧められ，羽毛布団８枚を購入し，その際，個別クレジット契約を締結した後，過量販売を理由に個別クレジット契約の解除通知をした事例

東京都○○区○町○丁目○番○号
　○○株式会社（クレジット会社）
　代表取締役　甲野一郎　殿

令和○年○月○日
東京都○○区○町○丁目○番○号
乙野次郎　㊞

通知書

　私は，令和○年○月○日，自宅に来た○○販売株式会社の従業員の丙野三郎氏に勧められ，同社から羽毛布団８枚を代金○万円で購入する旨の購入契約を締結し，その際，貴社との間で個別クレジット契約を締結しました。しかし，私は，一人暮らしをしており，羽毛布団８枚は，日常生活において通常必要とされる分量を著しく超えることが明らかです。
　よって，本書面をもって割賦販売法第35条の３の12第１項に基づき，購入契約及び個別信用購入あっせん関係受領契約（個別クレジット契約）を解除しますので，通知します。
　つきましては，貴社に支払済みの代金○万円は，本書面到達後７日以内に○○銀行○○支店の乙野次郎名義の普通預金口座（口座番号○○○○○）に振り込んで返還されるよう請求します。
　なお，本日付けで，特定商取引に関する法律第９条の２第１項に基づき，○○販売株式会社に対しても，上記購入契約の解除の通知書を郵送しております。

4 個別クレジット契約における不実告知及び故意による事実不告知による取消権

(1) 特定商取引法上の取消権と割賦販売法上の取消権

ア　特定商取引法上の取消権

特定商取引法は，訪問販売，電話勧誘販売，連鎖販売取引，特定継続的役務提供，業務提供誘引販売取引の５類型につき，事業者の①不実告知，又は②故意による事実不告知により，消費者が誤認して契約をしたときは当該契約を取り消すことができます（特商法９条の３，24条の３，40条の３，49条の２，58条の２）。

イ　割賦販売法上の取消権

上記に関連して，個別クレジット契約を利用した特定商取引法の上記５類型である①訪問販売，②電話勧誘販売，③特定連鎖販売個人契約（連鎖販売取引についての契約のうち店舗等によらないで行う個人との契約（連鎖販売個人契約）のうち，特定負担に係る商品等の販売契約），④特定継続的役務提供等契約，⑤業務提供誘引販売個人契約（業務提供誘引販売取引についての契約のうち業務を事業所等によらないで行う個人との契約）の締結に際し，販売契約又は個別クレジット契約に関する，一定の「不実告知」又は「故意による事実不告知」により誤認して契約したときは，購入者等は，販売契約とともに個別クレジット契約を取り消すことができ，個別クレジット業者に既払金の返還を請求できます（上記①及び②は割販法35条の３の13，上記③は35条の３の14，上記④は35条の３の15，上記⑤は35条の３の16）。

(2) 割賦販売法上の不実告知又は故意による事実不告知の対象事由

割賦販売法35条の３の13～35条の３の16に規定する不実告知又は故意による事実不告知の対象事由は，下表のとおりです。

このように不実告知又は故意による事実不告知の対象は，クレジット支払総額・支払月額・時期，契約解除・クーリング・オフに関する事項等のほか，商品の種類・その性能・品質等，役務の提供を受ける権利・役務の種類及びこれらの内容等のうち，購入者又は役務の提供を受ける者の判断に影響を及ぼすこととなる重要事項等であり，契約内容等についての動機に関する重要事項も含まれます。

なお，故意による事実不告知については，下表⑦の事由（包括条項，すなわち，前各号に掲げるもののほか，個別クレジット契約又は販売契約等に関する事項であって，購入者等の判断に影響を及ぼすこととなる重要なもの）は，対象事項の拡散を避けるため，個別クレジット契約の取消しの対象事由とはされていません（割販法35条の３の13～35条の３の16の各第１項柱書き）。

【割賦販売法35条の３の13～35条の３の16（①訪問販売，②電話勧誘販売，③特定連鎖販売個人契約，④特定継続的役務提供等契約，⑤業務提供誘引販売個人契約）に規定する不実告知又は故意による事実不告知の対象事由】

①　購入者又は役務の提供を受ける者の支払総額（各１項１号）
②　個別クレジットに係る各回ごとの商品・権利の代金，役務の対価の全部又は一部の支払分の額・その支払の時期及び方法（各１項２号。ただし，35条の３の15第１項２号（特定継続的役務提供等契約）は役務・権利のみ）
③　商品の種類・その性能・品質等，役務の提供を受ける権利・役務の種類及びこれらの内容その他特定商取引法の省令で定める事項（例えば，商品の効能や役務の効果等）のうち，購入者又は役務の提供を受ける者の判断に影響を及ぼすこととなる重要なもの（各１項３号。ただし，35条の３の15第１項３号（特定継続的役務提供等契約）は役務・権利のみ）
④　(a)　訪問販売・電話勧誘販売における商品の引渡時期・権利の移転時期，役務提供時期（35条の３の13第１項４号） (b)　特定連鎖販売個人契約における特定負担（再販売等をするための商品の購入，その役務の対価の支払又は取引料の提供をいう。）に関する事項（35条の３の14第１項４号） (c)　特定継続的役務提供等契約において，役務の提供又は権利の行使による役務の提供に際し，その購入者等が購入する必要のある商品の種類・その性能・品質等で，購入者等の判断に影響を及ぼすこととなる重要なもの（35条の３の15第１項４号） (d)　業務提供誘引販売個人契約における特定負担に関する事項（35条の３の16第１項４号）

⑤　(a)　個別クレジット契約の解除，クーリング・オフに関する事項（特定継続的役務提供等契約を除き各１項５号，同契約は35条の３の15第１項６号） (b)　特定継続的役務提供等契約における役務提供期間（35条の３の15第１項５号）
⑥　(a)　特定連鎖販売個人契約における特定利益（商品の再販売，受託販売又は販売のあっせんをする他の者が提供する取引料等の全部又は一部をいう。）に関する事項（35条の３の14第１項６号） (b)　業務提供誘引販売個人契約における業務提供利益（提供又はあっせんされる業務に従事することによって得られる利益をいう。）に関する事項（35条の３の16第１項６号）
⑦　①〜⑥に掲げるもののほか，個別クレジット契約又は販売契約等に関する事項であって，購入者等の判断に影響を及ぼすこととなる重要なもの（包括条項。訪問販売，電話勧誘販売を除き各１項７号，訪問販売及び電話勧誘販売は35条の３の13第１項６号）→ただし，故意による事実不告知については，取消しの対象事由とはならない。

(3) 割賦販売法上の取消権の法的性質等

ア　法的性質

割賦販売法上の取消権の規定（割販法35条の３の13〜35条の３の16）は，個別クレジット契約について，消費者契約法５条の媒介者の法理（消費者契約の締結の媒介を委託した第三者が消費者契約法４条に該当する不当勧誘行為を行った場合に，消費者が委託元事業者に対し当該消費者契約を取り消すことができるとする法理）を根拠として，個別クレジット契約を利用した特定商取引法上の５類型の販売契約について，個別クレジット契約の取消しの法律構成により，個別クレジット業者の過失を要件とせずに，同個別クレジット業者の購入者等に対する既払金返還責任（割販法35条の３の13第４項，35条の３の14第３項，35条の３の15第３項，35条の３の16第２項）を定めたものです。というのは，個別クレジットも，販売業者等（加盟店）が個別クレジット契約の契約条件の交渉や契約書の作成等をクレジット業者から委託されて実行しているので，媒介者に該当すると解されるからです。

イ　取消権規定と消費者契約法５条の関係（不退去・退去妨害等）

この取消権の規定（割販法35条の３の13～35条の３の16）は，消費者契約法５条との関係で創設的規定と解するか，確認的規定（例示規定）と解するかにより，割賦販売法に直接規定のない事案（例えば，①不退去・退去妨害による困惑，②店舗販売・通信販売における不実告知・故意による事実不告知等）について，消費者契約法５条，４条が適用できるか問題があります。

この点につき，平成28年改正消費者契約法４条５項では，動機に関する事項（契約締結時に前提とした事項）が「重要事項」に含まれることになったので，割賦販売法35条の３の13～35条の３の16は，消費者契約法５条との関係で確認的規定（例示規定）と解され，割賦販売法に直接規定のない，不退去・退去妨害による困惑，店舗販売・通信販売における不実告知・故意による事実不告知の事案についても，消費者契約法５条及び４条が直接適用され，個別クレジット契約を取り消すことができると解されます（『消費者法講義』201頁，『条解消費者三法』1728頁以下，1737頁参照。なお，立法担当者も，販売業者が不退去・退去妨害（消契法４条３項）により購入者を困惑させて販売契約と個別クレジット契約を締結させた場合，店舗取引を含め，消費者契約法５条の直接適用により個別クレジット契約を取り消すことができると解している（平成20年６月10日参議院経済産業委員会議事録第15号14頁（政府答弁）。）。したがって，購入者等は，個別クレジット業者に既払金の返還を請求できます（民法121条の２第１項）。

ウ　その他関連問題

㈠　購入者の名義貸しと個別クレジット契約の取消し（割賦法35条の３の13第１項６号該当性の有無）

販売業者が，顧客に対し，「お年寄りが布団をほしいんだが，ローンを組めないので名義を貸してほしい。」「支払については責任を持ってうちが支払うから，絶対に迷惑は掛けない。」などと，立替金の支払が不要である旨の不実な説明をして，その名義を借りて架空の売買（販売）契約を締結し，かつ，その顧客に個別クレジット業者との間で個別クレジット契約（立替払契約）を締結させた上で，個別クレジット業者から立替金を不正に取得した事案において，顧客が当該クレジット契約（立替払契約）を取り消すことができるか問題があります。

これと同種の事案において，最判平成29年2月21日（民集71巻2号99頁）は，上記のような不実告知の内容が割賦販売法35条の3の13第1項6号にいう「購入者の判断に影響を及ぼすこととなる重要なもの」に当たると判断しました。すなわち，同判決は，「改正法（筆者注：平成20年6月改正法，施行日は平成21年12月1日）により新設された割賦販売法35条の3の13第1項6号は，……（中略）……訪問販売によって売買契約が締結された個別信用購入あっせんについては，消費者契約法4条及び5条の特則として，販売業者が立替払契約の締結について勧誘をするに際し，契約締結の動機に関するものを含め，立替払契約又は売買契約に関する事項であって購入者の判断に影響を及ぼすこととなる重要なものについて不実告知をした場合には，あっせん業者がこれを認識していたか否か，認識できたか否かを問わず，購入者は，あっせん業者との間の立替払契約の申込みの意思表示を取り消すことができることを新たに認めたものと解される。そして，立替払契約が購入者の承諾の下で名義貸しという不正な方法によって締結されたものであったとしても，それが販売業者の依頼に基づくものであり，その依頼の際，契約締結を必要とする事情，契約締結により購入者が実質的に負うこととなるリスクの有無，契約締結によりあっせん業者に実質的な損害が生ずる可能性の有無など，契約締結の動機に関する重要な事項について販売業者による不実告知があった場合には，これによって購入者に誤認が生じ，その結果，立替払契約が締結される可能性もあるといえる。このような経過で立替払契約が締結されたときは，購入者は販売業者に利用されたとも評価し得るのであり，購入者として保護に値しないということはできないから，割賦販売法35条の3の13第1項6号に掲げる事項につき不実告知があったとして立替払契約の申込みの意思表示を取り消すことを認めても，同号の趣旨に反するものとはいえない。」として，本件販売業者が改正後の立替払契約に係る購入者（上告人ら）に対してした上記不実告知の内容は，割賦販売法35条の3の13第1項6号にいう「購入者の判断に影響を及ぼすこととなる重要なもの」に当たると判示し，札幌高判平成26年12月18日（判タ1422号111頁）を破棄して購入者（上告人）の誤認の有無等につき更に審理させるため原審に差し戻しました。

なお，このような名義貸しの事案は，名義貸しによる自動車の架空の売買契約に関連して個別クレジット契約を締結する事案などでも見受けられます。

(イ)　詐欺・強迫による意思表示（民法96条）と個別クレジット契約の取消し

(a)　割賦販売法上の不実告知又は故意による事実不告知の取消権規定は，民法96条の規定（詐欺・強迫による意思表示の取消し）の適用を排除するものではなく，購入者は，割賦販売法の取消権の行使期間（誤認に気付いた時から１年間。後記(4)参照）が経過した後でも，民法96条により，加盟店の詐欺・強迫による意思表示がある場合，個別クレジット契約の取消し（民法上の取消権の時効は，追認できる時から５年間（民法126条））を主張することができます（割販法35条の３の13第６項，35条の３の14第３項，35条の３の15第３項，35条の３の16第２項。なお，消契法６条にも同趣旨の規定がある。）。

なお，詐欺による取消しについて，民法96条２項は，「相手方に対する意思表示について第三者が詐欺を行った場合においては，相手方がその事実を知り，又は知ることができたときに限り，その意思表示を取り消すことができる。」と規定し，相手方が善意かつ無過失の場合には，本人（購入者）は意思表示の取消しができませんが，個別クレジット業者は，販売業者（加盟店）に媒介の委託をした事業者（加盟店は民法101条１項の代理人的な立場にある。）であり，販売業者（加盟店）が第三者に該当しないので，個別クレジット業者（相手方）は，購入者（本人）から詐欺による取消しの主張を受けることになると解されます（『条解消費者三法』1738頁以下参照）。また，個別クレジット業者は，同様な理由で，民法96条３項の善意かつ無過失の第三者には当たらないと解されます。

(b)　強迫による取消しの場合は，民法96条２項・３項の適用がないので，個別クレジット業者の認識と関係なく，購入者は，個別クレジット契約についても強迫による取消しの主張ができると解されます（『条解消費者三法』1739頁）。

(ウ)　販売契約の公序良俗違反による無効と個別クレジット契約の無効

(a)　販売契約について公序良俗違反（民法90条）がある場合は，割賦販売法35条の３の19の抗弁の対抗規定（包括クレジットの場合は割販法30条の４。後記５参照）により，個別クレジット契約に対する支払拒絶の抗弁事由となります。

しかしさらに，個別クレジット契約も公序良俗違反による無効となり，購入者が既払金の返還請求ができるか問題があります。

①　判例の立場

この点に関し，最判平成23年10月25日（民集65巻７号3114頁）は，原則としてクレジット契約の公序良俗違反による無効とはならないと判示しています。

すなわち，同判決は，「個品割賦購入あっせんは，法的には，別個の契約関係である購入者と割賦購入あっせん業者（以下「あっせん業者」という。）との間の立替払契約と，購入者と販売業者との間の売買契約を前提とするものであるから，両契約が経済的，実質的に密接な関係にあることは否定し得ないとしても，購入者が売買契約上生じている事由をもって当然にあっせん業者に対抗することはできないというべきであり，割賦販売法30条の４第１項の規定は，法が，購入者保護の観点から，購入者において売買契約上生じている事由をあっせん業者に対抗し得ることを新たに認めたものにほかならない」と判示し，割賦販売法30条の４の抗弁の対抗規定（平成20年改正前は，30条の４が包括・個別クレジットの双方に適用された。）を「創設的規定」と解した上で，「そうすると，個品割賦購入あっせんにおいて，購入者と販売業者との間の売買契約が公序良俗に反し無効とされる場合であっても，販売業者とあっせん業者との関係，販売業者の立替払契約締結手続への関与の内容及び程度，販売業者の公序良俗に反する行為についてのあっせん業者の認識の有無及び程度等に照らし，販売業者による公序良俗に反する行為の結果をあっせん業者に帰せしめ，売買契約と一体的に立替払契約についてもその効力を否定することを信義則上相当とする特段の事情があるときでない限り，売買契約と別個の契約である購入者とあっせん業者との間の立替払契約が無効となる余地はないと解するのが相当である。」と判示し，本件について，①本件販売業者（加盟店）は，本件あっせん業者（個別クレジット業者）の加盟店の一つにすぎず，資本関係その他の密接な関係はないこと，②個別クレジット業者は，本件立替払契約の締結の手続を全て加盟店任せにせず，購入者の意思確認を自ら行っていることなどの事情から上記特段の事情があるということはできないとし，本件立替払契約は無効にならず，購入者による既払金の返還請求もできないとしました。

したがって，上記最判平成23年10月25日を前提とする限り，販売業者（加盟店）とクレジット業者との関係の程度，販売業者の個別クレジット契約への関与の程度，個別クレジット業者の公序良俗違反の認識の有無・程度等を考慮して，個別クレジット契約の無効の有無を判断することになると考えられます。

なお，購入者が個別クレジット業者に対して公序良俗違反による無効を主張できない場合は，購入者による既払金の返還請求は，個別クレジット業者の加盟店に対する適正与信調査義務違反（割販法35条の３の５，35条の３の７，35条の３の20）を根拠に，個別クレジット業者に対して不法行為による損害賠償請求をすることになると解されます。

②　参考裁判例（個別クレジット契約も無効とした裁判例）

裁判例　**高松高判平成20年１月29日（判時2012号79頁）**

着物やアクセサリー等の過量販売契約が公序良俗違反により無効となるが（なお，本件販売当時，特定商取引法及び割賦販売法上，過量販売の解除規定がなかった。），個別クレジット業者においても，購入者の短期間における多数購入の異常性等から，購入者の消費者としての判断力，自己制御力等の精神的能力の面で到底正常とはいえない状態にあることを認識することができたし，当然これを認識すべきであったとして，個別クレジット契約も公序良俗違反により無効になると判断し，不当利得を理由に既払金の返還請求を認めた。

なお，当該高松高判は，上記最判平成23年10月25日と同趣旨の判示であり，同最判が判示する「売買契約と一体的に立替払契約についてもその効力を否定することを信義則上相当とする特段の事情がある」と認められる事案であったものと考えられる。

(b)　無効連動説

これに対し，消費者契約法５条や割賦販売法30条の４，35条の３の19の抗弁の対抗規定を「確認的な規定」と理解する立場からは，販売業者（加盟店）の勧誘行為や主観的要素（購入者の無知・窮状につけ込んだ暴利行為等の主観的要素）に起因して公序良俗違反が認定される場合には，販売業者（加盟店）の悪意を個別クレジット業者が引き継ぎ，個別クレジット契約の公序良俗違反無効を主張できると解すべきでなかろうか，という問題提起がされています（『条解消費者三法』1740頁）。

(エ)　販売契約の錯誤による取消しと個別クレジット契約の取消し

(a)　販売契約について錯誤による取消し（民法95条）を主張する場合は，割賦販売法35条の３の19の抗弁の対抗規定により，個別クレジット契約に対する支払拒絶の抗弁事由となります。

なお，平成29年改正民法95条１項・２項により，錯誤が無効事由ではなく，取消事由となり，また，動機の錯誤の取消要件が明文化されました。

しかしさらに，個別クレジット契約も錯誤による取消しとなり，購入者が既払金の返還請求ができるか問題があります。

この点は，上記(ウ)の公序良俗違反と同じ問題であり，割賦販売法30条の４及び35条の３の19の抗弁の対抗規定を「創設的規定」と解する上記最判平成23年10月25日を前提とする限り，販売業者（加盟店）と個別クレジット業者との関係の程度，販売業者のクレジット契約への関与の程度，クレジット業者の錯誤の認識の有無・程度等に照らし，「売買契約と一体的に立替払契約についてもその効力を否定することを信義則上相当とする特段の事情がある」場合に限り，個別クレジット契約も錯誤による取消しと判断されることになると思われます。

なお，購入者が個別クレジット業者に対して錯誤による取消しを主張できない場合は，購入者による既払金の返還請求は，個別クレジット業者の加盟店に対する適正与信調査義務違反（割販法35条の３の５，35条の３の７，35条の３の20）を根拠に，個別クレジット業者に対して不法行為による損害賠償請求をすることになると解されます。

(b)　これに対し，消費者契約法５条や割賦販売法30条の４，35条の３の19の抗弁の対抗規定を確認的な規定と理解する立場からは，販売契約について法律行為の要素の錯誤（民法95条）があるときは，その錯誤による取消しは，個別クレジット業者の認識と関係なく，個別クレジット契約においても取消しを主張でき，また，動機の錯誤についても，媒介者（加盟店）が購入者の動機を認識していた場合は，媒介者（加盟店）の悪意を個別クレジット業者が引き継ぎ，個別クレジット契約も取消しを主張できると解すべきでなかろうか，という問題提起がされています（『条解消費者三法』1739頁以下参照）。

(オ)　販売契約の債務不履行解除と個別クレジット契約への影響

販売契約について債務不履行による解除請求をする場合，個別クレジット契約には意思表示の瑕疵がなく，その契約締結後の事由によるので，消費者契約法５条により個別クレジット契約を取り消すことはできません。

この場合は，抗弁の対抗（抗弁の接続）規定（割販法35条の３の19）により未払金の支払拒絶ができます（35条の３の19は，既払金の返還請求は認めていない。）。

なお，購入者等の既払金の返還請求は，個別クレジット業者の加盟店に対する適正与信調査義務違反（割販法35条の３の５，35条の３の７，35条の３の20）を根拠に，個別クレジット業者に対して不法行為による損害賠償請求をすることになると解されます。

(カ)　包括クレジットの場合

(a)　特定商取引法の５類型（①訪問販売，②電話勧誘販売，③特定連鎖販売個人契約，④特定継続的役務提供等契約，⑤業務提供誘引販売個人契約）について

特定商取引法上の販売契約については，上記のとおりクーリング・オフ，不実告知等の取消権，過量販売解除権（訪問販売，電話勧誘販売）の行使ができます。

しかし，割賦販売法上，包括クレジットでは，個別クレジットと異なり，クーリング・オフ，不実告知等の取消権，過量販売解除権は認められていません。したがって，包括クレジットでは，抗弁の対抗（抗弁の接続）規定（割販法30条の４）によって未払金の支払拒絶をすることになります（30条の４は，既払金の返還請求は認めていない。）。

なお，購入者等の既払金の返還請求は，包括クレジット業者の加盟店に対する調査義務違反（割販法30条の５の２）を根拠に，包括クレジット業者に対して不法行為による損害賠償請求をすることになると解されます。ちなみに，包括クレジットでは，個別クレジットと異なり，加盟店契約締結時及び販売契約への与信時には調査義務を負いませんが，顧客からの苦情発生時の加盟店調査義務を負います（割販法30条の５の２）。

(b)　上記以外の取引（店舗販売，通信販売等）について

この場合，加盟店の販売契約については，消費者契約法の取消しや民法による錯誤・詐欺による取消し等の主張をすることができます。

これに対し，包括クレジットでは，抗弁の対抗（抗弁の接続）規定（割販法30条の４）によって未払金の支払拒絶ができます。なお，購入者等の既払金の返還請求は，上記(a)と同様に，不法行為に基づく損害賠償請求によることになると解されます。

(4)　割賦販売法上の取消権の行使期間

販売契約等・個別クレジット契約の取消権は，いずれも誤認に気付いた時から１年間行使しないときは時効消滅し，また，契約締結の時から５年を経過したときは行使できなくなります（特商法９条の３第４項等，割販法35条の３の13第７項等）。

(5)　割賦販売法上の取消権の行使方法と効果

ア　行使方法

購入者等は，販売業者等と個別クレジット業者の両者に対し，同時に取消しの通知をする必要があります。

イ　効果（三者間の清算関係）

(ア)　両契約の取消しにより，購入者等は個別クレジット業者に対し既払金を返還請求できます（割販法35条の３の13第４項，35条の３の14第３項，35条の３の15第３項，35条の３の16第２項）。

(イ)　他方，個別クレジット業者は購入者等に対し立替金相当額の損失を

請求できませんが（割販法35条の３の13第２項，35条の３の14第３項，35条の３の15第３項，35条の３の16第２項），販売業者が個別クレジット業者に対し立替金相当額を返還する義務を負うことになります（割販法35条の３の13第３項，35条の３の14第３項，35条の３の15第３項，35条の３の16第２項）。

(6) 善意かつ無過失の第三者保護規定

個別クレジット契約の取消しは，これをもって善意かつ無過失の三者に対抗することができません（割販法35条の３の13第５項，35条の３の14第３項，35条の３の15第３項，35条の３の16第２項）。この第三者保護規定は，消費者契約法４条６項（消費者契約の取消しにおける善意かつ無過失の第三者の保護規定）と同趣旨です。

書式31 割賦販売法による取消しの通知書（不実告知）の記載例

〇〇管理士の国家試験が免除されると不実告知を受けて同管理士受験コースの通信教育講座受講契約を締結し，その際，個別クレジット契約を締結したが，当該「不実告知」を理由に個別クレジット契約の取消しの通知をした事例

東京都〇〇区〇町〇丁目〇番〇号
〇〇株式会社（クレジット会社）
代表取締役　甲野一郎　殿

令和〇年〇月〇日
東京都〇〇区〇町〇丁目〇番〇号
乙野次郎　㊞

通知書

私は，令和〇年〇月〇日，自宅に来た〇〇販売株式会社の従業員の丙野三郎氏から「当協会の通信教育講座の〇〇管理士受験コースを修了す

れば，○○管理士の国家試験が免除される。」などと説明を受け，これを信用して，その場で申込書に記載して同受講の契約を締結し，その際，貴社との間で個別信用購入あっせん関係受領契約（個別クレジット契約）を締結しました。

しかし，関係機関に照会したところ，上記○○管理士受験コースを修了しても○○管理士の国家試験が免除されることはなく，上記説明が虚偽であることが判明しました。これは，割賦販売法第35条の3の13第1項に定める「不実告知」に当たりますので，同項により個別クレジット契約を取り消しますので，通知します。

よって，貴社に支払済みの代金○万円は，直ちに○○銀行○○支店の乙野次郎名義の普通預金口座（口座番号○○○○○）に振り込んで返還されるよう請求します。

5　抗弁の対抗（抗弁の接続）

(1)　概　要

購入者等が包括クレジット又は個別クレジットを利用して商品，指定権利，役務を購入又は受領した場合，購入者等は当該販売契約につき販売業者等に対して生じている抗弁事由（契約の無効・取消・解除等）をもって包括クレジット業者又は個別クレジット業者の支払請求に対抗（支払拒絶）することができます（包括クレジットにつき割販法30条の4第1項，個別クレジットにつき割販法35条の3の19第1項）。これを「抗弁の対抗」又は「抗弁の接続」といいます。

この場合，クレジット業者の抗弁事由の認識（認識可能性）の有無を問わず，抗弁事由となります。

なお，ローン提携販売にも割賦販売法30条の4の準用により抗弁の対抗ができます（割販法29条の4第2項）。

この抗弁の対抗規定には，購入者等のクレジット業者に対する既払金の返還請求を認める規定がないので，注意を要します。

また，抗弁の対抗規定は強行規定です（割販法30条の４第２項，35条の３の19第２項）。

【抗弁の対抗（抗弁の接続）の関係図】

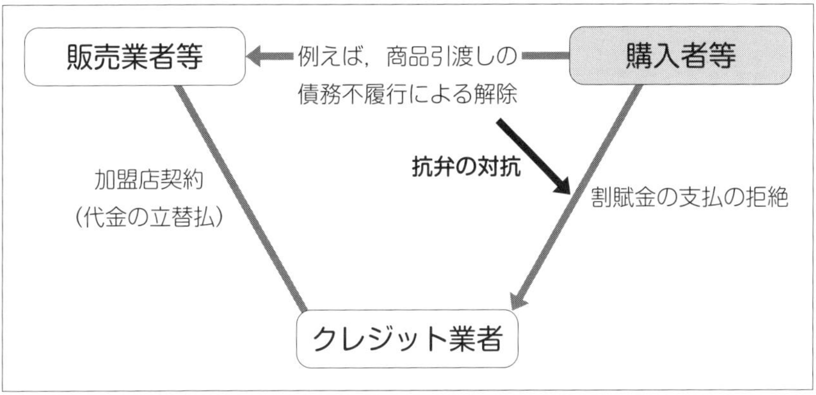

(2) 法的性質

ア　確認的規定説と創設的規定説

抗弁の対抗規定の法的性質については，①販売契約とクレジット契約が不可分一体性の関係にあるので，民法の信義則上抗弁の対抗を認めるべきであるとの解釈を前提に，「確認的規定」であると解する見解（確認的規定説）と，②販売契約とクレジット契約は経済的・実質的に密接な関係があるとしても，法的には別個の契約関係であるので，原則として抗弁が認められないところを，政策的に消費者保護のために設けた「創設的規定」と解する見解（創設的規定説）の対立があります。両説の違いは，包括・個別クレジット規定の適用除外である事業者間の取引等にも抗弁の対抗規定（割販法30条の４，35条の３の19）の類推適用が認められるかなどに影響します。

また，この問題は，割賦販売法上の取消権の規定（割販法35条の３の13～35条の３の16）が，消費者契約法５条との関係で創設的規定と解するか，確認的規定（例示規定）と解するかの問題とも関係します（前記第３，４(3)参照）。

イ　判例の立場（創設的規定説）

(ア)　最判平成２年２月20日（判時1354号76頁）は，抗弁の対抗規定を創設的規定と解しています（ただし，事案自体は，抗弁の対抗規定の導入前の事案である。）。すなわち，同最判は，「両契約（筆者注：販売契約（売買契約）と個別クレジット契約）が経済的，実質的に密接な関係にあることは否定し得ないとしても，購入者が売買契約上生じている事由をもって当然にあっせん業者に対抗することはできないというべきであり，昭和59年法律第49号（以下「改正法」という。）による改正後の割賦販売法30条の4第1項の規定は，法が，購入者保護の観点から，購入者において売買契約上生じている事由をあっせん業者（筆者注：個別クレジット業者）に対抗し得ることを新たに認めたものにほかならない。」と，「創設的規定説」に立つことを判示した上で，「したがって，右改正前においては，購入者と販売業者との間の売買契約が販売業者の商品引渡債務の不履行を原因として合意解除された場合であっても，購入者とあっせん業者との間の立替払契約において，かかる場合には購入者が右業者の履行請求を拒み得る旨の特別の合意があるとき，又はあっせん業者において販売業者の右不履行に至るべき事情を知り若しくは知り得べきでありながら立替払を実行したなどの右不履行の結果をあっせん業者に帰せしめるのを信義則上相当とする特段の事情があるときでない限り，購入者が右合意解除をもってあっせん業者の履行請求を拒むことはできないものと解するのが相当である。」と判示し，特段の事情がある場合には，抗弁の対抗を認めるとしています。

そして，同最判の事案では，上記立替払契約書の条項に「商品の瑕疵又は引渡の遅延が購入目的を達成することができない程度に重大であり，購入者がその状況を説明した書面をあっせん業者に提出し，右状況が客観的に見て相当な場合には，購入者は瑕疵故障等を理由にあっせん業者に対する支払を拒むことができる」旨規定されており，これが上記の特別の合意に当たるとしても，購入者においてあっせん業者に対する支払を拒み得る場合に該当する事実が何ら確定していないとして，審理不尽等を理由に原審判決（福岡高判昭和59年6月27日金商849号3頁）を破棄して，原審に差し戻しました（同旨の裁判例として，最判平成13年11月22日判時1811号76頁）。

(イ)　ところで，上記最判平成2年2月20日は，創設的規定説を採用する一方，上記のように，一律に抗弁の対抗を否定するのではなく，クレジット業者が販売業者（加盟店）の不履行に至るべき事情を知り又は知り得べき場合（つまり，加盟店に対する調査・管理義務違反がある場合）など，信義則上抗弁の対抗を認めることを相当とする特段の事情があるときは，支払拒絶を認められると判示しています。

これによれば，抗弁の対抗規定の直接適用がない事案についても，クレジット業者が加盟店の違法な販売方法や債務不履行に至るべき事情について調査・管理義務違反がある場合には，信義則上抗弁の対抗が認められることになります。

また，これに関連して，購入者等が既払金の返還請求をする場合にも，クレジット業者の加盟店に対する調査・管理義務違反を根拠に，不法行為に基づく損害賠償請求をすることができると解されます。

(3) 抗弁事由

ア　販売契約における抗弁事由

抗弁事由は，商品等の販売契約につき販売業者等（加盟店）に対して生じている抗弁事由（つまり，販売契約における抗弁事由）であり（割販法30条の４第１項，35条の３の19第１項），具体的に，錯誤による取消し（民法95条），詐欺による取消し（民法96条），債務不履行による解除（民法541条以下），消費者契約法による取消し（消契法４条），特定商取引法による不実告知・故意による事実不告知による取消し（特商法９条の３等），特定商取引法等の法律に基づくクーリング・オフ（特商法９条等），契約不適合の担保責任（民法562条～564条）などがこれに当たります。

また，同時履行の抗弁権のような一時的な支払停止の抗弁，販売契約に付された中途解約権や約定解除権も当該抗弁事由に当たります。

イ　合意解除の抗弁事由該当性

合意解除については，販売契約の締結後に，購入者の都合により合意解除の申出をして解除に至ったような場合には，販売契約締結後の新たな事由に基づく合意解除であるので，これは抗弁事由に当たらないと解されます（これに対し，中途解約権や約定解除権は，販売契約に付されたものであるので，その行使は抗弁事由になる。)。しかし，販売契約が加盟店の不当勧誘行為や商品引渡し等の債務不履行を原因として，購入者と加盟店間で合意解除がされた場合には，「商品等の販売につき生じた事由」に該当し，抗弁事由に当たると解されます（『条解消費者三法』1785頁以下)。

なお，前記(2)イの最判平成2年2月20日（判時1354号76頁）は，抗弁の対抗規定の導入前の事案であるため，抗弁の対抗の要件として，クレジット業者が販売業者（加盟店）の債務不履行に至るべき事情を知り又は知り得べき場合であることを必要としていますが，抗弁の対抗規定の導入後においては，クレジット業者の抗弁事由の認識（認識可能性）の有無を問わないので，債務不履行を原因とした合意解除が抗弁事由に該当することを認めた判例であると解されます。

ウ　口頭の約束や付随的特約の抗弁事由該当性

抗弁事由の範囲について，①販売契約の内容となる事項やクレジット契約書面等に記載された事項に限定されるか（制限説），あるいは，②販売業者等（加盟店）の口頭の約束（セールストーク）や付随的特約も原則として抗弁事由に含まれるか（無制限説），問題があります。

しかし，抗弁の対抗規定（割販法30条の4，35条の3の19）は，文言上は抗弁事由の範囲を契約書面等に限定していないこと，口頭の約束や付随的特約も契約の内容に変わりなく，消費者保護の観点から，両者を区別する必要性はないことなどから，無制限説が妥当であると解されます。無制限説が通説的見解です（『条解消費者三法』1788頁以下)。

例えば，学習指導付き教材販売で，教材の購入者に個別に学習指導を行うと約束したものの，当該学習指導の約束が不履行となった場合，当該不履行が抗弁事由になります。

(4)　訴訟上の形態（債務不存在確認説と抗弁事由存在確認説）

ア　クレジット業者が購入者等に対して立替金の返還請求訴訟を提起してきた場合に，購入者等が販売契約につき錯誤による取消し，詐欺による取消し，債務不履行解除等の確定的な支払拒絶の抗弁事由（販売代金債権の消滅事由）を主張したときは，裁判所は請求棄却の判決をすることになります。

イ　購入者が原告となり，クレジット業者を被告として，抗弁の対抗規定に基づいて支払拒絶の訴訟を提起する場合，請求の趣旨を①「クレジット債務の不存在を確認する」とすべきか（債務不存在確認説），②「クレジット債務支払拒絶の抗弁の存在を確認する」とすべきか（抗弁事由存在確認説），問題があります（岡山地判平成14年10月17日消費者法ニュース56号118頁は①の債務不存在確認説を採用し，大阪高判平成16年４月16日消費者法ニュース60号137頁は②の抗弁事由存在確認説を採用している。）。

この点は，同時履行の抗弁権のような一時的な支払停止の抗弁の主張の場合は，上記②の抗弁事由存在確認説を採用すべきですが，販売契約の解除・無効・取消しなど代金債務が確定的に消滅したことを抗弁事由として主張する場合には，将来も確定的に支払の拒絶ができるので，請求の趣旨は，上記①の債務不存在確認説によるべきであると解されます（『条解消費者三法』1825頁以下）。

(5) 適用除外

包括・個別クレジットでは支払総額が４万円未満の場合，また，包括クレジットにおけるリボルビング方式では現金販売価格が３万8000円未満の場合は，クレジット業者に抗弁の対抗はできません（割販法30条の４第４項，35条の３の19第４項，割販令21条，26条）。

(6) 抗弁の対抗の行使方法と効果

ア　行使方法

行使方法は，販売契約等についての抗弁事由を主張して支払を拒絶することです。購入者等による抗弁事由記載の書面の提出は努力義務とされています（割販法30条の４第３項，35条の３の19第３項）。

イ　効　果

効果は，購入者等が未払金の支払を拒絶できることです。しかし，購入者等は，既払金の返還請求をすることはできません。

既払金の返還請求をするには，包括・個別クレジット業者の販売業者等（加盟店）に対する調査・管理義務違反を根拠に，包括・個別クレジット業者に対して不法行為に基づく損害賠償請求をするか，あるいは，包括・個別クレジット業者に対して消費者契約法５条（媒介の委託を受けた第三者及び代理人）によりクレジット契約の取消しを主張するなどが考えられます（前記第３，４(3)イ参照）。

ウ　参考裁判例

裁判例　東京地判平成26年９月26日（ウエストロー・ジャパン）

割賦購入あっせん業者（原告）が，購入者（被告）に対し，宝石購入代金等の借入れに係る保証委託契約に基づく求償金の支払を請求した事案において，被告が営業活動の一環として本件宝石の売買契約を締結したとはいえないから，適用除外を定める特定商取引法26条１項１号所定の「営業のために若しくは営業として」同契約がなされたとはいえず，また，被告は特定商取引法２条１項２号の「特定顧客」（販売業者が本件販売店に誘引した者）に当たるとして本件売買契約につき特定商取引法の適用を認めた上で，本件売買契約書は被告がクーリング・オフの通知書を発するまで記載不備（法定書面の不備）のままであったから，被告のクーリング・オフにより本件売買契約は解除されたものであり，被告は同解除事由を原告にも対抗できるとして，原告の請求を棄却した。

裁判例　宮津簡判平成21年９月３日（ウエストロー・ジャパン）

割賦購入あっせん業者（原告）が，購入者（被告）に商品の立替金等残金の支払を請求した（本訴）のに対し，被告が，本件立替払契約について，割賦販売法30条の４に基づく支払停止の抗弁を主張するとともに，原告の不適正与信防止義務違反を理由とする不法行為に基づき，原告に支払った既払金等（約16万円）の支払を請求した事案において，本件販売業者の不実告知の事実（消費者契約法４条１項）を認定し，被告の支払停止の抗弁を認め，原告の本訴請求を棄却するとともに，原告が本件販売業者と加盟店契約をする際に，既に本件販売業者が違法な取引を行っていたにもかかわらず，原告は調査を行っていなかったことから，原告は不適正与信の防止義務を著しく懈怠していたものであり，重大な落ち度があり，被告に対し，不法行為責任を負うとして，被告の反訴請求全額の支払義務を認めた。

書式32　クレジット会社に対する割賦販売代金の支払拒絶通知書（抗弁の対抗）の記載例

エステ業者との間で60回のエステティックサービス契約を締結したが，その際，特定商取引法上の法定書面の交付がなく，解除権を有することから，包括クレジット会社に対して，上記エステの割賦代金の支払を拒絶する旨の通知をした事例

東京都○○区○町○丁目○番○号
　○○株式会社（クレジット会社）
　代表取締役　甲野一郎　殿

令和○年○月○日
東京都○○区○町○丁目○番○号
乙野春子　　㊞

通知書

　私は，Ａが経営するエステ店舗において，Ａとの間で60回のエステティックサービスが受けられる内容の契約（以下「本契約」といいます。）を締結しましたが，現在まで特定商取引に関する法律第42条第２項に定める法定書面等の交付が一切ありません。したがって，同法律第48条第１項に基づき，Ａに対して，本契約の解除権を有します。

　私は，本契約を締結するに当たり，上記エステティックサービス代金の支払につき，貴社らとの間で，令和○年○月○日に包括信用購入あっせん関係受領契約を締結しました。

　しかし，上記のとおり，私は，本契約の解除権を有しますので，割賦販売法第30条の４の規定に基づき，貴社に対する割賦代金の支払う義務

がありませんので，支払を拒絶することを通知します。

6　包括・個別クレジットの契約条件規制

包括クレジットと個別クレジットについての主な契約条件の規制は，以下のとおりです。

【包括・個別クレジットの契約条件規制】

1　契約解除・期限の利益喪失の制限
・　包括・個別クレジット契約において，割賦金の不履行があった場合，クレジット業者は，20日以上の相当期間を定めて書面催告をし，その期間内に支払がないときでなければ，契約の解除・期限の利益喪失による一括請求ができない（30条の２の４，35条の３の17。なお，割賦販売契約にも同様の制限あり（５条））。
2　遅延損害金の規制
・　包括・個別クレジット契約が解除又は期限の利益喪失となったとき，残債務額に対する遅延損害金は法定利率を超えてはならない（30条の３，35条の３の18。なお，割賦販売契約にも同様な規制あり（６条））。 →平成29年民法改正（施行日は令和２年４月１日）に伴い，商法514条が削除され，商事法定利率は廃止され，民法404条の民事法定利率が適用されている。 ・　なお，クレジット契約の割賦手数料（将来分の利息相当額と評価される。）には，利息制限法の適用がないとされているため，割賦手数料を含む支払総額の残額に遅延損害金が加算されるので，過大な遅延損害金を請求されることになるので，注意を要する（この点に法律上の問題がある。）。

7　割賦販売法上の主な行政上の規制内容

クレジット被害が多くあるのは，包括クレジットと個別クレジットですので，以下，両者の主な行政上の規制内容を表にします。

【割賦販売法上の主な行政上の規制内容】

1　取引条件表示義務
⑴　包括クレジットの場合 包括クレジット業者は，カード発行時に，商品代金等の支払期間・回数，手数料率，利用限度額等の取引条件を記載した情報の提供等の義務を負う（30条関係）。 ⑵　個別クレジットの場合 販売業者（加盟店）は，購入者に対し，商品販売時に，商品等の現金販売価格，支払総額，支払回数，手数料率等の取引条件を表示する義務を負う（35条の３の２関係）。
2　過剰与信防止義務
⑴　包括クレジットの場合 ・　包括クレジット業者は，カード発行時又は極度額増額時に，包括支払可能見込額に関する事項（上記⑴の調査事項と同じ）の調査義務を負う（30条の２第１項・２項関係。包括支払可能見込額の調査）。 ・　上記包括支払可能見込額を超えるカード交付等の禁止（30条の２の２関係） ・　支払可能見込額の調査・算定に当たり，指定信用情報機関の信用情報を利用する義務及び調査記録の作成保存義務を負う（30条の２第３項・４項関係）。 ⑵　個別クレジットの場合 ・　個別クレジット業者は，個別クレジット契約の締結時に，購入者の個別支払可能見込額の算定に必要な法定事項（①年収，②預貯金額，④クレジット債務の年間支払額，⑤借入金債務，⑥生活維持費等の事項）を調査しなければならない（35条の３の３第１項・２項関係。個別支払可能見込額の調査）。 ・　購入者の１年間の支払額が上記個別支払可能見込額を超える個別クレジット契約締結の禁止（35条の３の４関係） ・　支払可能見込額の調査・算定に当たり，指定信用情報機関の信用情報を利用する義務及び調査記録の作成保存義務を負う（35条の３の３第３項・４項関係）。
3　適正与信調査義務

⑴　包括クレジットの場合

包括クレジット業者は，加盟店契約締結時及び販売契約への与信時には調査義務を負わないが，購入者から苦情が寄せられたときに加盟店の調査義務を負う（30条の５の２関係）。

⑵　個別クレジットの場合

・　個別クレジット業者は，特定商取引法の５類型（①訪問販売，②電話勧誘販売，③特定連鎖販売個人契約，④特定継続的役務提供等契約，⑤業務提供誘引販売個人契約）について個別クレジット契約を締結しようとするときは，これに先立って，販売契約の勧誘方法等について法定事項（例えば，①加盟店契約締結時では，商品役務の内容・履行体制等，②個別クレジット契約時では不実告知等による誤認の有無，商品性能・品質等）の加盟店調査義務を負う（35条の３の５関係）。

・　不適正な勧誘行為による販売契約の場合の与信契約の禁止（35条の３の７関係）

・　購入者から契約締結後に苦情が寄せられたときは，適切かつ迅速な苦情処理のため加盟店の調査義務を負う（店舗取引及び通信販売の場合を含む。35条の３の20関係）。

・　以上に違反したときは行政処分（改善命令）の対象となる（35条の３の21関係）。

4　契約書面交付義務等

⑴　包括クレジットの場合→平成28年改正，令和２年改正により書面の電子化の進展

・　包括クレジット業者は，販売契約を締結したときは，購入者等から書面の交付を求められた場合を除き，取引条件表示（会員規約等），クレジット利用明細等につき，遅滞なく電子メール等により情報を提供する義務を負う（30条，30条の２の３第１項～４項，30条の２の４等関係）。

・　販売業者は，販売契約の締結時（クレジット利用時）において，購入者等から書面の交付を求められた場合を除き，遅滞なく電子メール等によりクレジット利用明細等の情報を提供する義務を負う（30条の２の３第５・６項関係）。

・　なお，①カード番号の付与，②加盟店での後払決済による商品購入，③リボ払い債務請求が，スマートフォン・パソコン等の電子媒体の使用のみにより完結するサービス（プラスチックカード等の物を用いない。）に

ついては，完全に電子化され，包括クレジット業者及び販売業者（加盟店）は，書面交付義務を負わない（30条３項ただし書，割販規37条の２第２項１号等）。

(2)　個別クレジットの場合

・　販売業者（加盟店）は，個別クレジットを利用して販売契約を締結したときは，遅滞なく法定事項（商品等の種類，支払総額，商品等の引渡時期等）を記載した契約書面の交付義務を負う（35条の３の８関係。なお，購入者等の承諾を得れば電子メール等による提供も可能（35条の３の22関係））。

・　個別クレジット業者は，上記特定商取引法の５類型について，①個別クレジット契約の申込みを受けたときは，遅滞なく申込書面を，②契約を締結したときは契約書面をそれぞれ交付する義務を負う（35条の３の９第１項・３項関係。なお，購入者等の承諾を得れば電子メール等による提供も可能（35条の３の22関係））。

・　販売業者（加盟店）及び個別クレジット業者は，上記の各書面交付義務に違反したときは罰則（50万円以下の罰金）の対象となる（53条３号関係）。

・　個別クレジット業者は，上記書面交付義務に違反したときは行政処分（改善命令）の対象となる（35条の３の31，35条の３の26第１項９号関係）。

5　開業規制（登録制度等）

(1)　包括クレジットの場合

・　包括クレジット業者は従来から登録制（31条関係）

・　平成28年改正により，加盟店に対しクレジットカード番号等の取扱いを認める契約を締結する事業者（アクワイアラー（カード会社），及びアクワイアラーと同等の機能を有する決済代行会社について，登録制の対象とし，加盟店調査等を義務付ける（35条の17の２～35条の17の14関係）。

・　令和２年改正により，極度額10万円を上限とした包括信用購入あっせん業を営む事業者に新たな登録制度（登録少額包括信用購入あっせん業者）を創設した（35条の２の３～35条の３関係）。

(2)　個別クレジットの場合

・　個別クレジット業者は平成20年改正により登録制（35条の３の23以下関係）

・　その登録要件として，①純資産要件が5000万円以上である（35条の３

の26第１項９号，割販令28条）ほか，②過剰与信防止や加盟店調査など公正かつ適確な業務実施に必要な体制を整備することを求めている（35条の３の26第１項９号，割販規101条）。

事項索引

【あ】

【い】

【お】

【か】

【き】

【く】

【け】

【な】

【に】

【ね】

【は】

【ふ】

【へ】

【ほ】

【ま】

【め】

【も】

【り】

【れ】

【ろ】

判例索引

【最高裁判所】

【高等裁判所】

【地方裁判所】

【簡易裁判所】

著 者 略 歴

安達　敏男（あだち　としお）

東京アライズ法律事務所パートナー弁護士。昭和51年検事任官の後，東京地方検察庁検事のほか，司法研修所教官，札幌法務局訟務部長，福岡法務局長，名古屋法務局長等を歴任し，最高検察庁検事を最後に退官。新潟公証人合同役場公証人を経て，平成20年弁護士登録（東京弁護士会）。平成22年税理士登録，平成23年４月から平成30年３月まで足立区公益監察員，平成31年４月から令和３年３月まで東証上場会社の社外役員。

主著として，『改正民法・不動産登記法実務ガイドブック（共著）』『３訂　終活にまつわる法律相談　遺言・相続・相続税（共著）』『相続実務が変わる！　相続法改正ガイドブック（共著）』『実務への影響まるわかり！　徹底解説　民法改正〈債権関係〉（共著）』『令和元年 会社法改正ハンドブック（共著）』『第２版　一人でできる定款作成から会社設立登記まで（共著）』『第２版　一人でつくれる契約書・内容証明郵便の文例集（共著）』『国家賠償法実務ハンドブック（共著）』『Ｑ＆Ａ現代型労働紛争の法律と実務（共著）』（いずれも日本加除出版）など。

吉川　樹士（きっかわ　たつひと）

東京アライズ法律事務所パートナー弁護士。東京弁護士会所属，中央大学法科大学院法務研究科卒。

社会福祉施設や一般企業の企業法務のほか，遺産分割等の相続関係訴訟，交通事故訴訟，一般事件の訴訟等を手掛けている。

主著・論稿として，『改正民法・不動産登記法実務ガイドブック（共著）』『３訂　終活にまつわる法律相談　遺言・相続・相続税（共著）』『相続実務が変わる！　相続法改正ガイドブック（共著）』『実務への影響まるわかり！　徹底解説　民法改正〈債権関係〉（共著）』『令和元年 会社法改正ハンドブック（共著）』『第２版　一人でできる定款作成から会社設立登記まで（共著）』『第２版　一人でつくれる契約書・内容証明郵便の文例集（共著）』『国家賠償法実務ハンドブック（共著）』（いずれも日本加除出版）「普通養子縁組と特別養子縁組について　妹を養子にできるか？配偶者の連れ子を特別養子とできるか？」（戸籍時報699号78頁）「相続人が存在しない場合における被相続人の財産は，どのように処理されるか？」(戸籍時報702号87頁) など。

安重　洋介（あんじゅう　ようすけ）

神栖法律事務所代表弁護士。茨城県弁護士会所属，中央大学法科大学院法務研究科卒。神栖市教育委員，茨城県スクールロイヤー，神栖市高齢者障がい者虐待防止ネットワーク委員，福祉後見サポートセンターかみす運営委員。

医療機関・保険会社の企業法務のほか，市町村の代理人として国家賠償請求訴訟なども手掛けている。

主著として，『国家賠償法実務ハンドブック（共著）』『相続実務が変わる！相続法改正ガイドブック（共著）』『実務への影響まるわかり！　徹底解説　民法改正〈債権関係〉(共著)』『第２版　一人でできる定款作成から会社設立登記まで（共著)』(いずれも日本加除出版) など。

吉川　康代（きっかわ　やすよ）

東京アライズ社会保険労務士事務所社会保険労務士（元行政書士)。東京都新宿区内のことぶき法律事務所で12年間法律事務員として勤務。同事務所在籍中に行政書士試験に合格。同事務所で６年間行政書士（専門分野：相続相談・相続調査業務，株式会社の定款作成業務，建設業・宅建業の許可申請業務等）として活動後，同事務所在籍中に社会保険労務士試験に合格。その後都内社労士事務所で実務経験を経て，平成31年３月東京アライズ法律事務所入所。令和元年９月登録（東京都社会保険労務士会)，同事務所内で社会保険労務士事務所を独立開業。立教大学卒。

主著として，『３訂　終活にまつわる法律相談　遺言・相続・相続税（共著)』『第２版　一人でできる定款作成から会社設立登記まで（共著)』(いずれも日本加除出版)。

東京アライズ法律事務所

〒102-0073　東京都千代田区九段北４丁目１番５号　市ヶ谷法曹ビル1002号

Tel：03-5357-1331　Fax：03-5357-1332

第2版　消費者法実務ハンドブック
消費者契約法・特定商取引法・割賦販売法の実務と書式

2017年9月15日　初版発行
2021年11月4日　第2版発行

著　者　安達敏男
　　　　吉川樹士
　　　　安重洋介
　　　　吉川康代

発行者　和田　裕

発行所　日本加除出版株式会社
本　社　郵便番号 171-8516
東京都豊島区南長崎3丁目16番6号
TEL (03)3953-5757（代表）
(03)3952-5759（編集）
FAX (03)3953-5772
URL www.kajo.co.jp

営業部　郵便番号 171-8516
東京都豊島区南長崎3丁目16番6号
TEL (03)3953-5642
FAX (03)3953-2061

組版 ㈱粂川印刷 ／ 印刷 ㈱亨有堂印刷所 ／ 製本 藤田製本㈱

落丁本・乱丁本は本社でお取替えいたします。
★定価はカバー等に表示してあります。

ISBN978-4-8178-4769-0